U0746736

湖北省炎黄文化研究会、湖北省炎黄文化研究基金项目成果

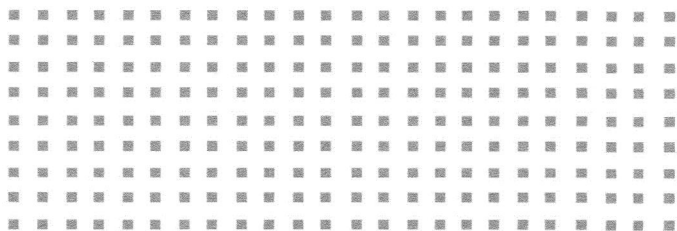

长江流域耕读文化调研报告

王玉德　关晓武◎主编

安徽师范大学出版社

·芜湖·

图书在版编目(CIP)数据

长江流域耕读文化调研报告/王玉德,关晓武主编. — 芜湖:安徽师范大学出版社,
2019.1

ISBN 978-7-5676-3418-3

Ⅰ.①长… Ⅱ.①王… ②关… Ⅲ.①长江流域 — 传统文化 — 调查报告 Ⅳ.①K295

中国版本图书馆CIP数据核字(2018)第053424号

长江流域耕读文化调研报告

王玉德　　关晓武◎主编

CHANGJIANG LIUYU GENGDU WENHUA DIAOYAN BAOGAO

责任编辑:潘　安
装帧设计:丁奕奕
出版发行:安徽师范大学出版社
　　　　　芜湖市九华南路189号安徽师范大学花津校区
网　　　址:http://www.ahnupress.com/
发 行 部:0553-3883578　5910327　5910310(传真)
印　　刷:江苏凤凰数码印务有限公司
版　　次:2019年1月第1版
印　　次:2019年1月第1次印刷
规　　格:700 mm×1000 mm　1/16
印　　张:16.25
字　　数:275千字
书　　号:ISBN 978-7-5676-3418-3
定　　价:75.00元

前　　言

呈现在读者面前的这本《长江流域耕读文化调研报告》是湖北省炎黄文化研究会、湖北省炎黄文化研究基金委托华中师范大学承担的课题成果。承担这个课题的作者群是华中师范大学耕读文化研究中心、省炎黄文化研究会耕读分会成员，主要是历史文化学院的本科生、硕士生、博士生。在课题结项之际暨稿件付梓之时，有必要做一番小结，姑且把小结作为前言，以便读者尽快地了解课题开展的全过程以及调研报告的基本内容。

一、项目的组织与研究经过

华中师范大学耕读文化研究中心、省炎黄文化研究会耕读分会是2016年成立的。分会（中心）积极申报科研项目，有幸得到湖北省炎黄文化研究会的支持，在2017年5月获批"长江流域耕读文化调研报告"项目，签订了合同。我们感到这是荣誉，也是责任。为此，我们接着做了以下工作：

（一）制定了耕读调研方案

我们制定了耕读调研方案，内容如下：

项目研究的对象：长江流域有代表性的耕读文化，以湖北农村为重点，兼顾其他地区的耕读文化。

建议调查的地点：①历史悠久的村庄（如京山县屈家岭村、黄陂区大余湾）；②有文化特色的村庄（岳阳张谷英村、新洲区问津书院旁的孔子河村、秭归县屈原出生地乐平里、黄陂区木兰村）；③名人的村庄（兴山县的昭君村（王昭君）、蕲春县李时珍村、团风县沙畈村（李四光）；④新农村（每个县都有样板工程，在多元经济、文化建设方面有特色）；⑤负面典型村（空壳村、犯罪村、污染村）；⑥农耕博物馆、耕读旅游景点（新洲区巴徐村徐治塆）；⑦熟悉的村庄（自己的家乡）；⑧当下影视、动漫或文学作品中的耕读文化比较典型的村庄（如纪录片《记住乡愁》中的村庄）；⑨中华耕读史（农书、农民、农村生活）典型村。

对项目的要求：课题组方面，可独立完成，也可2~4人一组，以实地调查为主，辅以其他文献资料。写作内容：调研经过；村里的基本情况；村里的耕读文化，以问题为导向，善于发现问题、归纳问题，根据问题，提出对策，要实实在在的解决方案。

项目的开展：①写申报书：写清楚调查的对象，调查的意义，实施的方案，有利的条件与存在的困难，项目组成员。②方案在两周内发到指定的邮箱，专家评审后公布立项通知书。③每个项目资助经费2 000~3 000元。经费需用有效发票报销。

项目的验收：每篇在0.5万~1万字。按传统的格式书写。

调研报告达到质量要求，收入正式出版的论文集，优秀论文发给学会颁发的证书。所有参与长江流域耕读文化现状调研报告的学生，都要撰写立项申请书，锻炼同学们写申请书的能力，并作为评项与结项的依据。要求申请者写清楚立项的理由与意义，调研与写作的设想（实施方案），对成果的预期（时间、字数、内容）等。

耕读文化分会开会讨论，确定博士研究生关晓武同学担任项目秘书，硕士研究生李国侠同学管理经费。

（二）举行讲座做动员

2017年6月9日，王玉德代表省炎黄文化研究会在华中师大2108教室作学术报告，题目为《中国农村文化的困境与出路》。在报告中，王玉德讲述了中华耕读文化的历史；分析了当前农村存在的问题；介绍了即将启动的调研项目；号召同学们向民国初年的毛泽东学习，毛泽东利用暑期深入底层社会，撰写了不朽的名篇《中国农村运动考察报告》；号召同学们向国学大师梁漱溟学习，梁漱溟年轻时关注农村，在山东农村探索村庄发展新模式；动员同学们积极申报耕读文化调研项目。听讲座的学生有一百余人，涉及好几个学院，以历史文化学院学生为主，有本科生、硕士生、博士生参加。文化学系主任黄尚明教授等出席了动员大会。

（三）专家评论申请书

经动员、申报，我们收到了20余份立项申请。6月22日，由杨昶、顾久幸、王玉德、黄尚明四位教授开会评选，决定设定15个项目，作为2017年度学会的项目。分别是：①新洲徐治塆，主持者：李任博士（历史文化学院）；②罗田县三里畈镇新铺村张家冲，主持者：武超、易志容、张美珅、朱昌江（硕士生、历史文化学院）；③随州市随县安居镇漂河村，主持者：潜环、宿党辉（中国农村研究院）；④宁夏回族自治区吴忠市红寺堡区，主持者：何娅、排则莱提、胡正午（数学与统计学院、城市与环境科学学院、历史文化学院）；⑤1960年以来大余湾耕读文化的历史变迁，主持者：封霄、李端、牛纯灵、雷礼珺、张嘉彦、曾泓江（历史文化学院、经济与工商管理、法学院）；⑥江西省赣州市信丰县正平镇正坳村，主持者：邱季夏、葛金霏（文史直博班、美术学院）；⑦甘肃省天水市胡家大庄村，主持者：安娜、李晶晶（历史文化学院）；⑧江西省赣州市信丰县大塘埠镇合兴村，主持者：曹庆琳（历史文化学院）；⑨荆门市京山县屈家岭村，主持者：韩梓赟（历史文化学院）；⑩浙江省苍南县福德湾村，主持者：李晶晶、叶佳敏、施祺、安娜（历史文化学院）；⑪重庆忠县村落，主持者：陈霄（历史文化学院）；⑫孝感村落，万幸（历史文化学院）；⑬安徽省黄山市徽州区潜口镇蜀源村，主持者：谢安琪（组长）、胡琳、李雪、陈华屹（历史文化学院）；⑭湖北兴山县昭君村，主持者：杨欢、夏春秋（国家文化产业研究中心、马克思主义学院）；⑮浙江省台州市椒江区章安街道回浦村，主持者：叶佳敏、李晶晶、施琪（历史文化学院）。

同时，杨昶、顾久幸、王玉德、黄尚明四位老师决定利用暑假，带着自己的研究生，分头到农村开展调研。

（四）对承担项目的学生提出要求与建议

6月22日晚上，举行立项通知会议，给立项者讲述评审经过与结果，对调研提出指导性意见，并介绍经费使用情况。有二十余人参加。

要求参加项目的师生一定要认真学习中共中央关于弘扬传统文化的文

件，特别是要学习习近平总书记有关耕读文化的论述，坚持正确的政治方向，以高度的责任心从事调研，要对得起上级单位的重托。

我们确定了村庄耕读文化调研提纲。提纲要求：

调研报告，一定要写一段引言（或称序言），写清楚调研的对象、调研的目标、调研人员与被调研人员、调研时间、调研地点等。

调研一定要有问题意识，问题要分类。建议分为三类：

第一类是村史与村文化，如：①选择这个村庄的原因？②村子的起源，村子突出的文化特点？③村子的"耕"，靠什么生活？"耕"的生产力水平？④村子的"读"，过去有没有学堂？出过什么读书人？名人？⑤村子有没有祠堂？有没有宗族？有没有村规？⑥村里的风俗？讲哪些迷信？流行什么宗教？有什么宜忌？出生、嫁丧有什么讲究？⑦村里有什么非物质文化遗产？如手工艺。有什么歌谣？对联？⑧村民的先进人物与事迹？⑨村里的故事。中华人民共和国成立前的故事？土改中的故事？"文化大革命"中的故事？改革开放以来的故事？发财的故事？倒霉的故事？有趣的事？印象最深的故事？⑩春节有什么讲究？清明节有什么讲究？节假日怎么过？⑪空闲时做什么事情？打麻将、看电视、读报？花多少时间？⑫村子过去是什么样子？村里最值得参观的是什么？⑬本村与其他村子有哪些联系？婚姻？土地？争斗？传闻？⑭改革开放之后，村子生活有哪些改变？政府措施？⑮希望村子怎样建设、管理、开发？有什么意见？

第二类是家庭，如：①有没有家谱？家族有什么规矩？如何敬祖宗的？②祖籍在哪？在这住了多少年？祖上有些什么人？有什么难以忘怀的事？③几口人？60岁以上的老人有几位？有几个小孩子？男性多少位？④受访者本人的受教育程度？受访者家人的受教育程度？读书情况？⑤有多少人务农？种什么？农事如何安排？人均耕地？⑥多少人经商？多少人外出打工？做其他职业？一年的收入？主要用于哪些开支？⑦受访者的家史、治家和做人的规则？⑧受访者家有没有老书？旧信？旧奖状？旧东西？老照片？⑨房子有多大？哪年修的？什么时候改建过？房子的结构、环境、陈设有没有风水讲究？⑩房子里有没有有特色的生活用具？农具？

第三类是其他不好归类的问题。

调研报告一定要写结语，写调研的感受，以及需要说明的问题。

在调研报告的文本方面，我们提出了非常明确的要求：

第一，一定要真实。越细越好，越"土"越好，文字越多越好，音像越专业越好，内容越有特色越好。写的稿子要注意信息量，不要空泛议论，要写实。

第二，尝试着创新。可以写一些专题性的调研，如环境生态、伦理、农业技术、宗教、女性问题、农民诉讼、文化遗产资源、景区开发。

第三，讲究学术规范。成果以调研报告或论文形式均可，5 000字以上。资料以调研的一手材料为主，辅以期刊或图书、网上的资料。内容不得抄袭，文章结构合理，字句规范。

二、调研报告的要点与收获

在2017年的暑期，我们有将近20个团队分赴各地，开展了农村耕读文化的调研。我们建立了一个QQ群，随时保持联系。在群里，我们要求同学们调研时要注意安全，要求撰写的文稿要真实，要细致，要有思想，要规范，要经得起检查。9月中旬，我们收到同学们的调研报告。

（一）报告的要点

调研报告可以分为两大板块，一是湖北省的耕读文化调查，二是其他省份耕读文化的调查。

李任博士撰写了《武汉新洲区徐治垮等村调研报告》。徐治垮是一个有着六百多年历史的移民村落，村里不但重视农业生产，还非常重视读书教育。"勤学问"被列入了宗谱中的家训。村里人崇尚读书教育，出了不少人才。"耕读传家久，诗书继世长"，是族人对传统文化的核心解读。21世纪以来，徐治垮重视文化产业的发展，引进策划人员，打造有特色的村落品牌，打造手工艺一条街，开办美食馆、展示馆、手艺馆和体验馆，还打算开发房车露营地、4D电影院、沙滩浴场等，发展乡村休闲旅游。如果持之以恒，徐治垮有可能成为武汉近郊村落的一个样板。

封霄撰写了《大余湾耕读文化的历史变迁》。大余湾是湖北省最早的中国历史文化名村，是华中师范大学文化学系的研究基地。作者注意到：今年80多岁的余永奇老先生博古通今，1984年从黄陂县图书馆退休后，回老家大余湾居住，他一心致力于大余湾的旅游开发事宜，是大余湾的文化传承人。

因此，作者找到了余永奇的录音资料，转换成文本格式，附为《大余湾口述史料》，作为历史记忆。

张美琎、易志荣、朱昌江、武超撰写了《张家冲耕读文化开发状况调研报告》。张家冲隶属于湖北省黄冈市罗田县三里畈镇新铺村，地处大别山南麓，坐落于巴水上游河畔。张家冲内百分之九十以上的村民，为丁氏族人，为躲避元末以来的频繁战火，自江西迁至湖北。张家冲一度享有"荆楚家学第一村"之美誉，产生过至少进士3人、举人14人，秀才100多人。中华人民共和国成立以来，冲内上大学的有200多人，其中博士6人，硕士20人，本科生60多人。在冲内，高中学历基本普及。村中兴建了五常亭、家学展馆、农耕展馆等，还有珞公祠、球公祠、苍葭书院等。苍葭书院是由清代时的私塾重修而成的。农耕展馆原为丁氏祖屋，后经改建而成。村里正在寻求外部力量，发展村中的家学文化产业。

万幸、陈霄撰写了《应城：古蒲骚之地调研》。笔者通过走访应城市郎君镇和汤池镇，深深感到农村的空心化问题很严重。同学们都是90年代以后出生的农村娃，虽然生活在城市，但对城市没有归属感。祖辈出生于乡野，长眠于村落，但有些同学对于乡野又是那样陌生：在现实中看到的是断壁残垣、荒草掩道，不由得悲从中来，感到成了没有故乡的人了。

韩梓赟撰写了《关于屈家岭村落文化现状的调查报告》。屈家岭村地理位置优越，自然环境优美，历史悠久，适合作为长江流域的典型村落进行研究。笔者采访了当地的爷爷奶奶，听到了一些古老的故事。亲眼见到政府大规模投资的"屈家岭考古遗址公园"，发现遗址的保护和村庄的发展仍然存在一些问题，提出一些建议：保护屈家岭遗址群，首先要保护环壕聚落遗址，即屈家岭遗址、钟家岭遗址和冢子坝遗址3个聚落遗址；应该鼓励大学生到农村任教，充实农村的教育资源，提高农村教师的整体素质。

潜环、宿党辉撰写了《一个家族变迁的时代印记——基于安居镇漂河村潜家湾的调查》。作者选取随州漂河村中一个潜姓家族为代表，通过一个家族的变迁历史，分析传统农耕文化的变迁。潜姓祖先生于浙江一带，南宋末年，潜姓人四处逃亡，潜氏人牢记祖训，一生不求为官富贵，只愿躬耕于土地以求平安生息，自此专心弃官务农。新中国成立前，村里没有正式的学校。新中国成立后，村小陆续建设起来。在20世纪90年代中期，潜家湾适龄儿童基本上受到正规的教育，而90%以上的人从此走出农村，村庄出现空心化的状况。

杨欢撰写了《昭君村文化旅游发展问题及对策分析》。昭君村原名宝坪村，在今湖北兴山县城南郊。昭君村位于香溪河畔，面积2.7平方公里，有村民300多人，大多姓王，据称皆为昭君娘家后裔。村中有昭君宅、娘娘泉、王字崖、楠木井等多处遗址遗迹。村中仍保留着西汉时代的生活习俗和劳作方式，婚、丧、嫁、娶原始古朴，被专家学者誉为"绝无仅有"的汉代历史文化景观。作者从旅游角度对昭君村的发展提出了一些建设性的思路。

顾久幸深入蕲春县考察，撰写了《蕲春耕读文化社会调查报告》。她对蕲春教育的历史、人才及其原因做了分析。此文已经发表在湖北省炎黄文化研究会编的另外一本论文集中。

王谷撰写了《明代郧阳府的农业》。作者在调研的过程中，追述农业历史，虽然反映的不是当下的村落，但属于江汉间传统农业开发问题，别开生面。

接着就是湖北省以外的耕读文化调查。

王玉德撰写了《二访张谷英村》的调研报告。早在1993年，王玉德陪同日本东京都立大学的民俗学家渡边欣雄教授专程考察张谷英村。2017年，王玉德重访该村。时隔25年，中国农村发生了天翻地覆的变化，特别是历史文化名村在旅游中发生的变化更大。作者采用比较的方法，以张谷英村作为个案，论述了村庄开发中的成就，提出了对耕读文化的担忧。

杨昶撰写了《江西修水陈氏村落》的调研报告，从风水的角度分析了国学大师陈寅恪的家乡，对农村中的耕读文化作了深度解析。此文已经发表在湖北省炎黄文化研究会编的另外一本论文集中。

谢安琪、胡琳、李雪、陈华屹撰写了《蜀源村耕读文化调查报告》。她们调查了徽州蜀源村，采访了年过七十的老人鲍政彪和汪菊英，以及村里颇有名气的民宿老板方掌柜，还采访了不同年龄段、不同性别的村民，并做了一万多字的调查记录。从这个村庄，我们可以了解黄山脚下的新农村面貌。

曹庆琳撰写了《大塘埠镇合兴村耕读文化现状调研报告》。作者对江西省赣州市信丰县大塘埠镇合兴村进行了调研，其母亲在合兴村生长，对外婆家有亲切感。合兴村，以"联合起来，振兴中华"之意而命名。合兴村客家文化气息浓厚，客家流入的主要方式则为宦游、避乱、流民、招佃和返迁等。合兴村所使用的方言属于赣方言和客家方言的混合方言，村里许多人中不懂普通话，年轻人却有说普通话的趋势。作者对生态环境提出了一些思考：合兴村越来越空，村中的一条小溪漂浮了很多垃圾，溪流的两岸挂着各种垃圾，走近便能闻到阵阵恶臭，溪水开始慢慢变黑变少，有几处已经干涸。

邱季夏撰写了《传统宗族关系的破裂与新宗教信仰的崛起》。他通过参加亲人的一次丧事，做了深度反思，提出应该正确认识农村宗族组织的作用，正确处理宗族问题。农村宗教组织发挥作用，在一些情况下取代了宗族。宗族和宗教在当下的不同状况，反映的是农村这类问题仍旧存在且并不乐观。

叶佳敏、李晶晶、施琪撰写了《台州市回浦村调研》。她们注意到回浦村的"耕"体现在整个生产生活中。农业并不是他们主要的生产方式，做点生意、挣些工钱、上个班，是他们主要的经济来源。他们用自己勤劳的双手，多劳多得，在农村中创造了自己的物质财富。回浦村的"读"体现在村民以知识为荣与丰富的文化生活中。尊师重道，注重教育。村内有开设兴趣班、学习辅导班，村民努力为自家的孩子创造更好的学习环境，选择更好的学校接受教育。质朴的村民可以从古迹中感受到历史的熏陶，作者在与村民的交往中得到心灵的愉悦。回浦村存有一批难能可贵的坚守竹编、箍桶、铸锡、钉秤等非物质文化遗产的匠人。回浦村宗族文化盛行，极其重视宗祠的保护与族谱的修订。

李晶晶、施琪、叶佳敏撰写了《温州市矾山镇福德湾村调研》。她们在实地调研福德湾古村落特色"耕读文化"的基础上，注意到在福德湾村内不仅遗留下了矾山矾矿遗址这一较完整的21世纪50年代采炼生产、生活系统，也遗留下大量因生产、生活变迁需要而遍布村内各角落的矿硐（采空区）、石阶、古树、街巷、古井及大量的特色民居。福德湾村见证了从农耕时代落后的矿石开采、冶炼技术，到工业时代生产工具、工艺流程的改进。此地的采矿技术从最原始简陋的"火烧采石法"到"手工凿岩黑药爆破法"，再到"机械凿岩炸药爆破法"；从土法挖掘地表、开掘巷井采矿再到科学设计与规划，展现了古代工矿技术发展的轨迹。笔者建议从特色方面开发福德湾村，生动地复原出当时矿工工作的原貌，作为中国工矿技术发展史的"活标本"，成为世界工业史上罕见的"活遗迹"。

陈霄、万幸、黄建华撰写了《渝东北村落耕读文化调研》。他们到达了重庆市忠县拔山镇石联村，在这个县以及这个远近闻名的镇，虽然历史文化底蕴厚重，但实地考察发现：除开忙碌的人群，居然找不到任何的文化氛围，这个有着美好传说的镇子，经济腾飞了，但在它的唯一书店里，除了教辅资料还是教辅资料。

安娜等撰写了《胡家大庄调研记》。她们到天水市新阳镇胡家大庄村进行"耕读文化"的相关调研。写了两篇文字，一篇是纪实，一篇是正式的文本，总计不下3万字。她们注意到耕读的氛围，采访了先进人物，如：胡大村村委会副主任胡勤真老人——"奉献天水·十大人物"之一。她们注意到长江流域移民向北迁移的历史。安徽绩溪是胡家大庄村胡氏居民的原住地，胡氏一族于明朝洪武间从绩溪迁徙至甘肃天水。2012年胡大村入围为全国第一批传统村落，2014年胡大村被列入第六批全国历史文化名村。她们注意到村规、家训、格言、公约、信仰、习俗、村志、家谱、官簿，对家谱的修纂做了详细介绍。这篇报告写得很细，读罢如身临其境，从中可以见到考察之苦，也可见到考察之乐。

何娅、排则莱提、胡正午、朱玄撰写了《过渡期中的农耕文化——红寺堡区"农耕文化"调研报告》。他们调研了宁夏吴忠市红寺堡区新庄集乡的马渠村、西川村、新台村、杨柳村、南川村、南源村、菊花台村、新农村等几个村子，注意到这些村庄处在生产专业化的过渡期、生产工具的过渡性、灌溉的过渡性，扶贫政策的发展也正处于一个转变时期。杨柳村鼓励村民自主创业，开办了"妇女创业贷款示范基地"。菊花台村号称为"慈善产业发祥地"，2010年政府提出了"打造'黄河善谷'"、发展慈善产业的思路。"电商扶贫"成了一个热点词汇，红寺堡区也在发展电商扶贫，追赶现代化的步伐。中国传统的小农生产方式早已被淘汰，在政策的引导下，农耕经济不断向着专业化、现代化方向发展。

收到以上调研报告之后，我们打印成册，向湖北省炎黄文化会做了汇报。马敏会长在京山县举行的耕读文化研讨会上建议出版同学们的调研报告，李子林副会长做了具体的要求，炎黄基金调拨了出版经费。由于有学会领导的支持，我们重新认真审读了稿件，并要求同学们精心修改稿件，反复再三，修改了各篇调研报告的名称，终于有了这本调研报告集。

（二）调研的收获

通过调研，获取了耕读文化现状的第一手资料。调查的范围以湖北农村为主，也有湖北以外的农村，还有长江流域以外的农村，如天水市新阳镇胡家大庄村，但与长江流域文化有关。同学们展开调查，有其优势，有的调查自己生活过的村庄，有的调查外婆家的村子，因此，能够深入调查的场所，掌握接地气的资料。同学们有一定的文化知识，受过一定的写作训练，所写资料都有可信度。

通过调研，锻炼了同学，培养了一批热爱耕读文化的新秀。好多同学都是第一次参加调研，起初心中是充满了许多新奇与不安的。同学们结伴而行，开展团队研究，培养了合作精神。调研结束之后，有些同学立志继续从事耕读文化研究，使耕读文化研究有了后继之人。

通过调研，产生了一些新思想、新建议、新方案。同学们能观察社会现象，发现问题，得出的观点可以为政府决策提供某些帮助。学生们年轻，年轻人充满活力，思想没有太多的约束，敢想敢做敢说，这正是我们这个时代所需要的。交来的有几份报告，我们认为内容丰富，有思想，有质疑，有比较，有情感，确实是下了工夫的。

由于时间仓促，且缺少相关的调研训练，调研报告还存在许多缺点，如深度不够，数据太少，创新性的建议不多，写作风格不一致。今后，我们将不断学习与改进，努力把调研工作做得更好。另外，出于出版的需求，部分稿件略有删改，特此说明。

最后，感谢湖北省炎黄文化研究会的领导们，感谢炎黄文化基金，感谢学会同仁们的支持！

目　　录

武汉新洲区徐治塆调研报告

李　任

武汉城郊新洲区邾城街道下辖的徐治塆是从江西迁来的一个有六百多年历史的村子，旧时有耕读文化的氛围，并且影响至今。其地处新洲城郊外的乡下，本质上是农村，而行政关系上属新洲城区邾城街道管辖；村民在户籍上属于"城市人"，实际上却还是"乡下人"。可以说其是一个介于城市与乡土之间、传统与现代之间的村落，也是"江西填湖广"移民村落的一个缩影。该村目前处于探索村落发展转型期，因此，具有一定的代表性。

一、调研背景：乡村与乡村文化的衰落

我国古代以农业立国，农业是最重要的生产方式，是生民安身立命之本，是国家富强之基。在传统的乡村社会，耕和读是耕读型村落发展延续的物质基础和精神动力，由此逐渐形成了耕读文化。产生于乡村的耕读文化与村落的发展相互影响。时至今日，耕读文化对促进乡村发展依然有着积极的作用，对教化民众、基层治理、国家粮食安全、农业现代化、精神文明建设、美丽乡村建设、留住乡愁记忆等都有重要意义。

郡县制建立以后的中国传统政治体制基本上是皇权不下县，县下行自治①。在乡村自治过程中，传统的乡绅与宗族发挥着重要作用，而乡绅基本是读书之人。清末民初之际政府开始尝试把政权组织向县以下延伸，至新中

---

① 学者温铁军、秦晖等最早提出此种概念，费孝通也认为传统政治结构是皇权与绅权、族权的"双轨制"。学者杜赞奇、黄宗智、张仲礼等人认为20世纪初以来我国的国家权力不断向乡村社会下沉。不过也有学者对"皇权不下县"的说法提出质疑。

国成立后的"政社合一"的体制彻底改变了传统的基层治理方式，人民政权实现了对乡村的直接控制。20世纪80年代以后逐渐在全国推行村民委员会，基层自治以新的形式得以恢复。改革开放后，我国城乡二元结构的重新打破和市场经济的兴起，随着我国工业化、现代化、城市化的快速发展进程，村落中的传统生活习惯、生产方式、风俗信仰、房屋建筑都发生了极大变化。

国家为了促进乡村发展，近年来实施了一系列的政策和措施，明确提出了"乡村振兴战略"，要求重点解决好"三农"问题，城乡融合发展，建立健全融合城乡发展体制机制和政策体系，实现"产业兴旺、生态宜居、乡风文明、治理有效、生活富裕"。在此背景下，探究村落治理、发展中的困境以及村落保护的理论与对策尤为必要。

二、调研方法和过程

主要围绕村落经济与生活、村落土地与农业、村落文化与教育、村落治理与发展等方面展开。采用入户调查、重点访谈、问卷调查、查阅文献资料等形式开展调查研究。先后两次赴该村调研，其中重点访谈村干部、家族有德望之人、农民合作社理事会成员、普通村民等9人，简单询问并通过电话或网络持续保持联系多人，通过线下和线上问卷调查非在城市永久居住的村民共74人，有效问卷72份。问卷调查样本中，性别方面，男48人，女24人；年龄方面，皆为18周岁以上，以中年人居多；职业群体方面，农业与农村留守人员（务农、其他）较多，服务业人员、政府与事业单位人员、创业人员也有一定的比例。

从武汉市中心自驾车前往，中间经武鄂高速、福银高速，用时近2小时。徐治塆距新洲城区约三四千米，交通不甚发达，无公交车。初次前往，走乡村公路和极其狭窄的乡间小道，最后几里路导航并不能正确指示，经询路人方才顺利到达徐治湾。塆子并不是很大。先自行绕塆了解之后，经村民徐湘波①帮忙联系村支书徐道仁。在村部办公室，徐支书介绍了巴徐行政村和徐治塆一些基本信息，他说徐治塆的建设才搞了第一期，因资金等问题，后续规划暂时中止。徐支书帮我安排了徐治塆的徐道河来给我当向导，徐道河也是我的第二个访谈对象。后来陆续访谈了徐汉华老人（84岁）、徐仲华

---

① 为保护当事人隐私，文中对某些村民姓名做了处理。

老人（85岁）、徐元（68岁）、詹和喜女士、徐山水、徐正球、徐庆云等人。

三、村情梳理：徐治塆的社会生活

徐治塆等村历史较为悠久。这些村落比较集中，相互之间联系比较紧密，有相似的自然环境和文化背景。随着现代化的发展，这些村落风貌和文化习俗与普通农村已无太大区别。

（一）村落由来：江西移民，楚黄安家

徐治塆是自江西饶州府乐平县（今景德镇市乐平市）迁来的一个有着六百多年历史的移民村落。笔者查阅新洲柳溪、杨元咀、徐治塆徐氏联合编修的《徐氏宗谱》，谱载："吾族一世祖奏情公，于元末由江西迁居楚黄①之双河②，至今六百余年，人丁昌盛，家声丕振，皆习四民之业，咸承三代之风，仕运亨通，文风蔚起。"徐治塆人尊奏情公（字天贵）为一世祖，然宗谱载奏情公"偕二子相随，身欲迁黄而挈眷相随，兵劫，至半途竟遇血偏化碧……千里扶棺来葬而树临笔架、双河，卜宅安居"。奏情公在从江西迁徙此地的途中遭兵劫遇难，埋在此地的笔架山，儿子在此安居。"徐治塆"名字的由来宗谱里也有记载："奏情公为一世祖，祖没于江右。二世清春、清泰公搬枢过籍，始卜居于兹土。泰公生三子，俱迁他域，春公亦生三子，长、次均迁，惟行三大治公仍处乡梓，实为斯地三世之祖，此里名徐治之所自昉也。治公生子四人，次三四子不恋故，都各徙别邑。长子敬清公居此，生四子……昭穆之所由续。"治公，名文魁，字大治，派名寿禄，塆子里的人尊其为三世祖，塆子即以其字命名。元末明初自江西乐平同来的还有其他徐姓族人，如新洲柳溪徐氏，谱载始祖宗岳公（字登山）于明洪武二年（1369年）由江西饶州府乐平县迁居冈邑之柳溪（今武汉市新洲区柳子港）。再如新洲孔埠徐氏等。徐治塆村邻近区域现存的徐氏同宗村落还有徐家河、徐家沟、徐远塆、徐明塆、徐甲塆、徐岔村、徐氏田、杨元咀等。

---

① "黄"即旧时黄冈县。

② 徐治塆东面大堤外有举水河，南面据传古有姆妈河。

（二）环境、人口与土地：依堤而居，人地和谐

新洲区是武汉市的远城区之一，位于武汉市东北部，毗邻黄冈市地界。郑城地区属北亚热带气候区，常年气候温和，雨量充沛，地势平缓，土壤肥沃，物产丰富。徐治塆所在区域以平原为主，村后有池塘，位于举水河西畔，中间有一大堤相隔，距新洲城区只有3.5千米之遥，距武汉市中心城区60千米，这里土地平整、水源丰富、区位良好。类似于徐治塆，在举水河大堤一侧沿堤坝附近分布了许多村落，徐治塆是其中的一个。周边的这些自然村同样多以"塆"命名，且基本是移民村，异姓互相交往、通婚。事实上，因江汉平原多水的特点，很多村落都是这样的布局，即建在堤坝边上，至今还有很多以塆、垸、堤等命名的村落。鲁西奇在《长江中游的人地关系与地域社会》一书中写道："在江汉平原腹地考察，很容易就会注意到很多村落集镇沿着河堤分布，形成'一字形'格局，有些房屋会建在堤上，大多数房屋则依堤而建，位于堤防的后面。"①他认为"依堤而居"是江汉平原乡村聚落发展的一种重要布局形态。徐治塆等村落应也是由依堤而居人口稀少的散村发展成现在的集村。

1916年所修徐治塆《徐氏宗谱》卷首对本塆的村落布局与环境赞曰："坐艮寅向坤申，一带围堤地脉纯，堤外长河水绕，依靠可怡神，左有平畈，右有长河，互相绕案念龙真。塆内南北两塘与畈来之水相会，最宜人聚。"塆里房屋并列成数排，住宅方位阴阳平衡，天地人环境合一，逐渐发展成了被当地人称为"八巷九弄"的格局。塆里原来有宗祠，面积比较大，和学堂连在一起，如今宗祠、学堂建筑早在"文革"时拆除。塆子里目前的建筑以楼房为主，也有一部分的砖瓦房，还保存有几处土坯房或土坯和砖木结合的老屋，但已不作居家用途，除了新打造的一条街，其余居民建筑和现代普通农村并无大的区别。根据抽样问卷调查，家庭房屋类型是楼房的占比68.0%，砖瓦房的占比30.6%，木结构房的占比1.4%。近10年间新造房屋很多，近5年内修建的房屋占比30.6%，5~10年前修建的占比27.8%，10~15年前修建的占比19.4%，20年前修建的占比22.2%。

徐治塆是巴徐村下辖的一个自然村。根据村支书徐道仁提供的信息，巴徐村一共包含8个自然村，有2 000余人，徐治塆现有119户，380多人，各

---

① 鲁西奇.长江中游的人地关系与地域社会[M].厦门：厦门大学出版社,2016:204.

类劳务输出约120人，全塆男性皆为徐姓。塆子并不是很大，全村面积0.49平方千米。

全部耕地面积328亩，人均耕地不足1亩，另有水塘面积45亩，传统生产方式以农业耕作为主，兼有水产和手工业。传统农作物有小麦、棉花、油菜、水稻、大豆、花生等，现在基本不再种植小麦和棉花；原来一年耕种两茬，现在还在耕种的土地每年只种一茬。每家门口都种有一两棵果树，如柑橘、柿子，柑橘树最多。畜禽有猪、鸡、鸭、鹅等。

（三）家训家风：教诲族人，与时俱进

新、旧版《徐氏宗谱》中的家训等内容目的都是教诲族人，修身自律，约束行为，激励上进，但两者内容有明显的区别，这体现出了与时俱进的特点。

旧谱中的家训为十六条：孝敬父母、亲爱兄弟、协和叔伯、辑睦宗族、训诲子弟、整肃闺门、戒听妇言、优崇贤老、隆重儒学、振兴本业、杜绝非为、崇尚勤俭、平息忿争、勉效忠良、补录格言、永遵训诫。

新谱中的祖训：爱祖国、重人才、重清廉、破迷信、本勤俭、惜文献。家训：一是孝父母，二是和兄弟，三是谨夫妇，四是睦邻里，五是重子孙，六是端心术，七是谨言行，八是勤学问，九是务农工，十是敬祖宗。

徐治塆"陈列馆"所贴家风：民风淳朴，勤劳善良，崇文重教，人才辈出，谦卑和顺，敦厚忠恕，重家庭，重家教，重家风，忠诚守信，敦亲睦邻，父严子孝，母慈媳贤。

（四）读书教育：耕读传家，诗书继世

和许多村落一样，徐治塆不但重视农业生产，而且非常重视读书教育。村里人崇尚读书教育，出了不少人才。曾参与编家谱的徐汉华说，塆里人以前读书风气在周边村庄中是最好的，近些年来村里考上了不少大学生。他所知道的本塆当过官的有三人：徐方正（音）当过清朝的军官，徐席珍（音）当过三个月嘉鱼县县长，徐智仁（音）当过黄冈县县长。徐仲华说其祖父和父亲都是读书人，属于名流，笔者在《邾城街志》只查到了对其祖父的简要记载：徐吉阶（1876—1942），巴徐村人，国民军少将军衔，是刺杀陆宗

荣、张宗祥的48名刺客之一，曾大闹萧耀南寿堂，痛打湖广督修[1]。徐元说其父徐汉芳（已故）善书法，以前做过塆里的私塾先生，曾参与编家谱。

"耕读传家久，诗书继世长"，是族人对传统文化的核心解读。所谓"富贵传家，不过三代；诗书传家，继世绵长"，数百年来，已成为徐氏族人的普遍共识。如徐氏旧宗谱中记载："如族中读书者能循其途以深造，出则为邦家之彦，处以为宗族之型，其刮目相看、改容以礼也宜矣。即令栽培无力，膏火无资，而子弟幼时总宜就学数年，以陶镕气质，读书数部以开启心思。"抽样问卷调查对于读书重要性的看法，认为"读书非常重要"的占比66.6%，村民认为"读书比较重要"的占比32.0%，认为"读不读书无所谓"的占比1.4%，认为"读书无用"的为0；从性别来看，认为"读书非常重要"的男性比例要高于女性。

（五）经济收入：务工为主，来源多途

如今外出就业、打工收入是塆内家庭的主要经济来源，农业收入占的比例已经极低，留守村内一些劳动力间或做泥瓦工挣一些钱。村内有6家搞养殖的，养猪、养鸡、养鱼；也有5家种植蔬菜的。根据抽样调查，根据徐治塆宣传栏的介绍，2015年全村家庭人均年收入1.28万元；根据访谈可知，少数收入高的家庭人均年收入有2万多元。

（六）风俗文化：歌唱生活，演绎人生

神话、故事、传说流传下来的或能被人熟讲的甚少[2]。曾流行的民歌曲调有"发货""卖花""跑马调""撒湖调""划船调""踩船调""雪花调""采茶调""浪子踢球"等。当地曾流行的还有花鼓戏、说善书等。传统舞蹈有舞龙灯、踩龙船、跳竹马等。但如今会唱会演的不多。节日习俗、生活饮食习惯、婚丧嫁娶等人生礼俗与周边地区一致。清明和春节会去上坟，七月十五中元节会祭孤魂野鬼，结婚重彩礼，需在县城购房，有的还需购汽车。遇传统节日旧时有民俗活动，如今无仪式和表演。衣服无传统服装。饮食主要为米和面，比较有特色的美食小吃有土鸡汤、五花素鸡、封肉、清汤丸

---

[1]《邾城街志》编纂委员会.邾城街志[M].武汉:武汉出版社,2014:569.原书中的"陆宗荣、张宗祥"似应为"陆宗典、章宗祥"。

[2] 采访数人都不能讲述一二。

子、炒鱼面、南瓜饼等。交通工具有电动车、摩托车、小汽车[①]。

（七）宗教信仰：唯佛是尊，诸神退位

如今村内有宗教信仰的人不是很多，基本没有正式的宗教徒[②]。通过问卷调查，72人中有13人选择了"有佛教信仰"，占比18.1%，其余宗教信仰者为0。从性别上看，女性村民有宗教信仰的要多于男性；从年龄上看，31~49周岁年龄段之间的村民有宗教信仰的最多，30周岁以下的村民有宗教信仰的最少。

（八）娱乐消遣：传媒为主，老少有别

村里人的主要娱乐方式有看电视、上网、和邻居聊天、看书、文艺与体育活动，打扑克、打麻将[③]。样本调查可以发现，看电视和上网是最主要的娱乐方式，聊天、文艺与体育活动、看书比例大致相当，打麻将、打扑克又次之。另外，不同年龄段的人们的娱乐方式表现出了较大的差异。

四、自主治理的探索与现实发展之困境

徐治塆近几年来探索村民自治，对村子的改造与发展取得了一定的成效，尤其是在成立旅游专业合作社，改善村容与环境卫生，尝试发展乡村旅游等方面做了不少工作。但随着这些工作的深入开展，凸显了不少问题，目前该村的发展遇到了瓶颈。

（一）村容改造、合作社与乡村旅游：自主治理的探索

近几年来，由于村里部分人的提议，开始探索本塆基层自治的道路。从2015年底开始，村集体办起了"八巷九弄乡村旅游专业合作社"，拟发展乡村旅游，村民根据情况以现金、房子、土地、劳动力等形式入股合作社，共集资138.5万元，村民按股分红。通过本村在外任职的人员的引荐，请到了韩国的乡村旅游规划专家崔德基进行规划打造。经过对村容村貌、房屋进行

---

① 根据徐道河、詹和喜等人介绍，其中民歌曲调资料为詹和喜提供。

② 根据村民徐道河介绍。

③ 新型合作社规定村民不许打麻将，但在村民家仍然可以看到麻将场子。

部分改造，对村里环境卫生进行治理，关停数个排放污水、散发臭气的养猪场和养鸡场，清挖了淤积多年的池塘和沟渠，并拆除全部旱厕，建造新型居民生活厕所和乡村旅游公厕，在一定程度上美化了村里的环境，使湾子的面貌得到了很大的改善。去年小吃和手工艺一条街开张，一度吸引了不少周边乡村的游客。村子里用村民爱心捐款和合作社收入办起了养老食堂，70岁以上的老人可以免费就餐，并拟在年底发放200元慰问金[①]。当时不少媒体进行了报道，省里给予了很高的评价，《湖北日报》将其定性为"旅游+美丽乡村建设+精准扶贫+自我自理"的"徐治湾模式"[②]。同时也吸引了武汉大学、华中科技大学等院校一些学生前来调研，武汉大学硕士研究生高敏即把徐治湾看作探索"绿色幸福村"建设的一个样本，写进了毕业论文。

根据徐治湾的宣传材料显示，该村规划开办美食馆、展示馆、手艺馆和体验馆，再到后期的房车露营地、4D电影院、沙滩浴场等，发展乡村休闲旅游。

（二）从热火朝天到偃旗息鼓：发展遭遇瓶颈

1.人口年龄结构失衡，农村农业传统将逝

人口老龄化。村中留守人口结构以中老年人和妇女为主，青年人流出严重，呈现村落空心化和人口老龄化趋势。目前在湾里居住的70岁以上的老人就有38人，占湾里留守人口的1/3以上，占全湾户籍人口的1/10，而联合国提出的判断国家或地区人口老龄化的标准65岁及以上人口超过人口总数的7%。

农业边缘化。村民多数不再愿从事劳动繁重而收入低的农业生产，村子外围田地多数用来种树或抛荒，主粮基本靠买着吃，农民兼业化，农业边缘化，土地利用率和收益率低下，粮食安全水平保障不足。

建筑楼房化。湾内以新型建筑为主，传统建筑保留率低，整体上失去传统建筑风貌。

整体经济收入不高，转型发展资金匮乏。村民收入低于全国农村平均收入水平，根据《中国居民收入与财富调查报告（2016年）》的数据，2016年

[①] 通过访谈得知，由于资金问题，湾里的敬老食堂时开时关，慰问金更是无源之水。

[②] 郭习松.新洲"龙须沟"徐治湾再现美丽乡愁[N].湖北日报，2016-05-30(7).

我国农村家庭人均收入为18 602元，城镇家庭人均收入为39 959元，全国人均收入为32 024元①。村子改造和发展资金主要为村民自筹，资金有限，严重缺乏后续发展资金，目前塆里的专业合作社工作已基本停止运转，乡村旅游建设停滞，已无游客，只有合作社开办的举水河餐厅还勉强维持，村民总体增收空间有限。塆子里仅有两个小卖部，商品极少，村民购物一般去城区。买车与购房、日常生活购物、教育、饮食、医疗、孩子婚礼方面经济负担较重。

2.乡村教育日益衰落，耕读传统面临断层

经历城市化、"撤点并校"等，如今徐治塆已无学校，整个行政村8个自然村只有一所小学，本塆只有2名学生在里面上学，小孩一般在城里接受教育，毕业留在城市，乡村教育衰落；村民家庭在教育支出方面的负担依然比较重；村民文化知识水平有待进一步提高。抽样调查结果显示，村民受教育程度为中小学以下学历的占多数，其中小学及以下学历的占比达16.7%。费孝通曾指出"文化把土地变成了良田。此外在农业中，直接指导人类劳动的是人们自身掌握的关于土地和谷物的知识，通过技术和信仰表现出来"②。因此，乡村教育的衰落可能导致耕与读的双重衰落。

3.村落文化严重变迁，村民文娱生活单调

塆子里的生活习惯、风土人情发生极大变迁，传统文化、非物质文化遗产传承断层。另外，公共文化服务不足，文化消费水平较低。文化设施短缺，塆子里无图书室，村图书室鲜有人前往读书；塆子里广场边上有少量运动器材，平时利用率很低，通过问卷调查可知看电视和上网是村民最主要的两种文化娱乐方式，精神文化生活单调；村民对旅游、休闲娱乐方面的支出投票率较低，说明了村民文化娱乐消费意愿和消费水平较低。

4.发展规划特色不足，整体持续发展乏力

首先，乡村旅游规划设计未能因地制宜，未充分展示乡土自然和文化特

---

① 中国财经政法大学中国收入分配研究中心.中国居民收入与财富调查报告（2016年）[M].北京:经济科学出版社,2017:12-13.

② 费孝通.江村经济[M].北京:北京大学出版社,2016:139.

色。某些项目不符合本地乡村的自然和人文特点以及发展实际，忽视了乡村的景观的原生性。其次，定位不清晰，旅游品牌不突出，产品品味不够。初级阶段旅游开发简单、粗放，产品挖掘、设计不够，特色不够鲜明和突出，以致很难吸引到武汉主城区等稍远处之游客，没有持续的消费群体，难以做强做大，难以形成品牌效应，难以具有可持续性。最后，重经济发展规划，对村落和村落文化缺乏整体性保护发展规划，徐治塆的发展规划更多的是从经济的角度考虑，强调乡村旅游，而对村落里的人际关系、村落秩序和治理、村落的文化记忆和文化认同等方面却涉及不足。

5.人才与制度两不备，基层组织作用未彰

首先，专业性人才短缺。理事会成员管理能力、文化程度、专业知识、眼界等方面都有待提高。其次，缺乏有效的管理制度和监督机制。在专业合作社内部，合作社章程不够细化、具体，村民对理事会的决策知悉度不够，对合作社理事会不够信任，社员之间有矛盾，缺乏对合作社理事会的有力监督，合作社缺乏稳定性和凝聚力。再次，基层组织协同作用未充分发挥。合作社理事会和行政村的党组织、村委会不同领导班子之间权责和管理方面容易产生矛盾和冲突。如学者董江爱所言："中国农村村民自治的发展面临的困境主要在于乡村关系和两委关系没有理顺。就乡村关系来说，压力型体制不能保证村民自治制度的落实；就两委关系来说，基层党组现状无法适应村民自治的需要。"[①]

6.村落保护意愿不强，主体参与意识缺位

村民的村落和村落文化的保护意识不够，意愿不足。村民对本村起源及历史了解的还是比较少，抽样问卷调查中选"一点不了解"的占比16.7%，"知道一些"的占比61.0%，"比较了解"的占比15.3%，非常了解的占比7.0%，其中31~49周岁年龄段之间的村民对村子的了解总体上要稍高于其他年龄段。对于村落保护，认为村子消失是社会发展正常现象而有利于城镇化的占比34.7%，持中立态度的占比26.4%，认为应采取措施积极干预的占比38.9%，可见村民并没有强烈维护村落生存生活空间的愿望，一般采取顺其自然的态度。对于住房，村民似乎更希望住进现代化的楼房里面。根据抽样

---

① 董江爱.中国农村村民自治的困境及出路[J].生产力研究,2004(8):39.

调查，村民更愿意住楼房的占比72%，愿意住老房子的占比28%。一般村民对塆子的发展方向并无想法，充满了盲从性。另外，村民的民主觉悟、集体事务参与意识、对专业合作社的了解等都不足。

五、以村民为主体探寻乡村振兴的有效出路

针对徐治塆自主治理、自主发展过程中存在的各种问题，应对症下药，多方并举进行改进，并整合、优化各种资源要素，谋求新的发展，使村落得以振兴和繁荣，使乡土文化得以保护和传承。

（一）科学规划管理、充分发挥基层组织作用是突破治理困境的前提

针对徐治塆发展规划、管理以及村民思想方面存在的问题，可对症下药，找出破解办法。首先，修订、完善现有的发展规划，做好顶层设计。其次，协调好基层各组织的关系，同心协力，共促发展。村党组织要"以人民为中心"，而不是以居高临下的姿态进行行政管控；村委会要根据当前的农村发展形势，调整工作重心，做好公共服务工作；专业合作社要加强凝聚力，也要充分发扬民主。领导上，可以引入地方精英、能人、新乡贤担任基层组织引领者或管理者的"乡土精英治理模式"，吸引本塆的在新洲城区、在武汉主市区的贤流、大学生、退休的干部参与其中；选举上，可借鉴国内基层组织选举的"两票制""自荐海选"等方式。同时建立制度权威，如完善的规章制度、透明的村务和财务公开机制、有效的村务监督机制。最后还要多借助上级政府的指导和帮助，"肯定并善于利用乡政府在引导乡村经济和民主政治发展方面的积极作用，把村治置于坚实的乡村经济基础之上，使乡与村维持良性的互动关系"①。同时积极争取经济与政策扶持，起码要尽快争取建设公共交通和公共设施。再次，加强宣传和培训，提升思想认识和专业化水平。提高基层干部和原住村民的思想认识、村落保护意识、文化自觉意识；对合作社理事会成员要加强培训，提升管理和

---

① 张厚安,谭同学.村民自治背景下的乡村关系——湖北木兰乡个案分析[J].中国农村观察,2001(6):66.

专业水平。

（二）发展特色农业、开展乡村休闲旅游是实现村民富裕的有效途径

抽样调查中，赞同"把田出租，让少数人来种地"的占比13.9%，村民土地流转的认识和意愿并不强；赞同"把田地入股村集体或村合作社统一管理"的占比66.7%；赞同"把田地给开发商来开发使用"的占比19.4%，可见村民更倾向于通过村集体合作组织来管理经营土地，发展特色产品取得收益。村民认为村子应该开展乡村旅游的占比98.6%，仅有1人认为不该开展乡村旅游，占比1.4%。

一方面，发展特色农业、生态农业及农产品。因地制宜，利用现代农业技术，保持和选种有较高经济收益的特色农作物，发展生态农业以及进一步加工特色农产品、绿色农产品、土特产，发展"互联网+农产品"，增加农民收入。"农民专业合作社是农业生产经验的新型主体，是现代农业的重要力量。"①徐治塆可依托村里的专业合作社，以"合作社+公司+基地+农户"这样的方式来操作，从而既能利益共享，又能共同抵御和承担风险。另一方面是发展乡村休闲旅游。可以通过开展农业观光、休闲旅游和农事体验活动体现四季的变化和乡村的风情，打造人与自然和谐相处的净土。结合乡村旅游、全域旅游和大健康等观念，打造集游玩、餐饮、住宿、养生、消费于一体的休闲度假胜地。既可以使村落中的外出劳动力回乡、增加村民经济收入，又为热爱乡土文化、喜欢田园风光和传统村落的都市群体创造机会和条件，使他们的乡愁得以安放和宣泄。

（三）振兴文化教育、丰富村民精神生活是建立文明乡风的保障

立足耕读传统，修复或重建学堂，建立仿古式宿舍，建立乡村图书馆、传播传统文化。一是周边数村联合政府，办好共有的小学，做好基础教育，

---

① 陈世伟.土地流传背景下的村社治理研究——基于浙江镇海乡村社区的实证考察[M].北京：中国社会科学出版社，2012：126.

并完善公共文化服务体系，开展对本村村民的读书学习活动，宣传村内耕读传家、崇文重教的传统和村内名人先贤事迹，传承和弘扬耕读精神，丰富村民的精神文化生活，使村民诗意地栖居。二是培育新型地方乡贤和精英。通过耕读文化的传承，引导村民努力学习科学文化，为新型地方乡贤和精英的培育提供文化土壤，为构建新型乡土文化、树立文明乡风、促进基层和谐治理提供良好的条件。三是对外界人的活动。在耕读学堂里可以请教师针对不同年龄层次的人讲授相应的传统文化课程，带领学生学习、阅读经典、诵读诗歌，聘请学者开展讲座，组织读书会、夏令营，大、中、小学生可以来此学习文化课程、琴棋书画，还可以进行绘画写生等。既可以通过学校、旅行团组织来此，也可以父母带子女一起来，形式多样，活动丰富。这样既保持了村落的耕读文化氛围，又增加了村落的经济收入，也契合国家《关于实施中华优秀传统文化传承发展工程的意见》的精神。

（四）活化利用耕读遗产、彰显村落内涵是促进传统文化繁荣的合理方式

村落是农耕文明的产物，其中既有特有的物质文化遗产，又有具有乡土气息和民族民间韵味的非物质文化遗产，它们分别代表着村落文化的表征和内涵。一方面，可争取政府的政策、资金扶持，在不破坏传统村落布局和风貌的前提下，适当对原建筑进行"修旧如旧"式修复或恢复，改善居民居住条件，新建筑也需仿照原有的传统风格，凭借传统建筑及历史遗迹的特色优势吸引游人；建立宗族博物馆让人们了解村史、家族谱系、宗法制度等；建立村落民俗馆展示农耕文明、展示耕读文化、展示风俗习惯和民间信仰。另一方面，发展非物质文化遗产参与体验项目，使村落以外的人来参与体验传统节日民俗、民间表演艺术和娱乐活动、礼仪，学习制作手工艺产品、美食，甚至在此基础上发展文化创意产业，延伸产业链。在村落里建立非物质文化遗产传习基地、学生教育实践基地等。总之，概括起来就是整合各种文化要素，加强文化建设，彰显各种文化底蕴。

六、余论

发展是解决我国一切问题的基础和关键，人与人才是发展的关键，教育

是人才培养的关键。乡村的发展治理离开了人与人才如同无源之水、无本之木。村落的发展要以人为本，在充分考虑村落居民的利益和诉求的基础上，激发村民热情和活力，振兴乡村教育，改变人才往城市单向流动的现象，发展现代意义上的新型耕读文化，培育新型乡贤，树立文明乡风，建设美丽乡村，实现幸福生活。当然，实现乡村振兴的过程可能不是一帆风顺的，现阶段我国乡村的治理本来就存在许多难题，这与国情和政策有关，也与村落自身的特点有关，乡村的转型发展需要结合自身的实际情况和具体条件去探索、去实践，但不能盲目发展，要有科学的论证和决策。相信只要怀着对乡土生活的热爱，怀着对文化传统的眷恋，怀着未来的美好期待，乡村的明天一定会更加灿烂。

武汉黄陂区大余湾调研报告

封　霄

　　大余湾，位于武汉市黄陂区木兰乡双泉村，始建于明洪武二年（1369年），是中国历史文化名村、湖北省重点文物保护单位。大余湾得木兰山之灵气，钟灵毓秀，人才辈出。据村谱记载，该村宋代曾有"一门三太守，五代四尚书"。这里村民聪慧勤劳，雕匠、画匠、石匠、木匠远近闻名。

　　据村里老人回忆，村庄有六百多年的历史，是由江西搬到这里来的。刚搬到这里来的时候，人烟稀少，只有一个小村庄，村庄里只有几户人家，名叫乐余湾。但是族谱上对此没有记载，这只是一代又一代口口相传的一个传说。从村后旧寨山上鸟瞰全村，其"左边青龙游，右边白虎守，前面双龟朝北斗，后面金钱吊葫芦，中间怀抱太极图"的风水格局清晰可见。在村落形态和格局、建筑用材与技术上，体现出完整的安居构想，即"前面墙围水，后面山围墙。大院套小院，小院围各房。全村百来户，穿插二十巷。家家皆相通，户户隔门房。方块石板路，滴水线石墙。室内多雕刻，门前画檐廊"。

　　为了勉励村里的百姓勤俭创业、努力读书，该村便以"勤俭能创千秋业，耕读尚开富贵花"为祖训并流传至今。所谓耕读文化，顾名思义就是半耕半读的生活方式，以"耕读传家"、耕读结合的价值取向。中国对于耕读文化的认识可以追溯到春秋战国时期，先秦的圣贤往往不赞成半耕半读的治学方式，孔子把学稼学圃当作小人的事，说"君子谋道不谋食，耕也，馁在其中矣；学也，禄在其中矣"。与孔子同时的依杖荷蓧的"丈人"则讽刺孔子四体不勤，五谷不分。孟子主张劳心劳力分开，"劳心者治人，劳力者治于人"。被孟子批判的农家学派许行则主张"贤者与民并耕而食"。

　　后世形成两种传统：一种标榜"书香门第"，"万般皆下品，唯有读书高"，看不起农业劳动，看不起劳动人民；另一种提倡"耕读传家"，以耕读为荣，敢于冲破儒家的传统。南北朝以后出现的家教一类书多数都有耕读结合的劝导。《颜氏家训》提出"要当稿而食，桑麻而衣"。张履祥在《训子语》里说"读而废耕，饥寒交至；耕而废读，礼仪遂亡"。

明清时代，地方性专业性农书开始大量出现，因为这时读书人比较多了，一部分没有做官的知识分子成了经营地主，他们根据自己所处地域和经营内容，写出了地方性专业性农书。中国的农耕文化对中国古代哲学的天地人相统一的宇宙观和知行统一的知识论的形成起了积极的作用，古代的学者常常从农耕实践中提炼哲学思想。

耕读文化也影响了文学艺术。知识分子通过耕读，接近生产实际，接近农民，写出了一定程度上反映农村生活、反映农民喜怒哀乐的作品。中国古代的田园诗就是耕读文化的产物。晋代的陶渊明是典型的田园诗人。他"既耕亦已种，时还读我书"，从41岁辞官，过了20多年的耕读生活。他根据自己的体验，写了《归去来兮辞》《归园田居》等诗篇。宋代的辛弃疾在被迫退休的20年内居住在江西农村。他把上饶带湖的新居名之曰"稼轩"，自号稼轩居士，"意他日释位后归，必躬耕于是，故凭高作屋下临之，是为稼轩。田边立亭曰植杖。若将真秉耒之为者"。辛弃疾很重视农业，他说"人生在勤，当以力田为先"。他有耕读的体验，写出了不少反映农村生活的诗词。宋代的范成大，晚年退居石湖，自号石湖居士，他自己可能没参加多少农业劳动，但生活在农村，生活在农民中，他的《四时田园杂兴》，富有乡土气息，一定程度上反映了农民的苦乐。

中国的耕读文化是中国文化的优良传统，它影响了中国农学、中国科学、中国哲学，使知识分子思想接近人民，养成务实的作风。大余湾拥有得天独厚的自然条件，加之村民们的勤劳和智慧，该村的耕读文化一直发展得十分灿烂。在大余湾一直流传着俞伯牙的故事。相传俞伯牙就是大余湾百姓的先祖，在余氏宗族博物馆中有这样的记载："明朝冯梦龙在《警世通言》中附会其'姓俞，名瑞，字伯牙'，为晋国上大夫，原籍楚国郢都。后人多有采用此说者，如京剧《伯牙摔琴》（又名《马鞍山》《知音会》）。其主要音乐作品有《高山》《流水》《水仙操》等。据《余氏宗谱》记载：'经公、纶公，当景王（周景王，？—前520年）时，同为大夫。纶公生瑞，字伯牙，官行人，以善鼓琴，闻迄今汉郡大别山东伯牙台是其遗迹……'。据此，俞伯牙乃余氏先祖。另'余''俞'同音，恰为巧合。"可见大余湾的文化底蕴是十分丰厚的。

除此之外还有宋代尚书余良肱，清代武秀才余学庸，跨越唐宋两个朝代的良公宁仲即余良。余良生五个儿子，其中最发达的是第五房，前文所说的"一门三太守，五代四尚书"即是出自该房。

在清末和民国时期，该村的文化名人可谓数不胜数。在1905年废除科举制度之前，大余湾曾产生过进士、举人，在民国时期还有人曾公费到日本留学，学成归来后便为家乡做出贡献。现在大余湾还保留有"百子堂"的遗址。据村民说，"百子堂"是清乾隆年间大余湾一位名叫余文生的地主考中进士后出资筹建的，希望将其用于发展村里的教育事业，供子子孙孙读书，然"百子堂"还未建成时，余文生便因病去世，由他的子孙继续修建，将余文生的精神继续发扬。主人为其起名为"百子堂"，显然是祈求上天保佑自己的子孙后嗣枝繁叶茂，绵绵不绝。如今，"百子堂"历经七代，子嗣早已过百，也算是名至实归。"百子堂"坐北朝南，位于大余湾的中央，占地面积超过1万平方米，房舍众多，鼎盛时期多达一百间。百子堂的建筑布局，为前宅后园结构，这里是书香门第，一道围墙可以把堂内的读书声围在高墙内。村中有三条巷道直通到百子堂的大厅。把巷道引进家里，可见百子堂的大气，也足以显示大余湾第一大家族的气魄。此宅从外面看上去是一个整体，走进去才会发现是一个个独立门户，各成一家。让子孙后代都居住在一个大家庭里，而又都有各自的独立空间，这体现了主人设计上的匠心。

"百子堂"可以说是大余湾耕读文化的一个显著的体现，但遗憾的是，在土改和"文革"时期，"百子堂"庞大的建筑群遭受大火，土崩瓦解，椽断墙颓，幸免于难的仅三个小门户，现在的"百子堂"遗址，只能说是"百子堂"的一个缩影。我们今天再走进"百子堂"时还可以发现，这家的大门有一个特点，那就是门槛很低，几乎与地面持平。这体现了主人的一种为人处世态度，即做人要低调，为人要谦卑，任何时候都不要把自己的姿态放得太高。类似的，大余湾其他建筑也处处蕴涵着精妙哲理，这也是中国传统耕读文化精神的体现。总的来说，在古代和近代，大余湾耕读传统的氛围还是非常浓厚的。

到了现当代，随着政治氛围的不断变化，大余湾的耕读氛围也经历了一场又一场的变革。土改和"文革"时期是大余湾耕读文化变化最大的时期：

大余湾的村民们一直是半耕半读的生存模式，因此在土改时期，一些村民被划为了富农、地主，大余湾的耕读传统遭遇了前所未有的危机；据大余湾村民讲述，在"文革"时期，被划为地主的村民均遭到了同村百姓的排挤和打击，有很多地主都是读书人，但是无论是饱读诗书还是平时宽厚待人，在那个特殊的历史时期，都免不了被批斗的下场。从那时起，大余湾的耕读文化一度中断，此后再也没有恢复到以前的读书氛围。由于农村土地都改为集体所有，加之改革开放后各种思潮的进入，大余湾的农耕文化几乎面临消失的境地。更多的年轻人都选择外出打工来挣钱，很少有人坚持半耕半读的生活方式了。加之现在读书、考试的方式与过去大不相同，大余湾的现代教育资源比较落后，因此读书的氛围也大不如从前。

随着时代的变迁，大约十年前，大余湾迎来了开发的浪潮，政府与旅游公司为了保存村庄的风貌，同时也让更多人了解大余湾和木兰山的悠久历史文化，开始合力打造大余湾的品牌。然而现在看来，对大余湾的开发可以说是一把双刃剑：一方面，旅游开发的确给大余湾带来了一定的经济效益，也扩大了大余湾耕读文化的影响力；但是另一方面，倘若要将大余湾打造为一个文化旅游名村，势必会影响到村民们的正常生活，甚至有可能使村民失去原有的住所，需要统一搬迁到新建的楼房中，若不搬迁很有可能对古建筑的保护造成一定的难度。然而中国人历来重视土地情结，安土重迁的思想十分深厚，使村民离开一直居住的老建筑是一件十分困难的事情，这也给大余湾的开发带来了一定的难度。随着开发工作的推进，大余湾的土地被分割得支离破碎，很多土地修建成了水泥地，地面硬化现象严重，部分村民因此失去了原有的耕地，便以在景区内摆设摊点贩卖鸡蛋、蜂蜜等产品或开设农家乐为生，这又给景区的秩序和卫生带来了一定的影响。

在如今，可以说半耕半读的生活方式已经成了过去，从人才辈出到如今教育资源落后，从勤俭持家到如今连可供耕种的土地都没有，大余湾的前世今生就是中国耕读文化发展的一个缩影。这是生产方式和社会制度的变化带来的，也是现代文明与古老生活方式之间冲突的结果。

附：大余湾口述档案

（今年80岁的余永奇老先生1984年从黄陂县图书馆退休后，回老家大余湾居住，他一心致力于大余湾的旅游开发事宜，由于他博古通今，是大余湾的文化传承人。我们想在他有生之年留下他对于大余湾的口述档案，作为今后的历史记忆。讲述者：余永奇。)

村庄有六百多年的历史，1369 年，明朝洪武二年由江西搬到这里来的。刚搬到这里来的时候，人烟很少，但是以前也有一个小村庄，那个村庄只有几户人家，叫乐余湾，但是族谱上面没有记载，只是个传说。后来这整个地方的建筑是由一个爷爷建起来的，开始这个地方并不是中心，爷爷刚来的时候在这里做的房屋，来到这个乐余湾的时候我们就看到一副对联："忠厚传家五百年，医馆济世十三代"，我们的爷爷认为这副对联太自负了，所以我们的爷爷到这里也写了一副对联："勤俭能创千秋业，耕读尚开富贵花"，这就是他建设这个地方的指导思想，就本着这样一种思想来进行建设，勤俭持家，所以这个地方发展得很快。我们这里的第一任祖先叫余云甫公，但是其实我们公认的第一代祖先是余秀山，把他作为我们的始祖。

这个地方的发展，一开始是只有几户人家，由上湾到小湾的房子做的多一些，后来因为部分村民贫富不均匀，那个地方就是发财的人多一些，后来就把那个地方搬到上面去了，所以后来那个地方的房屋建设是最好的，它叫方块石板路，滴水线石墙。除了这个方面以外，这个地方的建筑也形成了一个群体和统一的格局，所以这个村子就越来越发展，所以这个村子有了今天的"前面墙围水，后面山围墙，大院围小院，小院围各房，方块石板路，滴水线石墙"，就形成了今天这个格局。现在我们在的这个地方，就是格局的中间地带，也是这个村子的活动中心。不管是祭祀，以前这个地方经常传承的是打鼓说书，打鼓说书不是一般的而是有季节的，比如说到六月份和七月份乘凉的时候就说善书，就是劝人为善，要孝敬父母，要做好人，坏人是会有坏报的，就是形成了规律。除了这些还有娱乐性的，在旁边还唱皮影戏，我们做小孩的时候这里就有这些活动，房屋形成了，活动形成了，就在这里传承各种各样的文化，再加上这个地方的文化，现在这个地方的房屋就越做越多，几经破坏之后，这个地方的韵味都还在，基本的东西都还在，所以房屋慢慢地经过修理之后，就形成了现在的这种格局。所以现在这个地方一直是活动中心，也是出人才的地方，就是说我们的风水贯穿到这个地方来了，就形成了这一块的中心，就是这个地方发展的倾向。所以有好多这个村子的典故在这个地方也体现得出来。比如说这个房屋建筑它体现出了时代的发展。

　　这个地方的房屋大部分都是明朝以后修的，在清朝发展。是清朝的什么时候呢，就是乾隆到道光年间这个发展时期修的。以前有个罗家岗是很有钱的，但是他的房屋上面有记载是道光年间的，但它的房屋是学习我们这里做的，这都是有口碑的，这是一个特点。再加上这里的好多东西还是完好的，比如说那个墙壁上的是"滴水线石墙"，屋内雕刻门檐画廊，那些画廊上的画还是栩栩如生。为什么它到现在还栩栩如生呢，它是清朝画的，到现在还栩栩如生，主要是那个时候的画用的是矿物颜料。

　　由于祖先到这个地方来后，传承的是"耕读尚开富贵花"，所以这里的人对读书人一直是很尊重的，这个地方就是出人才的中心。原来号称有100个秀才，这里出的秀才是最多的，当时因为它是个传播文化的中心。另外一面呢，这个地方有好多的记载，有一些传说，比如说俞伯牙是我们的祖先。除了这个地方的壁画上面有高山流水，有这些东西以外，另外这个地方有好多好多的，就是一些读书人也是从这里出去的。以前是学习一些古人的优良传统，比如学习匡恒，以前我们做小孩的时候就会背这些："匡恒穷，匡恒穷，匡恒人穷志不穷"，凿壁借光，这里的风气特别好，所以我们这里出现了一个人，他是真正地学匡恒。比如说余传斌，他是现代的棉花专家，他以前在武汉大学当校工，他扫地，没有上学读书，但是别人讲课他就去听，到最后考试的时候余传斌得了头名。那个时候也有爱才的人，所以余传斌最后成了研究员，所以到以后就不断地出现人才，一门四博士。像余家菊先生，他家里就是，余家菊是留英的，一个儿子留美，一个女儿留美，还有个大儿子也是留美。以前这个村庄在国民党的时候出三个"国大"代表，当时别人还不服为什么一个村庄出三个"国大"代表。由于那个环境是一种文化环境，是造就人的环境，它体现在方方面面。72管枪，100个学者，有了钱以后就向两个方面发展，一方面就是败家子，败家子就是72管枪，就是72个抽鸦片的，但是出100个学者，有了钱以后，用钱来创造财富去读书，所以这个村子的另外一面就是读书的人很多。加上整个大社会的影响，这个地方又是一个中心，包括五四运动等好多东西也影响到这个当中了。当时我们这个村子里在武昌参加起义的就有四个，再一个方面就是这个村子当时出现了100个学者，现在这个村子里还有专家学者100多个，有医学专家、哲学专家，还有好多。比如说以前余传贤老先生，他是留日的；还有余家典，是铁道专家，抗美援朝的时候有条铁路是他设计的，为国家节约了许多钱，当时就设金质奖章鼓励他，后来金日成还设国宴招待他。后来他回国了，对家乡非常热爱。再就是现在的余传滔，他是台湾大学的校长，就是陈诚的女婿。再加上这个村子设有奖学金，凡是考取重点高中的，每人每个月补助200元钱，凡是考取了大学的，一年给3 600元的奖励。

再另外也有一些稗穗的东西，就是有烟馆、赌场，其实赌场就是一个小房屋，那个时候我们这里开始对烟馆并不是禁止的，可以公开的，但是后来就禁止了，但是这个村子对烟馆是深受其害，人们对它深恶痛绝。所以这个村子就出现了对财富和财产的关系，财产不等于是富人，财富才是富人。

再加上这个村子讲的是尊尊、贤贤、仁仁，它是一种文化氛围，到现在都是在传承的一种儒家思想，由"勤俭能创千秋业，耕读尚开富贵花"一直传承到现在，它的中心讲究尊尊、贤贤、仁仁。"尊尊"就是守法、守规矩；"贤贤"就是要有才能，无贤就不能发展；无仁就没有爱。所以我们祠堂有四个大字："亲亲仁民"，这四个大字就体现了一个"爱"，中华文化的要义就是爱的文化，就浓缩到这个村子里了，一直到现在还有这种表现。比如讲尊尊，这有一个故事，有一个人叫余先山，他抽鸦片，他偷人家的东西，偷了一瓶油回来。偷了以后他的兄弟就把他用石头绑着沉了潭，兄弟把他家里的生活安排好以后就把他沉了潭，到现在他沉潭的那个地方还叫先山凼。我们这里最小的孩子也都知道那个地方叫做先山凼，就是因为他偷了别人的油，在这里被沉潭了，所以现在这个村子里偷盗很少。以前要说也是祠堂自治，祠堂有祠堂的八法，祠堂法，就是你偷人家的东西是不行的，所以这都是自我管理的一种方法。

"勤俭能创千秋业，耕读尚开富贵花"，光这样还是不行的，还要做什么呢，要发家，除了勤俭，还要有智慧，还要发展。要发展就要靠什么呢，要靠走出去，走出去以后人们就开始做生意。随着时代的发展，在清朝兴盛时期，在乾隆年间，这个村子的人就走出去了，走到了河南周口、明港、驻马店这些地方做生意。做什么生意呢，做油籽生意，就在那个地方卖黄豆、芝麻，在那个地方开榨坊，开始是帮人家，后来是自己开，自己开就在那里发财了。后来由于种种原因，当地人忌妒，后来就回来了。回来除了做榨坊生意以外，还做料棚生意，还开当铺，发了很大的财。这个村子因为勤俭创业就买田置地，到清朝中期的时候就有土地将近6万亩。后来土地改革的时候划地主，这个村子就有36个地主，最大地主的土地就有500"石"，按照现在的概念，1"石"等于5亩，就是说这一家有2 500亩。所以说我们这个地方到王家河走路、过桥都是自己修的，都是自己的田地上面走，不走别人的地界，王家河到现在的挡水桥就是我们湾之前修的，以前到王家河的路也是我们村修的。除了这以外，祁家湾也有好多田地是我们村的，祁家湾离这里40华里，其实祁家湾刚开始是个水码头，在那里我们开了远丰、德记油籽厂，再后来还在这个河旁边开了两个料棚，一个叫半边寨料棚，一个叫黄土岗料棚，这个一直到解放前都还在。

现在这个开发，真真实实地讲，这个地方人们的生活是提高了。改革开放以后，这个村子通过旅游的发展，安排了工作人员近40个，除了这以外还有十几家搞农家乐，这整个村庄不管是卫生好多东西都发展了。但是大部分人从内心来讲，现在是发展了，比以前变富有了，但是人们还有不满足的地方，不平衡的地方，有的人要好一些，有的人要差一些，总的来说现在是发展了，是真正地好了。

这个村子现在在着急的有几个事。一个就是要把这里的文化保存下来，不要因为开发去破坏它，所以有些东西，在建筑方面，开发商包括有识之士都要有一个共同的认识，不要因为开发就去破坏它。比如说这个村子本来是一个坐北朝南的方向，现在在这里就有些小破坏，在这里修一个台，看起来是做了一件事，其实对这个村子来说修或不修并没有多大影响，所以建设还是要体现这个地方的本身。第二个，这个村子的发展，我们的那个爷爷有从古到今的眼光，他觉得这个地方得天地之灵秀，天人合一，把这个东西联系起来，是山山水水，现在已经是这个格局，小桥流水，梦里的家园，春山二月莺飞草长，山沟里回荡，都是非常美的。现在要做靠什么做呢，随着自然做，随着文化做，随着它的本质的东西来做，你就发展了它，人们就有了生命力，这是人们值得展望的。

（来到一处院落）这个院子里面就是历史的沉积，这里就是以前的米面加工作坊。这个里面是三个大型的工具。一个是碾子，就是可以供大多数人使用的，它一次可以搞百斤以上的米，它的作用就是去壳，比如说把稻谷去壳加工成米，这是一边，他是大型去壳的，也可以直接把它碾成可以食用的米，这是这个东西的作用。这个就是磨，这是一种大型的磨，就是可以用人力把那个杠子推着，一般是用畜力，用牛来磨粉。也就是那边是米加工，这边是面粉加工，面粉加工就是把小麦、大麦磨成粉就要靠这个。这个是大型的，还有小型的，那就是在各家各户自己家里。所以这个地方就是记载着由明朝开始就慢慢地扩大，扩大到最多的时候，这个地方有这样的碾子有六个，还有的碾子是从乾隆到道光年间的，这个是嘉庆年间的，还有的没有挖出来。

（来到一户人家门前，门前有一块石板）这个石头有一个名字叫"一步阶"，为什么叫"一步阶"呢，后来有了钱以后，很多思想都变成了哲学思想，就是"退一步海阔天空"。我们做小孩子的时候，大人就教育，你的心胸只有针鼻子那么大，你将来是一个没有用的东西，你如果要登堂入室，就要有海阔天空。所以这个石头，小的时候就是用来教育我们的，只有"退一步海阔天空"才可以登堂入室做大事。

（进入院子中）这个叫天井垱，上面的叫"四水归塘"，为什么要做成这样的呢，就是聚财、聚宝、聚人缘，水就由四边流到这里面来了。天井垱的排水非常好，在外面好像看不到，其实把水放出去了，放得很自然。我们这个从清朝做的沟，如果不是人为地把它塞上，到现在都还很畅通。所以这个上面除了采光、透气、排水的作用以外，过年的时候大家都要回到堂屋里来相聚。

再另外这个房屋以前的建设，也可以看出这个建筑里的一些人缘关系，打开门就是另外一家，门一闭就是各家各户，这个就叫"户户皆相通，家家隔门房"，（推开一扇门）把这边一打开就是另外一家，（又打开一扇门）这就又是一家，（穿过屋子）走到这边来，这就又是另外一家。开门是一个小社会，门一关就是一家人互相之间很团结，防盗匪，互相帮忙。通过这个建筑也可以看出这个村子的发展，它是之后又有一个爷爷，又做了这样的一排房子，所以它就是"户户皆相通，家家隔门房"。抗日的时候，我们在这个里面和日本人周旋，我们跑到山上去了，他们还找不到我们的人。

（来到楼上）这个墙是德记花园的原墙，到现在有200多年的历史，它也是体现了"黄陂八景"之一的建筑特点，叫"木兰耸砌"，不加任何黏合材料，是干垒起来的，几百年、几千年都不会倒的，到现在都很坚固，但是现在这个树把它遮住了。这个里面有一棵桂花树，那个就是原生态的，做那个墙的时候桂花树就有了，到现在也有200多年的历史了。这个大余湾在以前种树种花也是很有名的，叫"梅花映白雪，桂飘十里香。秋然入悠室，凌霄攀高墙"。"桂飘十里香"就是这里这棵桂花树，以前这棵树很有名，旁人传说到河边就可以闻到这里的桂花香。

　　（来到一条河边）这个村子是一条流水由村前边流过，叫"流水村前过"。这个水是很美丽的，这个河叫双泉河，它上边以前有一个双泉寺，传说是一个泉出盐，一个泉出油，所以这个水这是从传说上来讲。从实际价值来讲，这是一个畅通的河流，以前建筑这个河流是非常科学的，它也是一个存水的地方，在下雨的时候把污水都排走了，天晴之后水又可以用，所以村子里的人那个时候可以在这里洗菜，小的时候我们还可以在里边游泳，灌溉粮田、浇菜都靠这个地方，所以这条河是这个地方的一个命脉。

　　这个村子是封闭的，叫"前面墙围水"，这是一道墙把护城河围在外面，"后面山围墙"，这个村子的护城河以前也是防盗的，这河是通过人工把它挖出来的，以前这条河是在外边的，后来就修成了现在这个样子，这是清朝中期到末期修的。这个地方以前非常漂亮，小桥流水，梦里家园。

　　（来到一个广场）这一块就是大余湾的广场，这个广场的门楼就是代表大余湾。以前大余湾有个祠堂，那个祠堂是非常雄伟的，祠堂里有108根柱子竖着，上面雕刻着骑虎牵龙，立体的雕刻，就是标志着这个地方的好多历史。以前我们这个地方，有人能够降虎，也有人能降龙，所以这个地方现在就是大余湾的一个标志，但是可惜的是古时候的祠堂已经破坏了，现在准备修复。

罗田县张家冲调研报告

武　超　张美琎　易志容　朱昌江

一、村落耕读文化概况

中华文化的精髓之一便是农耕文化，这是一种与欧洲游牧文明存在着巨大差异的文化类型。在上古传说的炎黄时代，便可以体现出农耕文化的特征。如以神农氏尝百草为代表的传说，体现的正是"耕"的精髓。随着经济的发展，在"耕"之余，我们的祖先也开始追求自身的进步和知识、技能的传承，中国古代文明逐渐形成了一个重要的表现形式，便是耕读文化。在以种植经济为基本特征的传统农业社会中，耕作是勤劳的象征，是生存的必要保障；读书则是领悟圣贤之道，修身养性乃至兼济天下的必要途径。"耕"是"读"的基础，"读"是"耕"价值追求的实现方式。春秋战国时的圣贤便对二者的关系有着较为明确的阐述。孔子说："君子谋道不谋食。耕也，馁在其中矣；学也，禄在其中矣"。对于君子来说，"耕"与"读"是同等重要的事情，在耕读中"所蕴含的勤劳俭朴的美德化育、勇毅刚强的品德砥砺、知书达理的道德规劝、和衷共济的氛围营造等丰富的传统道德价值观念，不仅成为完善个人道德的基础，而且成为人们协调家庭关系、社会关系的指导规范"[①]，成为家族历代传承的思想。张履祥便在其《训子书》的总论中专门论述了耕读与家族发展的关系，批判了耕读不能相兼的观点，指出："读而废耕，饥寒交至；耕而废读，礼仪遂亡。"他还反复告诫自己的子孙："耕必力耕"，"学必力学"，"畔上论田，终于苗苗何济，不如实从事耕

---

① 邓子纲.儒家耕读传家思想的现代意义[J].湖南第一师范学报,2007(1):63.

耘也"①。曾国藩也格外强调在家族发展的中"以耕读二字为本",在咸丰四年四月十四日给弟弟的信中说:"吾家子侄半耕半读,以守先人之旧,慎无存半点官气。不许坐轿,不许唤人取水添茶等事。其拾柴收粪等事,须一一为之;插田莳禾等事,亦时时学之。"②认为只有把耕读有机地结合在一起,才能维持一个家族良好的门风。确实,耕与读的确是可以兼得的。晴耕雨读,既能修身养性,通晓道理,又能不忘稼穑之艰难。无数的家族通过这样的方式,让自己的家族得以壮大、发展和延续。

随着时代的变迁和人们思想观念的转变,人们开始从农村走向城市,从农业文明走向工业文明,曾经可贵的农耕精神正在逐渐消逝。所幸一些村庄、一些家族慎终追远,依旧保持和延续着传统的耕读精神。张家冲就是这样的一个所在。

张家冲原名"苍葭冲",因村内遍布苍葭而得名。后因当地方言"张"与"苍"读音相似,村名便逐渐改为了"张家冲"③,并沿用至今。它隶属于湖北省黄冈市罗田县三里畈镇新铺村,地处大别山南麓,坐落于巴水上游河畔。村落远离都市的喧嚣,山峻水美,水稻田错落有致,良好的生态环境、淳朴的村落民风孕育出这首宁静致远、令人醉心于此的田园归处。

张家冲内百分之九十以上的村民,为丁氏族人。丁氏原为江西丰城大族,元代至正元年(1341年),因此地战火频仍,丁氏一世祖、黄州中宪大夫丁公明甫便由江西迁至湖北。在400年前的明代,十三世祖珞、球二公带领已经逐渐兴盛的丁氏家族迁至张家冲,在这一方净土繁衍生息。

张家冲因其家学文化深厚,源远流长,故享有"荆楚家学第一村"的美誉。丁氏家族始终秉持诗礼传家、耕读继世的传统,历代后人均铭记于心。家学传统历明、清、民国至新中国,经久不衰。据不完全统计,张家冲的丁氏家族中,至少出现了3名进士、14名举人及百余名秀才。建国以来,冲内上大学的有200多人,其中博士6人,硕士20人,本科生则高达60人。可见,村民对于知识是极为重视的。虽然在20世纪80年代时,随着村内劳动力的外出,张家冲不可避免地出现"空心化"的状况,村落家学文化也因此

---

① 张履祥.杨园先生全集[M].刊本.苏州:江苏书局,清同治十年(1871):7.

② 曾国藩.曾国藩全集·家书(一)[M].长沙:岳麓书社,1985:187.

③ "冲"是当地方言的一种说法,意为山谷中的一块平地,这种用法在湘语中尤多。在湖南,许多村落均以"冲"字冠名,最著名的当属"韶山冲"。

出现暂时的衰落，但是随着村中的乡贤丁汗平对于村落内部文化资源的整合，以及湖北村镇建设项目协会、武汉西厢房网络股份有限公司等外部力量对于村落家学文化的挖掘，村落的优秀文化又在逐渐复兴，并被越来越多的人所了解。

张家冲因其浓厚的家学氛围，当之无愧地享有"荆楚家学第一村"的美名。冲内不仅重视下一代的基础教育和高等教育，还重视对传统文化的保存和发扬。张家冲保存着历经多年的建筑，有专门的家学展馆、农耕展馆、祠堂、家谱存放馆。因水灾以及战争的破坏，在明代之前的丁氏宗谱大半已经遗失，丁氏十二世祖北山公与仲誉祖对这一状况感到极为痛心，便于康熙初年手录墨谱对宗谱创修，后世子孙对其不断进行完善，至2012年已经八修。在中国古代，修撰族谱是家族兴旺的表现，因此大多数家族都希望修撰保存，并不断完善自己的族谱。但时至今日，还能如张家冲一般仍旧把修族谱作为阖祖的大事来办的家族已极为少见。丁氏族人正是秉持着几百年来所传承下来的慎终追远的精神，八次修家谱，以怀念和继承先祖的优良传统和家训。张家冲的家谱，可看做是中国家谱的一个典范。家谱记载详细，谱系分明，既有谱序，又有宗派、先祖像，家规、家训、户训、户议等，同时记录了一直以来丁氏族人的诰封等。丁氏以"芳尚文自世盛，学道名时维国，际显猷宏光大，克绍封锡遐昌，祚永泽裕从天，保定恒生茂至"为排行，从"自"字辈二公迁自张家冲，已历25代。此外还有详细的家训，甚至前人的诗作等。丁氏族人家训家规严格，对于不守族规的人惩罚亦很重，但同时坚持实事求是的原则。例如，他们规定："一户下有不肖子所当逐者，必其人父兄同本房长投鸣户长，户长仍要按问情实，果系当逐，必其人父兄自书逐条，或本户房长代书，父兄出押亦可至。犯法私自逃亡者必须秉公法处。"又规定："一户子弟有大干法纪者，户房长既已知觉当先自出首，以杜祸端，费用公出，无得迟延滋累。"可以说，这些家规户训有效地规范和约束着丁氏族人的言行举止。

二、村落耕读文化调研经历

有鉴于张家冲村落浓厚的耕读文化底蕴，由湖北省炎黄文化研究会牵头，并在"爱故乡驿站"站长林德政的帮助下，我们一行四人，于2017年7

月18日动身，去往张家冲进行实地走访调研。

由武汉至张家冲的路程并不算太长，从傅家坡客运站乘高速客运，经过3个多小时的车程，我们到达了三里畈镇，张家冲是三里畈镇的一个下辖村落。从这里到张家冲需要乘坐村民自驾的电动三轮车等交通工具。

大约前进20分钟，我们到达了村子。在村口下车，一条醒目的红色条幅"荆楚家学第一村张家冲欢迎您"便进入了我们的视野，可见村中是将荆楚家学文化作为宣传的重心。从村口看去，村子干净整洁，绿树成荫，在炎炎夏日中我们竟能感觉到一丝清凉。进入村子，村口摆放着清晰的村落简介和游览展板，还有独具特色的村落导游牌。我们按照计划，对村中的各个家学重点进行走访调研。

由于我们到的时候正值午后，在村中未见到太多的村民，我们就沿着村中小路将村子大致走了一遍。张家冲村落并不是很大，却到处显现着耕读、家学文化的深厚内涵，如苍葭书院、耕读文化展馆、"鸟语书香"读书地、众多祠堂、颇具古风的民宿建筑等。

午后刚过，村民们开始走出家门了。我们首先在苍葭书院碰到了几位古稀老人，老人们操着浓重的乡音，对我们介绍了张家冲的耕读历史以及书院的发展经过，还有书院祠堂中所挂的家学文化，如"和""静""德""道"的内涵意义。老人们说，这些家学影响了一代又一代的村民，才形成了现在村民们淳朴道德的民风，才有了张家冲浓厚的文化氛围。

之后我们通过当地村民的引荐，见到了村子的带头人丁汗平。丁汗平现年67岁，是一名有着30多年党龄的老共产党员，原任县统计局局长，2002年退休后回到三里畈镇居住。他为我们详细介绍了张家冲的发展历程、村子家学文化的演变与宣传以及村子以后的发展方向。在交谈中我们得知，张家冲的村民大多是"丁"姓。村民们在悠久的村落文化影响下，都保留着淳朴的风气。如今村中新成立的合作社正计划整合耕读文化资源，带领村民走新的发展道路。丁汗平老人还建议我们，与村子中的丁豆府、乡吧客栈、拓印工作室等管理者进行交流，这对他们的文化宣传也有所帮助。有关于村子发展建设的具体内容会在后面的报告中呈现。

在几天内我们分别走访了乡吧客栈、拓印工作室、丁豆府、田园餐厅、村中祠堂等，收获颇丰。乡吧客栈现主要由村中的一位阿姨经营，我们去的时候刚好暑假，大女儿回来家里帮忙，小女儿还在小学。老板娘说自己的丈夫外出打工了，和其他村子一样，现在村子里的青壮年大多都外出务工，留在村中的妇女老人孩子，在带头人的引领下，与村中浓厚的家学文化结合，创办具有自己特色的乡村产业。乡吧客栈就是为着村子发展家学旅游而建。说着是旅店，其实就是老板娘自家盖的房子，一层为自住，二层的几间空房为旅舍。与城市中的快捷酒店不同，每一间屋子都有其独特的陈设和装修风格，不仅窗明几净，可以看出，还经过精心地装饰。老板娘为人十分淳朴善良，会邀请我们一起吃饭，尝一尝自家腌制的小菜。之后去往的拓印工作室的情况大致相同。老板是一对老年夫妇，孩子们都外出打工，这几年创办出了这间独具特色的拓印工作室。老板丁大爷见到我们的到来十分热情，欣喜地拿出拓印好的作品给我们看。上面大多是与家学有关的拓印，如孔子像、家学讲义等，还有村子中的美丽景色，一片叶子，一朵小花，门前的猫狗等。老板说不仅自己做拓印，还提供给游客以及来这里学习的孩子们自己拓印，可以手把手教，并且详细地为我们讲解了制作拓印的方法。老伴主要做刺绣，和拓印一样，可以为游人提供服务。丁大爷还给我们看了自己录制的教孩子们制作拓印的视频和活动照片。

在本次调研中，我们所采用的方法是走访当地村民，与其进行交谈、录音、拍照以及录视频，以获取第一手调研资料。在调研过程中，对主要调研地点进行拍摄，并获得了家学、家训、家谱等重要资料。

三、耕读文化古迹的开发与保护

张家冲族人秉承先祖遗训，以耕读传家，在为生活奔波劳碌的同时不忘重视对子孙的文化教育，这些教育不局限于书本知识，还有实物材料。村中百年以上的树木有48棵，古井、古祠堂、古民居、古城墙散布村中，营造了一种浓厚的文化氛围。这种文化氛围使得丁氏族人在平时生活过程中便可以接受耕读文化的熏陶，耳濡目染，使子孙不忘祖先耕读传家的遗训。近几年，村落与西厢房有限公司联合对村庄的耕读文化古迹进行了修缮，并结合村落的家学特点，兴建了一批文化景观，以更好地向外界展示张家冲的家学文化。我们在调研过程中便重点对这些耕读文化古迹及家学文化的项目进行了调研，以期深入了解其背后的文化内涵。

（一）村庄遗留下的古迹

1.五常亭

刚入村口便能看到一凉亭伫立在村道旁，村民告诉我们这个亭子叫做"五常亭"。据村里的记载，此亭已历经400余年的风霜，是张家冲传承仁义家风的重要标志，"五常"即儒家所讲求的"仁、义、礼、智、信"，立此亭的目的即为了教育子孙后人重视儒家传统美德，不忘先祖仁义之风。相传明嘉靖年间，丁氏十世祖馥芳公在河边义务摆渡，一日在渡口拾得一个钱袋，里有很多银子，面对巨额财富，馥芳公并未据为己有，而是在那等失主归来寻找丢失的财物。苦等三日，未有失主前来寻找所丢银两，于是馥芳公便捐出这笔钱款，在渡口处建了一个凉亭，以供路人休息乘凉。族人为使后代永承家风，牢记"仁、义、礼、智、信"，便将凉亭命名为"五常亭"。我们小组在走访村民的过程中，了解了此亭的来历之后，深感馥芳公此举用心良苦，把亭子立在村口必经之地，时时训诫后人守信讲义，馥芳公的举动，正是传统的耕读传家的精神的体现。

2.古祠堂

祠堂，又称宗祠、宗庙、祖祠等，是家族成员供奉祖先牌位的场所，也是家族集体议事、执行族规、对族人进行道德教化的场所，祠堂在宗族的发展中具有特殊的文化含义。可以说，宗祠在宗族成员心目中的地位，要远远高于在宗祠中完成的各种纷繁的仪式和活动。在某种意义上，逐渐形成的以宗祠为核心的宗祠文化，使宗祠成为制度的象征，正是这种特殊的象征意义促使宗祠成为宗族的精神信仰中心，以深厚的文化形态发挥着社会教化的功能，并书写着社会治理的逻辑①。丁氏家族对于建设祠堂也极为重视，自元代时由江西迁出，散居在各处的丁氏族人便纷纷在自己村落中修建宗祠，如根据族谱记载明代时在笔架山南麓建昌公、鸾公、凤公、郁公、禧公等祠堂，但后因战乱均遭毁坏。后又于乾隆年间在象形建馥芳公祠，嘉庆年间在曹家山建斗南祠，后又在丁家套老屋坳建文瑞公祠，大田铺建文伟公祠，刘

---

① 吴祖鲲,王慧妹.宗祠文化的社会教化功能和社会治理逻辑[J].吉林大学社会科学学报,2014(4):155-162,176.

家庄建文锦公祠，在套内建自璋公祠、自璞公祠，在河口垸建钢公祠和佃公祠，在河南商城县南溪镇施家垸（今属安徽省金寨县南溪镇石桥垸）建五福祠及文、自、世各辈居于套内之私祠（据《丁氏八修宗谱》卷首三《周公祠复修改制记》）。这些宗祠因年久失修多有损毁，为更好地保护这笔宝贵的宗族财富，近些年来丁氏族人对于多处宗祠集资修复。如位于平湖西畔笔架山旁的周南祠在九十年代便因稻堆失火而使正厅倒塌，神龛牌位也毁坏殆尽，但幸亏前清状元手书的联匾尚存，还可以对宗祠进行修复，所以在2007年丁氏族人集全族之力共筹集十四万元修缮周南祠，并将用金字书写"昆义堂"三字的巨匾悬挂于正堂上，以示后昆睦义之意。在张家冲内，对于流传至今的珞公祠与球公祠也进行了修缮保护。

（1）珞公祠

珞公祠在村庄的最深处，是丁氏十世文俊公支下族祠，是清代丁氏族人于珞公墓前修建的一座公祠，距今已有400年的历史。我们看到的珞公祠，保存完好，透着古朴、肃穆的气息。珞公祠在丁氏家族发挥宗族礼教方面起着独特的作用，丁氏家族之前惩罚子弟、执行族规家法、表彰族人等宗族行为均在祠堂中进行，以凝聚族人。可以说，张家冲的宗祠文化在引导村民崇尚伦理、耕读传家等方面发挥着巨大的作用。

现今的珞公祠经丁氏后人不断修缮而成，祠堂中间的匾额上刻着"光前裕后"四个大字，旁边的对联上则写着"明德惠人蔚英良而济世，修身培德广贤哲以兴家"。这副对联气势恢宏，满是家国情怀，正符合孟子所谓"达则兼济天下"的理念，家事国事天下事，俱在一耕一读间。当年丁氏先祖珞公带领丁氏族人筚路蓝缕，以启山林，在闭塞的大山深处开创了一番天地，布福泽于后世，使丁氏族人可以再次繁衍生息，张家冲也才能成为耕读传家的典范所在，供无数的村庄和家族学习。

珞公祠中刻有丁氏先祖珞公教育后世族人的乡规民约——《十约》，以传宗族后世。《十约》全文如下："一不许违逆父母、伯叔、兄弟劝诫之言，取马牛襟裾之消。二不许伯叔兄弟重财轻义计较锱铢，乘天性怡怡之爱。三不许伯叔兄弟各逞臆见互相疑忌，致谊同秦越。四不许游手浪荡不思先业之艰，不耕不读好赌倾家漂泊无依。五不许家长无政卑幼专行，甚者妇人亦预外事大乘家法。六不许妇女朝山拜庙亵近僧尼，有失闺门严肃之体。七不许子弟身近非分事行不轨，鼠窃狗偷有干法纪。八不许恶言伤人或鞭笞他人奴仆,不自尊重致小人唾詈相加。九不许纵仆违礼不认上下,肆横鸮悍残伤族人。十不许拖欠官银不遵国法受吏拘捕牵连户众。"乡约是家族为了更好地约束族人而设立的生活规则与组织。"在乡民的实际生活中,乡约事实上发挥着法的作用,它对乡民的言行确有指引、评价、预测、教育、惩罚的规范作用和从调整关系到维持秩序的社会作用"①。《十约》的推行,对于张家冲提倡伦理道德,维护村落安宁,淳美社会风俗等方面均起着积极的作用。实际上,除了张家冲外,众多的村落均是通过以儒家伦理为核心的乡约对族人进行教化,著名的《南赣乡约》《杭川乡约》《蓝田吕氏乡约》皆是明证。在陈忠实先生的小说《白鹿原》中的族长白嘉轩也立了乡约,刻于祠堂上以约束族人。由此可见,张家冲的这种以祠堂和乡约约束族人行止,惩恶扬善,不是一族的行为,应该是一种广为接受的行为,这应该是我们研究和调查耕读文化应当重视的一个方面。

张家冲的丁氏先祖珞公当年迁居此地,历经千辛万苦方能扎根此地,成就一番事业,珞公希望后世子孙可以保持励精图治的精神,便写下此《十约》以告诫后世族人不忘先祖创业之艰辛,勉励族人奋发图强,团结进取。我们看到的张家冲人邻里和睦,村风淳朴与丁氏后人谨遵先祖遗训,恪守《十约》有着密切的关系。从今人的角度看《十约》的内容不免有些局限的地方,然而透过《十约》,却让人看见了丁氏家族对天道、仁义、孝悌、法纪的遵从。德和堂张贴着一副对联:老老幼幼扬先贤美德,户户家家沐盛世和风。这副对联既是对张家冲的鞭策,也是今日张家冲的真实写照。在张家冲,每一条道路,每一个巷子都是相通的。几乎所有人家的门都没有关闭,你随便就可以从一家穿行到另外一家。今天的张家冲,邻里和睦,相互尊重,携手共进,路不拾遗,夜不闭户,即使是我们所住的民宿——乡巴客栈也是没有锁的,客栈老板告诉我们在这里家家户户夜不闭户的,从来没有丢失过东西。其他的村民们也说,村中自新中国成立以来没有斗殴等违法犯罪行为发生,也没有上访闹事的村民。他们在谈论此事的时候脸上洋溢着自豪的笑容,正是丁氏族人对一代代的教育传承,形成如此良好家风的自信。

(2)球公祠

球公祠同珞公祠一样也是丁氏十世文俊公支下族祠,只是原先的祠堂已

---

① 张中秋.乡约的诸属性及其文化原理认识[J].南京大学学报:社会科学版,2004(5):53.

经毁坏，现存的祠堂是丁氏族人于2009年在原址上集体重建的。球公祠的重建对于丁氏族人是一件大事，在祠堂落成庆典上，各族人齐聚于此来寻根访祖。为纪念这一族内大事，珞公房的族人丁际仙在此作诗《伯祖球公祠落成志庆》。新建成的球公祠内设有"议事厅"，用以商议族内大事，举行婚丧嫁娶等仪式；对家族有重大贡献的人，其事迹也会被记入祠堂，供后世瞻仰纪念。重建和修复的宗祠，也象征着张家冲蒙尘已久的传统精神得以重温，祖辈披荆斩棘的艰难以及对后辈的殷殷期望也以这种方式被后人所熟知，后世将秉承先祖遗志，并在此基础上将其进一步地发扬光大。

3.苍莨书院

苍莨书院由清代的私塾重修而成，村中的老人幼时多在这座书院中学习过，可以说，这座书院是张家冲的精神传承所在。在进行调研时，书院旁的屋中还住着几位年过七十的老人，虽然对很多往事的记忆已不是那么清晰，但对于幼时在书院求学的经历他们仍记忆犹新。他们在苍莨书院入学的第一天，都要进行开笔礼。开笔礼是中国传统文化中对少儿开始识字习礼的一种启蒙教育形式，由私塾老师为第一天入学的学童举行。学童在开学的第一天早早起床来到学堂，由启蒙老师讲授人生最基本、最简单的道理，并教其读书、写字，然后参拜孔子像，才可以入学读书。在张家冲，"开笔礼"是极为隆重的典礼，对求学的读书人来讲有着重大的意义。

书院在新中国成立之后便已不再承担私塾教书的任务，村落中的孩子也都到离此不远的镇上上学，流传下来的"开笔礼"自然也没有再举行。但当村中的合作社成立后，村民们希望可以进一步地挖掘村落传统的耕读文化，继承祖上的精神，便又开始赋予书院新的使命。他们同武汉的小学联系，在书院中为学生举办开笔礼。在老师的带领下，学生依次进行整理衣冠、礼敬孔子、用印泥在额头上点红痣启智、击鼓明志、描写人字、向父母恩师感恩鞠躬、祈福古树等环节。通过这种郑重的形式，可以让学生感受到学习是一件庄严的事情，身体力行体会传统文化的博大精深。

开笔礼的重新举行是对书院功能的发掘利用，但书院不仅是一个仪式性的场所，更应该是藏书、供村民读书，乃至为村民讲学的地方。原先的藏书已不复存在，在今后的发展中，苍莨书院或可以在局部布置开辟一个藏书与读书的区域，将村内的藏书收集于此，并购进一些与村民生产生活相关的书籍，号召村民在闲暇时间来此读书学习。并尽可能地请周边的一些老师来此讲学，或请县农业局的技术人员来此讲解生产中遇到的问题，让书院的文化教育功能得到充分的发挥，张家冲的家学文化也可以得到更好的传承。

（二）耕读文化体验景观

1.家学展馆

张家冲的丁氏族人十分注重家风的传承，并为此修建了家学展馆来秉承先祖遗风，弘扬丁氏家风。家学展馆原为丁氏一族的公屋，现经修复成为家学展馆，于2017年5月重修完工并对外开放。家学展馆门外有一副对联：示儿孙两条正路惟读惟耕；继祖宗一脉真传克俭克勤。馆内的氛围庄严肃穆，在两侧的展板上书写着先祖的事迹，族人以这种方式追忆着先祖的训诫，表达着对于开拓精神以及忠义信念的继承。在馆内的正中央陈列着丁氏族人重新整理撰修的家谱。丁氏家族在明代之前的家谱因战乱已丢失，十二世祖北山公以及仲誉祖在康熙年间广泛搜集，重新加以整理修成。后于乾隆三十年（1765年）复修，嘉庆三年（1798年）二修，道光十九年（1839年）三修，同治十二年（1873年）四修，光绪三十二年（1906年）五修，民国二十年（1931年）六修。新中国成立后，在一段时间内停止了族谱的编修，后于1988年在族人的要求下，对已有残缺的族谱进行了七修。最近的一次是2012年，合全族之力进行的第八次修订。这次修订除将部分族人写入家谱之外，还对族谱的部分体例进行了改变。如改片本为支谱，改五福图为一家清，这样更符合现代人的阅读习惯，便于查阅。新修家谱分为四卷，对于丁氏家族的家规、家训、先祖传记、诰封墓图、族谱均进行了详细的介绍。

在家学展馆内还陈列着一本《家书》，该书是由丁际儒通过前辈老人的讲述以及本人的亲身经历所撰写的关于丁氏家族的书。在书中，他回忆了祖辈对其耳传身教进行训诫的场景，展示了丁氏家族由小到大，由衰落再到逐渐兴盛的过程。书中还记录了近年来张家冲的一些大事，如维修周公祠，翻新球公祠，回江西丰城寻根等事。面对这些喜事，族人多写诗歌表达自己的喜悦之情，这些诗歌与感想都收录于此书中。同时书中增补了在"家谱"中未记载的人和事，以防记录宗族人员出现疏漏的状况。梳理着家学展馆中的丁氏家族的历史，如同展开了一幅动态的历史画卷，不断告诫后人莫忘忠义贤良的家学家风，勤俭节约，耕读传家。

2. 农耕展馆

农耕展馆原为丁氏祖屋，后经合作社改建而成，馆内主要陈列一些传统的农耕用具，如犁、锄头、石磨、碾子、水车等物品。农耕对于张家冲村落的发展起着至关重要的作用，而随着村落文化产业的发展，部分耕地被挪用，从事农耕的人口在不断减少。同时随着农业机械化水平的提高，传统的种植方式也在发生着改变。农耕展馆的设置既可以使张家冲村民更好地回顾并保护自己的农耕文化，告诫后世子孙不忘先祖勤劳耕作、勤俭持家的优良传统，在未来生活中不忘初心，砥砺前行；又可以让对农耕感到陌生的城市居民以及青少年了解传统的农业耕种方式以及生产习俗，重新审视城市的喧嚣与乡村的宁静。

美中不足的是，农耕展馆的布置仍稍显简陋。农耕用具旁没有相应的文字介绍以及图示说明，这样不利于参观的游客深入了解农具的使用方法。在之后的扩建中，应增加农具使用说明，并围绕农耕文化的参与和体验，可以增加让游客亲身参与农耕劳作的环节。比如提供传统的锄头、石碾、石磨等农具让游客亲身体验如何使用这些传统的器具。通过亲身体验，可以使游客更加直观地感受农耕文化，体验久违的传统农家生活。

3. 丁豆府

丁豆府是由77岁的丁伯管理的一个小院。在这里，游客既可以观看纯正的乡村制作豆腐的过程，也可以亲身参与其中。采用无机器全手工的生产流程，从泡黄豆开始，接着去体验推石磨、点卤等制豆腐的过程。丁豆府的设立也是张家冲农耕文化一种体验模式，通过向城市游客展示农耕时代传统工艺的流程，使其感受到张家冲的农耕文化与民间风情。游客亲身体验豆腐制作过程，在劳动中也可以获得精神上的满足。

4. 拓印小院

拓印是中华民族的一门古老技艺，在闻名于世的印刷术发明之前，拓印的技艺便已经出现。拓印"对于我国历史、文化、艺术、宗教等重要资料的保存、流传、推广、研究有无法估量的价值"①。但随着科技的进步，印刷技术的不断发展，了解并掌握这门技术的人在不断减少。为了让更多的人了解拓印，在西厢房有限公司的协助规划下，丁玲与雷锦环夫妇便在自己的家中开了这家拓印工作室。在这座小院中，不时有来自城市的学生学习绘制树叶拓印画。树叶拓印画便是利用树叶、颜料、布料等简单的材料，让孩子们充分发挥自己的想象力，对树叶进行拓印从而创造出一幅幅精美的图案。挑选适合拓印的叶子是一件极其讲究的事情，最好的拓印树叶是如番石榴、水麻等叶脉突出、叶肉均匀的叶片，这样才能保证拓印出的图案纹路清晰，且适于长久保持。最受学生喜爱的图案是小院制作的代表"仁义礼智信"的五常树叶图，在制作的过程中，孩子也在进行着一场家学文化的洗礼。除此之外，丁玲夫妇还将家中已有两百多年历史的柜子上的春兰、夏荷、秋菊、冬梅等图案制成了拓印模板，供更多的人享受拓印的乐趣。

5.家学村宿

随着现代工业社会的快速发展，城市居民对于乡村产生了强烈的回归情绪，他们渴望远离城市的喧嚣，回归大自然的怀抱，去感受体验大自然的静谧。民宿便在这种条件下应运产生。目前国内民宿业主大体分为两类："第一类是曾经外出求学、打工，如今顺应乡村旅游发展态势，返乡将自家闲置房屋拿来改造运营的当地村民；第二类是从城市里来的租赁农村宅基地进行民宿搭建、改造的外来投资者"②，张家冲的民宿属于第二种类型。它是在西厢房有限公司的运营下，通过众筹的方式，借助村落的古朴文化建造而成。在今后的进一步建设中，计划将其打造为集民宿、乡创、家学文化、亲子教育与自然体验于一体的综合体。现已建成的"为学"民宿采用中国传统木质建筑风格，用桐油代替油漆对房屋进行涂刷。房屋整体保持着乡村庭院的原生态风格，古朴清雅。屋中的摆设也遵循天然原生态的原则，大到衣柜，小到垃圾桶、水瓶外壳均是木制或竹制的。房屋的内部陈设极富特色，由樟子松木制作而成的书架上排列着一本本传统文化图书，书桌上整齐地摆放着文房四宝。在这里既可以舍弃城市的喧嚣，重新拾起那一本本因繁忙而无暇阅读的名著，也可以与家人在庭院中漫步，共享大自然的芬芳。张家冲

---

① 陈朝晖.浅谈拓印的历史与技法[J].南方论刊,2017(8):71.

② 张希.乡土文化在民宿中的表达形态:回归与构建[J].闽江学院学报,2016(3):117.

的民宿在建筑材料、风格与样式上既结合了村庄的自然条件与生态环境，体现了村庄内部蕴含的文化价值，避免了普通民宿所存在的"重外在轻内涵，重住宿轻体验"的问题，又满足了城市游客的生活需求，这样更加利于加深城市居民对于乡土文化的认同感。

（三）耕读文化节

传统节庆承载着中国几千年的文明，附着很多农耕文化的重要元素。农耕节庆活动已经成为对农村经济、社会和文化发展具有重要推进作用的一种文化现象。农耕节庆活动既包括传统的农事节庆，如腊八节、中秋节等，也包括与现代农业生产经营活动紧密结合的现代农耕文化节庆，如甘肃庆阳农耕文化节、北京平谷桃花节、安徽砀山梨花节、北京农业嘉年华等[①]。张家冲也在结合现代元素，积极推广传统耕读文化节的影响力。我们在村中进行调研时，便有幸见到了村中"伏羊节"庆典的盛况。因为"入伏"之后天气炎热，人体内积热，会积累部分的湿毒，这时如果可以吃上一碗香辣美味的羊肉，不仅可以使人胃口大开、食欲增强，还有利于人体发汗，驱散体内湿毒，补虚健体。因此，既为了纪念"伏羊节"，又为了扩大张家冲的家学文化的影响力，便于2017年7月举行了"伏羊节"的活动。

活动的第一项是传递福火。福火从首站"武举人酒坊"开始传递，经过整个村庄最终到达民宿广场，之后是由苍葭合作社表演队与张家冲文艺队共同表演汉服舞蹈。随后是木兰荟的创始人徐曼毓向张家冲授牌，授予张家冲"木兰女子学院活动基地"的称号，希望学院更多的女生可以来到张家冲，感受张家冲浓郁的传统家学氛围。"伏羊节"的最后一项活动，是展示烤羊排。烤羊排由上好的黑山羊羊排经过烘烤而成，因其肉质鲜嫩、味道鲜美，单是闻它的味道，便已经征服了所有在场的人，令人为之陶醉。"伏羊节"是张家冲农耕文化的一个缩影，传统节日通过与现代商业媒体结合，显示出了更强大的生命力与广阔的扩展空间。这种农耕文化的展示方式已经成为集中展示农耕文化的重要平台。张家冲在未来的发展中，会挖掘更多的农耕文化节的资源，融入家学文化、农耕技术展示等内容，向更多的人展示农耕文化节日的魅力。

---

① 邱明明,徐广才.农耕文化及其产业化发展研究[J].农学学报,2015(12):115-120.

四、张家冲家学文化的发展历程

张家冲虽有悠久的家学文化传承，但以前并没有把家学文化作为可以促进村落发展的资源，村民仍依靠传统耕种及外出打工谋生。随着"以群众为本、以产业为要、以生态为基、以文化为魂"的四位一体的适合湖北乡村发展的模式的逐渐推广，张家冲现在走出了一条以家学文化为核心的乡村体验道路。这条道路的成型并不是偶然的，它是由良好的家学传承、强大的凝聚力以及强有力的外部支持等多种因素综合作用发展而成的。

（一）重视勤俭、孝顺等家学的传承

家学是一个家族世代相传承的精神传承，是散落在民间的传统文化的传承方式之一。张家冲的丁氏家族自元末开始便极为重视对于后代修身治家、为人处世的教导，形成了较为良好的家风。这种家风以家规、家训的形式一直影响到了现代，并结合当今社会的特点进行了补充。其家规的主要内容是：

一、勤俭持家、遵纪守法、清白做人、勤恳做事。
二、行善积德、尽忠尽孝、滴水之恩、涌泉相报。
三、尊师重道、谦恭礼让、忠孝并举、励志自强。
四、尊老爱幼、长幼同心、妯娌和睦、兄弟并进。
五、父慈子孝、兄友弟恭、勤劳为本、节俭家荣。
六、家庭和睦、团结邻里、与人为善、明理处事。
七、平足相助、夫妇相从、长幼有序、邻里宽容。
八、读书明理、修身养性、薄财重义、为国为民。
九、自知之明、自省自警、自爱自重、自尊自律。
十、有胆有识、有礼有节、有情有爱、有仁有义。

1.勤俭持家，美德化育

丁氏家族自扎根张家冲后，便极为重视勤俭品性的传承。在《丁氏宗谱家训》中，开篇便告诫子孙："贫富俱少不得勤俭二字，贫贱生勤俭，勤俭生富贵，富贵生骄奢，骄奢生淫逸，淫逸生贫贱。此循环之理，凡有生者不可不念"。同时先祖借鉴唐代柳玭的话语进行教导："余见名门右族，莫不由祖先忠孝勤俭以成立之，莫不由子孙顽率奢傲以覆坠之。成立之难如升天，覆坠之易如燎毛。言之痛心，尔宜刻骨"；并告诫后人，若想代代保持勤俭的传统，在孩子年轻时便须向其传递此种理念，并使其有一份职业，切不可令其无业游闲。因为人一旦有了职业，便会心有所属，无暇外顾。心无所属，便易沉迷于酒色犬马之中，为家族带来灾祸。

2. 和衷共济，宗族为重

和衷共济是耕读传家思想中的重要内容，在传统的宗族社会中，"和"是维系宗族稳定和睦、协调宗族内部关系的核心思想。颜之推在《颜氏家训·兄弟》中便指出了家族和睦的重要性，他指出："兄弟不睦，则子侄不爱；子侄不爱，则群从疏薄；群从疏薄，则僮仆为仇敌矣。"他将和衷共济的精神看做是家族盛衰的重要因素，只有家族成员上下齐心，共同为宗族利益着想，方能实现家族的兴盛。张家冲的丁氏家族，从江西丰城迁移至此，在数百年间昌盛不衰，与这一精神的传承不无关系。如先祖周南公秉持着公平公正、一切平分的原则与弟弟分家，但是弟弟叹气说："有一样东西，哥哥你是没办法和我平分的"，哥哥连忙问是什么东西，弟弟说："比我多一个儿子"，哥哥说："既然这样，那你看中了我的哪个儿子，我就给你过继过去哪个儿子"，最后弟弟挑选了一个哥哥的儿子来继承自己的血脉。还如先祖公丁东之，他的弟弟早逝，留下了两个幼童，由于家境贫困，无法负担其上学的费用。丁东之便毅然决定优先让弟弟的孩子上学，而让自己的孩子退学。弟弟的两个孩子之后也很争气，其中一个孩子考取进士，后任职于荆州府儒学正堂。先祖的以家族为重、顾全大局的精神在后世也得到了较好的传承，后世很少因家庭财产分割不均而产生矛盾，家族的凝聚力也较强。正是这种强大的家族凝聚力将丁氏族人紧紧团结在了一起，也使其更加想探寻先祖在到达张家冲前的足迹。在这种想法的感召下，丁氏族人开始了一场寻根之旅。部分族人于2007年春夏之际回到祖籍江西丰城寻根，受到同族的热情接待。并约定入秋后，散布在江西、安徽、湖北三省的丁氏族人在鄂东麻邑相聚。大家不辞山高路远，穿越海拔一千五百余米的龟峰来此相聚，并集体祭祀了祖墓，商议集资维修宗祠，保护墓地，为祖立碑，再修族谱，从而最大程度地帮助族人寻求共同的文化认知。

3.宗族大计，诗书为本

在古代，各个家族均把勉励子弟读书看作极为重要的事情，因为读书既是农家子弟科考及第、光大门楣的唯一途径，也是族人知书明理的必要手段。颜之推《颜氏家训·勉学》指出："夫明六经之指，涉百家之书，纵不能增益德行，敦厉风俗，犹为一艺，得以自资，父兄不可依，乡国不可常保，一旦流离，无人庇荫，当自求诸身尔。谚曰：积财千万，不如薄伎在身。伎之易习而可贵者，无过读书也。"他指出族人务必要勤奋读书，纵然无人庇护，也有一技在身足以自立。丁氏家族也将勉励族人读书看做是家族的头等大事，《丁氏宗谱·家训》中，大量的内容都是在介绍指导幼儿读书的要求，如："教子弟其在五六岁，方离襁褓、未脱孩心时，令识字第一，读书次之。不可拘之太严，如其放纵无度，亦当略示辞色。稍改即止，切不可故为呵斥，以恐其心。教子弟自六七岁至八九岁时，其聪明渐开，当随其每日所读之书，即兴逐句讲解。天资最高者，一讲可明。即其未敏者，日与讲论，久之亦可渐明。小儿六岁入学读书不可贪多，且读两三句教以识字为上。若识字，则可令其自读，若未能尽读四句，且读两句。教小儿可令日记所读书上训释字三两个。"这些是在教育子弟时提出要按年龄段安排不同的内容进行识记，并要宽严得法，最大程度地激发子弟的学习积极性。而对于子弟具体的学习状况，在宗谱中也提出了严格的要求："儿写字未问工拙，切要专心把笔，务求字书严整。研墨放笔勿使有声，溅污于外，致书砚面及几案上最为不雅。"在家族中，也流传着众多先祖勤奋读书的事迹。如丁氏先祖名璐公的哥哥幼时极为淘气，读书不认真，教书先生便用砚台砸他，但因用力过大，而不慎失手将其砸死。出了这么大的一件事情之后，名璐公的父亲不但没有怪罪教书先生，反而继续将自己的二儿子也送到了先生这里进行学习。先生对其举动颇为感动，尽心传授，二儿子勤奋学习，终有大成，考取了举人。先祖时泰公，幼时资质愚钝，读书不得其法。但是他的哥哥天资聪慧，读书极为用心，考取了秀才。受此激励，时泰公也励志要发奋读书。为了避免外界干扰，一个人居住于寺庙中，刻苦学习。为了利用更多的时间学习，他每晚睡前都将一根香点燃绑在中指上，当香烧到中指时，便立刻起床读书。如此日复一日，他最终也顺利地考取了秀才。可见丁氏家族对于读书、人才的培养均极为重视，在村中若出了秀才或者举人，均被视为全村的骄傲，村中也为了鼓励这些优秀学子，学生的学费以及生活花销由整个家族共同负担。在丁氏家族中能够产生如此多的读书人，也和家族重视幼儿的读书教育有关。进入新社会之后，虽然村中的孩子离开了书院进入乡镇的学校求学，但整个宗族对于知识的重视，仍在深深影响着村中的孩子，每年均有众多的优秀子弟考入理想的大学。考入武汉音乐学院的丁毅明，华中科技大学的丁立宇，武汉大学的丁际刚，北京航空航天大学的丁优，武汉工程大学的丁莹，湖北科技大学的丁敏以及湖北大学的丁雅，均是新时期张家冲优秀学子的典型。

4.尊先重祖，以孝为先

"'百善孝为先'，以孝道为中心的伦理文化是中华道德文化的主干，它在中国历史上发挥了稳固社会与维系文化的重要功能。"[1]各宗族均极为重视对于孝道的提倡以及不孝行为的惩罚，在清咸丰年间制订的《湘阴狄氏家规》便规定："入孝出弟，弟子宜然，属在梓桑，尤当恭敬。倘不孝子弟，出言无状，冒渎尊长者，带祠扑责"[2]。时至今天，张家冲丁氏家族仍积极提倡践行孝道。为了鼓励子女为父母行孝，村落定时张贴孝德榜，表彰村中孝顺子女的典型。如毛爱莉，她是一个好妻子好媳妇，从没与丈夫红过脸吵过架，同时对公公在生活上进行无微不至的关怀，因老人多病经常住院，在她的照料下，老人的病情得到了很好的控制。何凤平上有婆婆祖母，下有两个孩子，家务繁重，从无怨言，勤恳操持家务，邻里关系极好，不管谁家里有什么难事，她总是可以及时予以帮助。还如张亚琼，全家共有六口人，公公婆婆都已经80多岁，体弱多病，两个孩子也极幼小，丈夫在外打工，家中全靠她操持，压力极大，但她从无怨言，任劳任怨地维系着这个家庭。这些事情虽然看着极为寻常，但长年累月坚持以孝道对待老人是极为难得的事情。这也是村落中的墙壁上刻画着的"二十四孝"的故事在村民生活中的一种反映。虽然随着城市化进程的不断加快，张家冲内的很多年轻人在外谋生，但村民仍保持着数百年来尊老、敬师、互爱、互助的传统。

---

① 萧放.孝文化的历史传统与当代意义[J].民俗研究,2015(2):32.
② 费成康.中国的家法族规[M].上海:上海社会科学出版社,1998:296.

（二）集合村中力量，提高村民凝聚力

张家冲村虽然家学传统悠久，民风淳朴，但是在改革开放后，随着大量年轻人外出打工，村里传统文化一度出现没落的情况，村中留守人员以老年人、妇女与儿童为主，公共文化活动不断减少，村中的卫生因无人管理，曾经出现垃圾遍地、污水随意排放、牲畜粪便遍地的状况.这一状况直到2008年曾任罗田县统计局局长的丁汗平退休回家之后才得到改善。

丁汗平认识到要想彻底改变村中的"脏乱差"的状况，就必须提高农民的组织化水平，把农民的力量集中起来，方能彻底改变村中的状况。于是他联合丁国权、丁绪明、丁友元、丁显贵、丁际鹏及陈子华6名党员，一起做村民的组织动员工作。他们决定先从维护村落卫生做起。7名骨干成员自发成立了美丽乡村建设议事小组，将村里的道路清理、稻场保洁等任务落实到户，拆除有碍环境的猪圈与鸡窝，并集中村中的力量修建沼气池。这些任务共需要5万元，为了筹措这些资金，丁汗平动员张家冲的村民以小组的800亩山林和8 000株树作为资金来源，共得23万元。但这时村民担心村干部使用这笔资金不当甚至出现贪污的情况，便要求将钱分了，由每家负责自己的卫生环境。丁汗平等人看到这种状况后，十分焦急，挨家说服，承诺等村里的基础设施完善之后，便可以做到"不走泥巴路，夜晚走路不抹黑，吃喝能用自来水，健身能有运动场，村容村貌大改观"。为了让村民对这笔资金的使用放心，议事小组决定设立一个专用账户，规定只有党员代表、村民代表同时同意，方能使用这笔资金，并定期公布账目销情况，让每笔支出有据可查，这样村民才彻底放下心来，同意集体使用这笔资金改善村貌。经过张家冲集体的努力，村里的环境问题得到了极大的改善。

随后，丁汗平等7人为了进一步提高村民的生活水平，提议每个人分组包干，帮助每户村民结合自己的实际情况建沼气池，建猪圈，推行清洁能源。不到一年的时间，每家每户便都用上了沼气，而原来极为头疼的猪粪也被接入了沼气中。经过几年的努力，村容村貌有了极大的改观。原来村中2千米的土路得到了硬化，700米长废弃的水沟也得到了整修，并新安路灯8盏，新建水塔2座，新安放垃圾箱8个，污水处理、雨污分流等问题也得到了很好解决。

（三）寻求外部力量，发展村中的家学文化产业

丁汗平等将村内部的力量进行有效整合之后，便开始寻求一条可以带领村民发家致富的道路。他们联合湖北村镇建设协会、武汉西厢房网络股份有限公司、武汉自然物语文化发展有限公司等机构，经过各方的讨论之后，决定结合乡村的家学文化传统，以家学文化、民宿居住以及乡村体验作为乡村产业发展的主题。

丁汗平等7人牵头于2017年3月27日成立了生态农业合作社。为鼓励村民加入，合作社规定不但可以直接以资金入股，还可以通过土地、房屋、劳动力等多种方式入股。经过动员，村中的95户村民，户户入股，其中有42户愿意以劳动力入股，19户愿意以发展乡村产业所需要的房屋入股，而其余的村民多以现金入股，总资金达到31万元。而关于如何利用资金进行创业，村中也是以集体协商的方式确定。村镇建设协会以及西厢房等机构结合村民的具体情况，给出相关的创业建议，村民如果觉着可行，便可以向合作社提出创业申请，合作社经过论证若项目确实可行，便由合作社进行规划设计，建成之后由合作社统一经营。本着把资金使用好、管理好的原则，每年进行一次整体核算，利润的六成分红给农户，三成留作合作社继续发展以及村庄的发展，剩余的一成则用作公益金以及风险金，用作照顾村中孤寡老人、贫困大学学生上学以及因患重病无力治病的贫困户的治疗费用。因合作社成立时间并不是很长，盈利不多，为了保证村民的利益，合作社承诺在2017年3月27日之前村民入的股份，按照银行的利息对村民进行分红。合作社成立第一年间所获得利润，按照一分的利息付给股民，而第二年所获得的利润，按照两分的利息付给股民。经过两年的初创期，合作社的经济状况有了较好的改观，便开始正式按照之前的规划进行运营分红。

经过一年多的规划建设，合作社已完成投资600万元，共申报通过了16个文化创业项目。其中作为一期项目的合一民宿、为学民宿、田园餐厅、拓印小院、农耕展馆以及家学展馆已经正式投入运营，而作为二期工程项目的清境民宿、玉华民宿、梵志民宿、豆腐小院、油面客栈、乡侬吧栈、武举人酒坊正在建设之中，苍葭陶艺馆、茶园客栈也正在规划之中。合作社还计划在乡宿的周围，建设一个占地约10亩的自然物语亲子基地，在这里可以对孩子开展自然教育、素质拓展、自然游学等主题活动。对于村庄后的在清代时

为防御战乱而修建的城墙，以及留传下来的寺庙，合作社计划进行修缮，充分挖掘其文化内涵，并把相关的故事进行整理，让更多的人了解张家冲。

随着张家冲家学传统不断被挖掘，越来越多的人开始认可这条发展道路，更多的外部力量开始帮助村庄发展。2017年4月23日，由罗田县政府以及湖北村镇建设协会支持的首届乡村论坛在张家冲举行，论坛上决定在张家冲成立全国第一个"爱故乡驿站"，以张家冲作为乡村发展的榜样，鼓励更多的村庄结合自己的特色，建设自己的家乡。一直致力于发展乡村建设事业的林德政作为第一任"爱故乡驿站"站长，同张家冲人一起探索一条可持续发展的乡村发展模式，对张家冲的家学文化进一步挖掘，并联系更多的外界资源对接到乡村，为乡村注入更多的活力。在他的设想中，张家冲的"爱故乡驿站"将承担农民培训、家学文化产品开发、乡居生活体验等功能，让更多的市民了解并认可乡村文化，从而有助于城市和乡村走上一条和谐、可持续发展的道路。7月10日至25日，在"爱故乡驿站"的联系下，湖北经济学院新农村社团来到张家冲开展下乡活动，林德政与学生们同吃同住，帮助他们更好地与村民联系，并潜移默化地培养他们对于乡村的感情，希望他们可以一直关注张家冲的乡村建设工作。如今，"爱故乡驿站"的建设也已经进入最后的装修阶段，即将投入正式运营，这一改变将会为以家学文化传承为主的张家冲注入更多的活力，将成为村落的一大亮点。

五、总结与反思

乡村是中华文明的根，乡村的耕读文化承载着炎黄子孙的乡愁。传统的乡村是一个和谐的社会结构，经济上自给自足，生活上讲究天人合一，文化传统上讲究同自然和谐相处。但在三百年前，人类从农耕文明进入工业文明之后，乡村正常的文化继承就被打断了，如何继承这部分的优秀文化，并使其可以持续发展下去，成了一个难题。张家冲在这个问题上，为我们提供了一个崭新的思路——寻找村落中的乡贤，由他们带领村民结合村中的文化传承状况，寻找一条可持续发展的文化资源开发道路。乡贤即是指乡村品行高尚，并有志于建设自己家乡的乡村精英。面对乡村空心化、土地抛荒等问题不断增多的状况，他们有情怀、有能力参与家乡的建设与发展，可以将村民有效地组织起来，引导群众参与家乡的建设，并可以将外部的资源吸引到这里，让更多的人了解并认可村庄的发展。在乡贤的带领之下，可以更好地完成村民自组织的进程，从而集中力量参与村庄的建设。著名的三农专家温铁军评价张家冲时说："我们判断美丽乡村最看重两条，一看农民组织起来没有，二看乡贤是否是出于公心带领大家往前走。从这两个方面看，我给张家冲打90分以上。"可见，张家冲在组织村民方面已经迈出了一大步。

凝聚村民的集体力量，只是村庄建设发展的第一步，而若想探索出一条适宜村庄发展的道路，还需要经过修复乡村文化、规划乡村产业、建设美丽乡村等漫长的道路。张家冲选的便是结合自己的耕读传统，发展家学产业，打造"荆楚家学第一村"，这样既可以让村民重新拾起在现代社会渐渐被人所遗忘的耕读传统，也可以让更多的市民了解到中国村落的优秀文化，有利于家学文化的传承。湖北省村镇建设协会理事长王伟华将乡村建设分为三个阶段："首先是自治组织建设，清洁乡村；其次是综合治理，美丽乡村；最后是产业运营，小康乡村。"①现如今张家冲正在第三个阶段中探索前行。而在发展文化产业、开发村落文化资源的时候，需要充分考虑乡村的历史、文化、习俗、生产生活方式、信仰等内容，尽可能地在维护原有文化特色的情况下加以利用开发，切忌在开发中破坏原有的文化特色。这种富有文化内涵的村落的表征是物质的，但其内核则是文化，没有了文化的支撑，没有找准自己的定位，那么任何的改造也都失去了意义。在挖掘传统村落文化时，应先进行周密的策划，将时代潮流与村落文化结合。如湖南长沙的初恋小镇，便是找准了现代社会人人向往的"爱情"元素，以毛泽东与杨开慧的爱情故事作为挖掘点，找到新时代需求的新定位，激发人们的情感共鸣，来发展当地文化旅游业。张家冲也是在这一原则下寻求多点突破，结合习近平总书记提倡的"家风文化"着力打造"荆楚家学第一村"；结合当前国学复兴的大背景，不断丰富苍葭书院的内涵，让更多的城市的孩子参加开笔礼，感受传统的教育方式；结合当前人们对于绿色产品的向往，发展田园餐厅，让游客切切实实地看到自己吃的食品就是生态农产品。张家冲正是在充分挖掘"家学"这一文化内涵的基础上，全村统筹，由外部专业人才规划设计，使得传统文化内涵与新的市场需求相结合，才实现了村落的特色发展。在后期的发展中，张家冲还可以延伸产业链，进一步开发特色家学产品系列，形

---

① 周三春,詹学伟.湖北以"四位一体"助推美丽乡村建设[EB/OL].[2016-12-19]. http://news.cnhubei.com/xw/2016zt/2016xxlt/201612/t3760183.shtml.

成自己的家学文化品牌，带动多层次消费，最终构成以产业品牌带动村落发展的格局。

　　张家冲的发展整体处于上升的趋势中，但在调研中，也发现了存在的一些问题。如合作社虽然尽可能地在整合村中的力量，村中的95户全都加入了合作社，但是村中文化产业的经营人员仍以妇女与老年人为主，青年与中年人在外打工居多，并没有投入村落的建设之中。只有充分调动青年人的力量建设家乡，才能实现村落的可持续发展，村落数百年传承下来的耕读文化也才能代代传承下去。若没有这部分后续力量的参与，村落的文化产业便也很难维持良性的发展。陕西省安康市平利县龙头村依托村中的优势建造了秦楚农耕文化园，通过展示农具来使游客感受古人的生产方式与中国传统的农业文明，并发展相关产业，建造了仿古一条街与特色民居。但正是因为没有更多的青壮年参与建设，尚未做大的村落旅游业的发展遇到了瓶颈，村民们没有找到更多更加合适的致富方法，村庄变得越来越冷清。村民姜宏伟对此也极为感慨："政府打造一个好的环境，如果人都出去了，就失去意义了。"一些村落也在与外部资源的对接过程中，因不能集中更多的村民力量，而在与外部公司的合作中处于相对弱势的地位，使得"农民的主体地位未能得到有效的保障。农民受到自身条件的限制和不合理开发制度安排的影响，往往缺乏话语权，不能充分表达对农耕文化资源开发的合理化主张，也无法保障资源开发中自身的长远利益"①。所以在规划村落发展的时候，如何吸引青壮年人回村建设，是个亟待解决的问题，这关系到村落的长久持续发展。

　　同时我们也需要注意，张家冲的家学耕读文化是中国传统乡土文化的具体表现，而现在所进行的商业开发会在一定程度上破坏村落文化的乡土性。如何在村落开发的过程中尽可能地保存文化的原生态性，在追求经济利益的同时不忘"仁义礼智信"的家学传承，也是一个需要引起重视的问题。

---

　　① 邱明明,徐广才.农耕文化及其产业化发展研究[J].农学学报,2015(12):118.

应城市郎君镇、汤池镇调研报告

万 幸 陈 霄

　　本次我调研的地区是我的家乡——应城市。我是在应城的土地上成长起来的，对于我的家乡，我有着浓厚的情感和较为深刻的了解。对家乡的归属感促使我有无尽的动力去开展调研。

　　我的调研从应城市下属的郎君镇，也就是我家所在的镇开始。"东乡为团十一，曰东街；曰东十；曰烧香；曰康林；曰人合；曰郎君；曰高楼；曰隔蒲；曰新添；曰上义；曰长江。"[①]郎君属应城东乡。据说，"郎君"此名的由来是明朝有位富人乐善好施，一直没有孩子，等他为郎君修桥时，正好他的儿子出生，于是他就给修的这座桥取名"郎君桥"。渐渐地，桥周围聚集的人家越来越多，于是这个地方便以此桥命名。

　　从郎君镇到的鸭棚村没有公交[②]，我叫了一辆停在路边揽客的改良三轮车。车主是一位六十上下、皮肤黝黑的男子。我们上去问的时候，他正端着碗热干面在吃。上车后，师傅把热干面放在一边，发动车子。沿路的景象，对于一个小学、初中在镇上度过的人来说，不过是离开了四五年的光景，但已经颇有些变化：修了新的水泥路，水泥路边上还建有崭新的防护栏。车子略微颠簸着前进。我与开车师傅搭话：

　　"您家里还种田吗？"

　　"在种。"

　　"种了几多亩啊？"

---

　　① 光绪应城志校注整理工作委员会.光绪应城志[M].北京:教育出版社,2010:53.

　　② 出了城区就没有公交,镇与镇、镇与城区之间的公共交通靠班车维系。从镇到乡或是从乡到镇则连班车都不开,这里的公共交通由有车的村民农闲时拉客来承担。

"种了十几亩。"

"那还出来跑车子?"

"光种田不够糊口,逢年过节都回来了就跑哈,屋地不忙的时候也跑哈。过年那一帐①,就炒点炒米,做点炒米糕卖哈。"

"那您的儿子姑娘呢?"

"都结了婚,孩子都有了,都在外面。"

一路拉着家常,到了鸭棚村。

我先到我外婆家歇脚。外婆一辈子养育了四女一男,只养活了四个女儿。现在女儿们都在外面,只有外公、外婆彼此做伴。

外公的房子是有一年过年的时候几个女婿一起回来修的。以前的泥巴房子在2008年的大雪里塌了。新建的房子很小,只一进的平房,进门照面是绣画,绣画右下是冰箱,冰箱前面摆着桌子和条凳。左手边是厨房,右手边是卧室。

外公在不远处的菜园子里,看到我回来了,很高兴,问我:"放假了?"又说:"家家②在上头屋里打牌,你等我去叫她。"我拉住外公说:"我去。"一路走上去,遇见一个老奶奶,她打招呼:"回来了,找你家家呀,她在那个屋里打牌。"又扭头冲着打牌的那屋里喊:"××,你孙姑娘回来了。"

我跟她笑着摆摆手,走过稻圈③,走进屋里。一个堂屋开了两桌小纸牌,有几个看牌的人。定睛一看,全是老人。我进门前叫过外婆,可外婆没听见,等我走近,外婆才发现了我:"唉哟,你回来啦!"说着左手把桌布下的钱一拿,右手把我牵着:"我不打了,给你打,我孙姑娘回来了,我要回去。"我冲着桌上的奶奶们笑,被外婆牵着走出去。

走出门去,外婆问我:"哎呀,你怎么回来了?你爸爸妈妈回来了吗?""就刚上场,没打几盘,你就回来了。"

"我爸爸妈妈没回来,我是回来看哈您的。"

"你吃了吗?""你爸爸妈妈还好吗?"等回到家,坐下之后,我说,希望外公外婆讲讲年轻时的事。

"嗨,这有什么好讲的,就是个普通农民,一辈子都窝得这里在,也没

① 应城话,过年那一阵。

② 家家,应城话,称呼外婆为家家。

③ 屋前平坦的"操场",主要用于稻子成熟时晒稻子,所以称为"稻圈"。

出过远门。"

"您讲一讲那'文革'的时候,这里是什么样的?上课的时候说还搞批斗?"

"我们湾搞批斗,湾里穷,哪个也不比哪个多两口吃的,要有指标,就找了个村里的傻子,都不喜欢他,就把他揪出来批斗。"

外公吐了口烟,眯着眼睛,沉默下来。

"这些年,您觉得依然有深刻印象的事是什么?"

外婆插话了:"搞公社的时候,晚上要上工,那时候你妈妈还蛮小,你小姨还抱在怀里,到了晚上还不是把孩子放着去出工,你大姨妈就给你妈妈、小姨挑水回来洗澡、洗衣服。"

"你家爹一年上头病病歪歪,要挣工分,我一个人要顶一个壮劳力,我死逮着做①的时候,上面的还笑我:'苕,做了都给公家去了,死逮着做,不玩哈子哟。'果不果然②,到了分粮食的时候,我屋里的粮食多得都没有簸箕装,他屋里连粮食都没得吃,他不做就没工分。"

"你大姨妈还是跟着很遭了些业③,我屋里人少,要挣工分要吃呀,你大姨妈就跟着一起,搂报纸、栽秧都搞过了的。"

外公听着,说:"现在还是好些,现在再没得哪个饿着吃不饱,年轻人也能出去,像你样书读得好的可以摇笔杆子。唉,还是好。"

"家爹,您小时候读过书吗?""冒读过。"

"可我妈妈说,您上过私塾。""哦,那只有几岁的时候,我们上面湾里有个秀才,就搬着小板凳到人家家里去读书,读《三字经》《千字文》,后来我爹死了,我就搬着小板凳回来了。"

"你家爹搞公社的时候在大队里当会计,从来不说给屋里拿点什么回来的;后来不当了,我说把个烂算盘拿回来,等你妈妈上学了学算盘,他也不准拿。"

"那是公家的东西,哪里能够拿呢。"

"家家,您是什么时候开始信基督教的?我看像湾里信教的人不多呀。"

"我以前生了病,就信了教了。""有啊,我们每个月还会在下面湾里聚

---

① 应城话,意思是出大力地做工。

② 果不其然。

③ 应城话,"遭业"是受苦的意思。

会呢，怎么不多呢。"

稍歇了会，我问外婆："我们湾里村委会在哪儿呀？""就在路边，那个门口有个篮球架子的院子就是的，不过，现在只怕没有人喏。""没事，我去碰碰运气。"

到了村委会门口，幸好运气不错，正好村委会的会计在值班。我说明来意后，他很热情地接待了我。

以下是我与村支书的采访录：

　　调查员：村里有宗族吗？有宗谱吗？

　　村支书：有宗族，鸭棚村共有11个姓氏，每一个姓氏都代表一个宗族，每一个宗族都有宗谱。宗谱的编写是一项民间活动，宗谱被收藏在宗祠中。

　　调查员：村里到过年的时候，大家都怎么祭祖啊？除了过年，还有什么时候祭祖活动比较有规模？

　　村支书：过年的时候啊，一般是吃年夜饭之前，要先把菜端上桌，碗筷摆好，筷子要放在碗上面，表示是祖宗享用。所以，平常吃饭的时候是不允许把筷子摆在碗上的，平常吃饭筷子要摆在桌上。饭桌准备好，门要开着请祖宗进来，屋子四角烧纸，让祖宗在底下有钱用。祖宗吃饭的时候，要在旁边说点吉利话，让祖宗们吃好喝好，来年保佑一家人顺利平安。再等一会，祖宗们吃完饭了，每个座位前倒些热茶，再放一串鞭炮送祖宗走。这都搞完了，才能开始吃年夜饭。原来我们小的时候到了晚上还要有一个仪式的，不过现在早就没有了。除了过年，还有续谱的时候，一个家族的人都要回来热闹的。

　　调查员：我们走过来的时候看到有些新房后墙上有八卦图，这里面是有什么寓意吗？

　　村支书：村里大部分信奉道教，挂八卦图取辟邪镇宅的意思。

　　调查员：那我们村里有没有信佛教或者基督教的呢？

　　村支书：嗯……这个比较少，实际上，与其说是信道教不如说是一种习俗。比方说，过年的时候要敬菩萨、敬祖宗、烧纸；老了人①要请道士开路，请重手②抬灵……

　　调查员：村里逢年过节、有红白喜事的时候有没有特定的习俗呀？

① 应城话，老人去世的意思。
② 老人下葬有专门的人来起土，这种人叫重手。重手只能由家中的男丁来请。

村支书：这个……之前有舞狮子、划彩莲船、放露天电影等，现在村子里没多少人了，这些传统习俗也就淡化了。

调查员：那过年的时候，大家都干吗呢？打麻将？

村支书：哈。嗯，过年的时候人就回来了，拜年呀，打麻将呀。

调查员：近些年村里出的读书人多吗？

村支书：多，特别是大学生很多，像复旦、武大、华科的，都有。

调查员：我看到前头有个院子已经废弃了，门口写着"鸭棚小学"。那里以前是小学吗？

村支书：对，那里以前是小学，后来湾里孩子少了，小学办不起来就撤了。

调查员：我待会可以去看看吗？

村支书：可以的，不过现在里面住了一户人家，养了狗，你要小心一点。

调查员：村里有村医吗？

村支书：有！村医在邻村。我们这几个村合在一起开个诊所。

调查员：那村里有手艺人吗？

村支书：匠人是吧？

调查员：嗳，对，匠人，有吗？

村支书：都是泥瓦匠、木匠，有特色的手艺没有。

调查员：现在村里还有这些人吗？我可以去见见他们吗？

村支书：泥瓦匠、木匠基本都进城打工了。

调查员：您能说说近三十年村里发生的变化吗？

村支书：变化肯定是很多的，比方说，以前都是草棚房，后来改成砖瓦房，现在还有很多人回来建楼房。最明显的是生活条件的改善。以前都是烧土灶，现在基本上家家户户都是烧煤气。现在基本上没有人修大灶了，路上长的杂树也没有人要了，以前田里的桔梗还要背回来烧火，现在都就地沤肥了。

调查员：我看墙上宣传栏，村委会这两年做了很多工作呀。

村支书：是，这两年做了些工作，2014年修路呀，改水呀，这些。

调查员：最后一个问题，我一路走过来，看到很多房子里都没住人了，村子北边都空了。

村支书：对，现在村里很多人都出去了，村子空心化的现象很严重。鸭棚总面积4平方千米，各个湾分得太散了。

　　　　调查员：好，大概就是这些问题了。谢谢您，打扰了。

　　　　村支书：啊，不会不会。

　　从村委会出来，我回到了外婆家。

　　"村委会有吗人吗？"

　　"有人，蛮好。"

　　"啊，那着好。"

　　"家家，我明天要去汤池，我先回去啦。"

　　"这就回去了？来，拿两个苹果在手里。"

　　"家家，我不要，您留着吃。"

　　"吃不动，牙齿不行，你要不拿去，都会放坏。"

　　等我走出去一百多米，外婆追出来："我看你刚刚还蛮喜欢吃这个番茄，再拿两个。"

　　第二站，我来到汤池镇。"西乡为团十六。曰西街；曰小街；曰束湾；曰西五；曰汤庙；曰朴林；曰裕洪；曰太平；曰景铺；曰陈铺；曰李庙；曰陈河；曰毛河；曰汤池；曰团山；曰车埠。"①汤池镇是应城市西部的一个小镇，以温泉闻名，是我们市除石膏、盐以外的一项比较有特点的自然资源。去汤池，是希望能够看看，这个小镇，有温泉作为依托，是不是比郎君镇要繁华。

　　来到汤池，我看到，汤池镇的街道较郎君镇更整洁些，绿化做得更好，房屋建筑风格更统一，不过两个小镇的共同点是都是空空荡荡的，没什么人。

　　沿着街道一直往前走，就能看到鄂中革命烈士纪念馆，不过因为去的时候正在修缮，过其门而不得入。走到这里，一条街道基本上就走完了。汤池镇与郎君镇的相同点是大体上没什么人，有也是老人、儿童和妇女，看不到一个青壮年。老人们坐在一起打牌、聊天。我不禁有些沮丧。往回走的路上，我看到几位老人搬着板凳坐在一株松树下，我走上前去，希望能有一些收获。

　　老人们都是这附近的村民，如今不再伺候田地，儿女都在外地打拼，有些就带着孙子孙女在镇上上学。有些老伴走了，儿女带着孩子在外面，回到

---

　　① 光绪应城志校注整理工作委员会.光绪应城志[M].北京：教育出版社，2010：54.

家只有自己一个人，经常搬个小板凳坐在松树下，跟其他老人们聊聊天。

以下是我记录的我与老人们、老人们之间的对话：

> 调查员：咱们汤池的温泉在全省都十分有名，对您的日常生活有没有什么影响？
>
> 老　人：哪有什么影响呢，没有影响。
>
> 调查员：我看这里建了温泉酒店，这不能跟着赚点钱吗？
>
> 老　人：这些酒店都是人家政府的疗养院，那跟我们也没什么关系。到过年的时候，才会热闹一阵，等过了年就又都出去了，一年上头，就只有这几个人在屋里。（老人边说便指了指这一圈坐着的老人们。）
>
> 调查员：您觉得这些年来镇上特别大的变化是什么？
>
> 老　人：特别大的变化？以前要按人头缴税，现在不用交，国家还倒给钱；老人们一个月还有点钱。
>
> 调查员：您觉得镇上哪个村子建设得最好？
>
> 老　人：方集吧，方集搞那个新农村，搞得还蛮好。

于是我叫了一辆改良三轮车去据说建设得非常好的方集村。上了车，师傅问我："看你不像本地的，来方集干吗？""做农村调查。""啊，方集搞养鳖搞得蛮好。""听说方集的新农村建设特别好。""嗨，方集就一点点小，就是在建几栋新房子。你要看，一下子就看完了。"到了方集，师傅放下我，调转车头回镇上。我绕着方集走了一圈，房子是白墙黑瓦、别具风味的，只是人也很少。家家门户紧闭，开着门的一间是一个老太太开的小卖部，堂屋里坐着一桌打麻将的老人。

一个插曲是，结束考察的我回到了我的老家去看望奶奶。我的老家是郎君镇下的一个小村子，情况与鸭棚村大致相同。回家的路上看到了一位村民——中年男子，我立刻走上去问好。这位叔叔常年住在乡村，家里种了十几亩田，在村头开了一家店卖化肥，农闲时、过年时有一辆改良的三轮车拉客。据这位叔叔说，一年可以有十万左右的收入。我很高兴："您这可不比在外头差呀！""唉，我们这没得谋，有谋的都出去在城市里赚大钱了！"一年赚十万，一个月就是八千多，有多少农民工一个月月薪有八千呢？更何况，农民工拿到工资还要刨除房租等一系列费用。在这一代农村人的心中，去城市就意味着淘金，意味着发财的观念已经深深植根。

　　回到家，奶奶见到我很高兴，颤颤巍巍地来牵我的手。我扶着奶奶坐下，聊天时奶奶跟我诉苦："前头屋里的奶奶今年年初死了，后头屋里两年前也死了。现在整个湾里就剩下我还没死了，没得人跟我说个话，去小卖部看牌人家都嫌，老了，太老了，紧活着，不晓得几时才死。"

　　奶奶今年起，身体已经很不好了，整个人变得又干又小，背驼得厉害，手上几乎是皮包着骨头。"总是疼，呼气都疼，每天抓一口米，把粥煮得稀稀的，就吃一天。菜也吃不得了，只能吃点水煮的白菜，唉，死也死得了……"在这个基础设施缺乏的小村子，老人要坐班车都是不被欢迎的，因为太老了。奶奶早上起来转了一圈，无处可去，无事可做，只好搬一把板凳，靠坐在门边，等待着日落。

　　到晚些的时候，我准备坐车去市区，再去坐车回武汉。奶奶一定要送我，颤颤巍巍地扶着我，慢慢地，一路从家里走到路口。坐上班车，我回头看，她站在原地的身影越发显得瘦小。那一年，我坐上班车离开家乡，到武汉求学，她也是这样送我。奶奶还能这样送我几次呢？有一天，她走了，我的故乡、我的乡村在哪儿？有一天，她走了，村里的老人都走了，孩子们都长大出去求学，妇女们奔赴城市，这个村子会消亡吗？

　　我不敢去设想。我明白村庄已经变老，可在我的心里，它是那么闹哄哄的：春有桃花，可以钓龙虾；夏有蝉鸣，忙碌的一天过后，在家门口放凉床，吃饭、聊天、小孩子们你追我赶；过年有满满一桌的鸡鸭鱼肉和吉祥话，吃完饭可以去玩烟花，天气晴的时候能看见比烟花还亮的星星。

　　（注：本次调研，由万幸、陈霄组成小组，二人一同调研，万幸负责采访，陈霄负责记录。报告以第一人称"我"进行叙说。）

京山县屈家岭村调研报告

韩梓赟

调研时间：2017年8月14日。

调研地点：湖北省荆门市京山县屈家岭管理区屈家岭村。

调研目的：通过实地考察、走访村民等方式，对屈家岭村落有大致了解和整体感知，感受村落的发展现状，了解村民生活水平和文化水平，了解政府对于农村建设的措施，为文化遗产型村落建设提供参考和经验。

调研意义：

第一，屈家岭村地理位置优越，自然环境优美，历史悠久，适合作为长江流域的典型村落进行研究。

第二，屈家岭村历史悠久，在村史与村文化上有些内容可以深入实践调查与研究。

第三，屈家岭管理区近年经济发展迅速，尤其是当地农谷旅游业发展势头较好。经济的快速发展与当地居民的文化素质的提高是否相一致，可以作为突出的问题进行调研。

第四，屈家岭管理区的政府工作、旅游规划、农业和工业发展都可以作为新农村的典型进行研究，为其提供农村建设思路。

第五，屈家岭村是屈家岭遗址所在地，政府在遗址保护和农村基础设施建设方面的工作可以作为文化遗产所在地的典型进行调研。

一、实地考察和访问

屈家岭管理区是原湖北省国营五三农场，位于江汉平原北部，与京山县、钟祥市、天门市接壤。它是湖北省土地面积最大的国有农场，于1952年开始垦建，2001年开始实行属地管理，成立荆门市屈家岭管理区。屈家岭村就是屈家岭管理区管辖范围内的一个村庄，也是屈家岭文化遗址的所在地。

我的家乡位于湖北省钟祥市，与屈家岭管理区所属的京山县同属荆门市的管辖范围内，且两地仅相距四十多千米。了解到具体交通路线之后，我和陪我同行的好友一同乘坐客运汽车前往，开始了这一次调研的旅程。由于屈家岭村位置比较偏僻，经过了几趟转车和一些波折，我们终于在当地村民的帮助下到达了村落的中心位置，也就是屈家岭遗址的纪念碑所在地。

屈家岭遗址是一座新石器时代村落废墟的遗址，是一处以黑陶为主的文化遗存，是更早期长江中游的大溪文化的继承者。以此为背景，我们可以了解到，屈家岭村落的村史可以追溯到距今5 000年前，这也是屈家岭村史的重要部分。

初到屈家岭村，我们看到的是一排十分破旧的土砖房，这也引起了我们的探究的兴趣。因为我们坐车进入村子里的时候，从连接大路的那条道一直到村口，完全是另外一番景象，路边的田地里是正在施工的屈家岭文化遗址公园，村口都是一栋挨着一栋的私家楼房，俨然一幅建设和发展中的新农村的模样。到了村子里，带着一路的疑问，我们寻着那排破旧低矮的土砖房，开始了此次调研。

1.百年老屋

进村第一家土房看起来似乎已经存在了上百年，墙体斑驳，印刻着岁月的沧桑印记，门是虚掩着的。正值中午，屋里隐约有人说话的声音。我小心翼翼地敲门，开门的是一位驼背的爷爷，看得出年纪很大，但是精神很好。我告诉他我们的来意，爷爷把我们请到家里。进门的地方堆放着一些杂物和一辆看起来年龄很大的老式自行车，院子里，奶奶坐在小板凳上摘豆芽，在准备着午饭。我说："奶奶，您好，我们是大学生，来这做社会实践，想问您一些问题，您方便回答吗？"奶奶很和蔼，眼里充满笑意，说她的外孙和我们差不多年纪，并且愿意配合我们的访问。奶奶告诉我们，她今年75岁了，爷爷今年77岁，她和爷爷在这个房子里住了一辈子，在这里养大了四个女儿，现在都外嫁了，远的嫁到外地，近的嫁到村外面的镇上，外孙小的时候都是在这里跟着外公外婆，到了上学的年纪就被父母接走，现在只剩两老住在这，早年他们还比较年轻的时候是靠种田为生，现在年纪大了，腿脚不便，体力也跟不上，就在房子后面种了几小块菜地，养活自己。奶奶还说，女儿们也会给一些生活费，逢年过节也会回来看望他们，他们的家族已经有六代人在这座房子里生活了，差不多有一百多年的历史。当问到老人的文化程度，奶奶说，她们小的时候很穷，家里拿不出读书的钱，她和爷爷都是小学没有读完就帮着家里干农活。到了自己的孩子那一代，家里的条件依然不是太好，自己的四个女儿都没有上完初中。谈到这个问题的时候，一直在一旁抽着烟没说话的爷爷突然说："女娃读那么多书没得用，还不如早点嫁人。"说完对着我们笑笑，然后转身进屋。奶奶还告诉我们，往前走可以看到政府给屈家岭遗址修建的看护房，还说屈家岭遗址的一个很重要的标志是村子里的一棵大柏树。最后我们问起奶奶的姓名时，奶奶却腼腆地笑了，她说我就跟你们聊聊天，不用写我的名字。

2. 遗址发掘现场

告别了朴实的爷爷奶奶，我们继续往前走。中午的阳光很强烈，我们踩着滚烫的泥巴路，听着此起彼伏的蝉叫声，竟然一点也不觉得热。紧接着我们看到了奶奶所说的遗址看护房，那是一栋刷着黄漆的平房，在一排老旧的土房中特别显眼，旁边竖着一块牌子写着"屈家岭遗址看护用房工程"，看起来很新。据村民说，这是去年政府征收"屈氏老屋"修缮后作为遗址保护管理用房所建。

我们又走了不远就看到了奶奶说的那棵古柏树，旁边的标识牌上写着："古柏高 13 米，底围 3.11 米，胸围 2.95 米，南北阔 7 米，东西阔 9 米，树龄 1 100 年，古柏生长在遗址生活区，它久经沧桑，见证历史，这里流传着许多与古柏相关的神奇故事。"我们有幸亲眼看到了这棵见证过历史的沧桑古树，遗憾的是我们所访问到的村民都没有能讲出跟它有关的传说故事，我想这也正是它的神秘感所在吧。

值得一说的是，这棵古柏的背后竖立着两块醒目的牌子，上面写着"第一次发掘现场"和"第二次发掘现场"。根据现场的宣传栏资料显示，第一次发掘是在1955年，由湖北省石龙过江水库指挥部文物工作队负责，发掘面积较小，只是在屈家岭村的西部渠道经过的地方开了四条探沟初步了解到它的文化内涵以及地层堆积情况，看出遗址的文化遗物属于新的文化系统。第二次发掘是在 1956 年到 1957 年，前后历时八个月，目的是探索遗址的文化特征，发掘面积 858 平方米。这两次发掘，揭示了原始社会晚期长江中游地区母系社会向父系社会过渡时期的文化，反映了当时的社会组织结构和生产力发展状况。因此，研究屈家岭遗址文化，对于研究我国原始人类聚落的起源与发展和中华文明的起源与发展都具有重要的意义。

再往前走，在一个半山坡上，有一个大型的建筑物，就是屈家岭遗址第三次发掘的所在地。我们去的时候发掘现场的保护大棚还处于施工状态，里面还堆放着施工材料和工具车。第三次发掘是在 1989 年，属于抢救性发掘，先后共清理了十三座土坑竖穴墓葬和两期文化堆积，对深入研究屈家岭文化有重要的学术价值。通过对屈家岭遗址文化的了解，我们可以更好地了解屈家岭的村史和村落文化。

3. 四川外迁的老夫妇

下了半山坡，我们从另一边绕到了村子的另一头，眼前依旧是那排有着年代气息的古老的土房子。正好我们遇到了干完农活回来的另一位爷爷，他家里家外堆满了铺出来晒的玉米，家里的奶奶摇着扇子坐在门口。我们连忙上去打招呼，并向他们说明我们的来意。奶奶同样很热情，只是说着和我们不同的方言，于是我们坐下来和她慢慢聊了起来。奶奶说她叫李占翠，今年 70 岁了，有三个儿子都在外地打工，其中有一个在深圳工作的儿子是在做火车隧道守护的工作。她说他们家是二十多年前从四川搬迁到这里的，爷爷奶奶没有上过学，自己的儿子也都只是小学文化程度。他们年轻的时候因为家里穷，带着孩子跟着家乡的人一起外出谋生，一路帮别人打工种地走到这里，然后定居。之前一直靠种地为生，直到今年，因为要修建屈家岭遗址文化公园，他们的二十多亩地被政府征收。据奶奶说，他们的儿子长年在外工作生活，过年也不会回家里，都是两位老人自己在家过年，只是在农闲的时候，老人有时会坐火车去看自己的儿子，提到自己的孙子都已经长得很高，奶奶顿时眼里没有了落寞，满是欢喜。可见，在这些空巢老人的内心，依旧是十分渴望家人团聚，享受天伦之乐的。我们和奶奶聊得正开心，突然下起一阵雨，爷爷奶奶赶忙开始收屋外晒着的玉米，我们也撑起伞和奶奶道别。

4. 面临楼房拆迁的祖孙

往村外走的小路已经开始变得泥泞，我们加快了脚步，走到一栋栋楼房的包围之中，找到一个宽敞的屋檐避雨。一路上的楼房都是房门紧闭，有的敲门无人应答，我们也不好再去打扰。雨稍小些后，一个小院子吸引了我们的注意。这家的院子有些特别，一栋楼房对面是一座平房，中间是一个庭院。听到矮房子里有人在说话，我们便走近打招呼。屋内，两位老人和两个小女孩正在吃饭，我们同样向他们说明我们的来意，奶奶开始热心地回答我们的问题。她说她叫李焕春，今年67岁，爷爷叫王开文，今年68岁，他们家也是二十多年前从四川搬迁过来的。这两个小孩是他们的外孙女，他们的两个女儿都在四川打工，留下孙女在家跟着两位老人，小孩在村外的镇子上上小学。前面那栋楼房就是八年前大女儿回来盖的，老人平常自己住在平房里，只有逢年过节女儿女婿回来的时候才会住到楼房里去。奶奶还跟我们说，同样因为修建屈家岭遗址文化公园，他们的农田被政府以1.9万元每亩的补偿金征收了，她和爷爷现在闲在家专门负责两个小孩的生活。除了田被征收，奶奶还说他们家的楼房也被政府要求拆迁，但是因为拆迁款的数量没有达成一致，老人没有同意搬走。

5. 最后一站

走完整个村子，已经是下午了，我们沿着刚进来时的路走到了镇上，找到了屈家岭管理区政府所在地。本想对一些政府工作人员继续我们的调研和访问，但是不知道什么原因，政府大门紧闭，我们只好返回。参观了屈家岭农谷广场，我们便踏上了返程的路，结束了这一次屈家岭村的调研和访问之旅。

二、现象与问题

1. 居民收入差距大，贫富两极分化明显

①住房。从我们在屈家岭村走访调研过程中看到的现象来说，靠近村口马路的住户，基本在近几年盖起了新楼房，有的甚至是楼房加四合院，十分

宽敞。而进入村子中心，也就是遗址所在的中心位置，只有一排低矮的土砖平房，看得出年代已经十分久远。

②道路。从镇上到村口都是平坦的水泥路，进村之后水泥路只通到最后一栋楼房所在的位置，再往后就是泥巴路和田间的泥埂，有的路甚至没有人和车走过。

③交通工具。村口的楼房前基本都停放着轿车或小货车，村里的平房前有的停放着破旧的老式自行车，有的老人骑着三轮车去田里劳作。

从这样一些现象的对比中，我们可以很明显地看出，屈家岭村存在比较严重的贫富分化现象。根据我们的走访和调查了解到，这种现象出现的原因，主要是部分外出务工的青年到一定年龄后选择回乡发展，和父母子女生活在一起，于是在村里盖起了楼房，但是农村在一定程度上又限制了他们的发展，于是需要汽车或者小货车外出到就近的地方（镇上或者五三农谷）工作。而村里的土屋里住的都是七十岁以上的老人，他们收入的来源是家里的农田，也种有蔬菜，自给自足，平时外出也很少，因此也不太需要远行的交通工具。这样一来，贫富差距就很容易拉开。

2.青年劳动力外流，空巢现象严重

另外一种普遍存在的现象就是之前也提到过的，许多村里老人都是独居，子女大都在外省务工，农村缺失青壮年劳动力，一方面影响了农村的生产力，对屈家岭的农业发展产生负面影响，另一方面，有的老人说有时候子女在外工作忙，过年也经常不回家，空巢老人现象严重。相对于城市的空巢老人来说，农村空巢老人可以利用的养老资源更少，养老保障问题更为严重，也更容易被忽视。在这一点上，政府应该给予足够的重视，在政策上给这些老人适当的优待。

3.村民文化程度普遍不高，外迁户较多

就我们所走访的村民来看，屈家岭村的村民文化水平普遍不高，村里没有书店，最近的学校还在好几千米外的镇上。七十岁以上的老人基本没有上过学，这些老人的子女的文化水平都在初中以下。他们通常都是在家待到十五六岁就外出打工，在外务工做的也都是一些对文化程度的要求相对较低的工作，其中以家政服务人员和工厂工人居多。总体来说，政府对屈家岭村的

文化建设还有待加强。

还存在的一个现象就是从四川搬迁过来的住户在屈家岭村人口中所占的比例较大。据村民口述,他们大多来自四川省边缘山区,因外出务农打工来到这里,此后在这里长期定居。另外,也可能和屈家岭遗址在发掘过程中对劳动力需求较大有关,外省劳动力流动到屈家岭村,成为定居村民。

4.遗址保护工作和工程中存在一些问题

据查阅的资料我们了解到,自2011年起,荆州市政府将屈家岭考古遗址公园建设项目列为建设重点项目,希望通过建设考古遗址公园的方式对其进行保护。先后设立了"屈家岭遗址管理处",完成了《屈家岭遗址文物保护总体规划》《屈家岭考古遗址公园详细规划》等。根据《屈家岭考古遗址公园详细规划》,屈家岭考古遗址公园规划范围以屈家岭遗址点为中心,总面积达到168公顷,总投资达到24 485万。屈家岭考古遗址公园的主要建设内容有:保护设施建设、考古研究、展示利用、环境整治、绿植景观、道路改建、基础设施建设等。政府大规模投资于"屈家岭考古遗址公园"的建设中,但是对于遗址的保护和村庄的发展来说,仍然存在一些问题。通过我们的实地考察和部分村民的口述,我们大概了解到以下这些现象:

①遗址公园的规划,并没有对屈家岭遗址所包含的范围进行完整的保护。屈家岭考古遗址园通过设立遗址展示核心的方法,对遗址进行保护和展示,但其预设的遗址核心仅包括屈家岭、钟家岭、冢子坝、土地山四个遗址点,另外纳入保护范围的遗址还有东湾石器点遗址一处。这与屈家岭遗址群包含11个遗址的实际情况并不相符。也就是说,在对考古遗址公园范围进行规划的时候,并没有将所有屈家岭遗址群内的遗址纳入其中。这样一来,屈家岭考古遗址公园的规划和它预期所能发挥的保护效果相比,会大打折扣。

②遗址公园的建设,占用部分农田和村民房屋,且拆补金额没有达成一致意见。

通过对村民的走访,我们了解到,政府对村民的农田征收目前还在协商阶段,但是屈家岭遗址公园工程已经在村里路边的农田中开始施工。

其次,政府对房屋拆迁的赔款数额也没有和村民的意见达成一致,因此到目前为止,尽管屈家岭遗址公园已经在建,但是依然有部分所需用地的房屋拆迁问题没有得到解决,今后也有可能会成为影响到遗址公园的施工进度的一大亟待解决问题。

三、关于屈家岭村落文化元素的解读

1.文化考古

2017年4月24日，屈家岭管理区与武汉理工大学签订战略合作协议，计划用10年左右的时间共同规划建设世界一流的"中国农谷·屈家岭陶文化产业区"，将屈家岭建成湖北独具特色的历史文化名镇，建成中国知名的陶文化产业集群和旅游胜地。

以此为背景，我们可以对屈家岭遗址的文化元素进行深度的发掘。前面我们也提到过，屈家岭文化是最早在湖北发现的长江中下游地区的新石器文化，这一时期的社会分层、宗教活动等现象加剧，出现了大量聚落群和古城，出现了一系列文明因素。这一处新石器时代村落废墟的遗址，是一处以黑陶为主的文化遗存。该处遗址发现后，中国科学院考古研究所和湖北省文物工作队进行发掘，出土大量用于生产和生活的石器和陶器及蛋壳陶器、彩绘陶器和彩绘纺纶，说明新石器时代江汉平原地区已具有较高水平的烧陶技术和纺织手工业。

在屈家岭遗址出土的文物中，以彩陶纺轮、彩绘黑陶和蛋壳彩陶最具特色。陶制的鼎、豆、碗等器皿均为双弧形折壁，也具有独特的风格。这种性质的文化分布在湖北境内的江汉平原、西北山地和河南省的南部与湖北相邻的地带，分布较广，文化面貌具有极为浓厚的地方色彩。因此，黑陶艺术更是屈家岭文化的重要象征之一，是一个可以开发的重要文化符号。

屈家岭管理区与武汉理工大学此次签订的战略合作协议，旨在规划建设世界一流的屈家岭陶文化产业区，打造"屈陶"和"屈窑"品牌，预备在黑陶材料与文化、古建筑文化和形制、黑陶艺术设计、物流和文化传播、互联网商务等领域展开全面合作，促进科技成果产业化、共建研发平台和人才培养基地。以此来传承这一发展了千年的技艺，让屈家岭黑陶拥有"黑如漆，声如磬，薄如纸，亮如镜，硬如瓷"的细腻，用高温烧制的屈家岭黑陶，解决了黑陶实用性和艺术性结合的难题，也让人们对打造"屈陶·屈窑"品牌充满了憧憬。

这一系列的合作，将文化考古工作的现代意义体现到了极致，也是文化与科技的深度交融，为屈家岭黑陶文化因素的传承和发展提供了一个良好的平台。让游客在叹服古代陶文化灿烂光辉的同时，提高对屈家岭黑陶文化和技艺的兴趣，对话远古，窥探史前。更是为了揭示史前长江流域人类的生存状态和科学艺术及其创造精神，向全世界高度推介这一伟大而神奇的聚落文明。

2. 文化产业开发

屈家岭管理区的文化产业开发，一个核心重点应该放在建设"中国农谷·屈家岭陶文化产业区"，打造湖北独具特色的历史文化名镇上。这样一来，才能把科技人才资源和地域文化因素更好地结合起来，也为这样一个中国传统国有农场的农谷产业开辟一条新的发展路径。这样一个文化产业区的开发必然会引导文化旅游的发展。我们知道，屈家岭是我国长江中游地区发现最早最具代表性的新石器时代大型聚落遗址，是与良渚文化和河姆渡文化齐名的长江三大古文化区之一，是中国农谷核心区。基于农谷区发展的农业基础，就可以建立现代农业与文化旅游相结合的产业集群，同时能反映长江流域的文化特色。

针对这样的文化背景，我认为，屈家岭文化产业开发现阶段的任务应该就是围绕"陶文化产业区"这一中心，打造黑陶文化产业中心、农谷示范区、历史文化村落这样一个三位一体的文化旅游区。

在黑陶文化产业中心这一部分，可以打造陶文化景区。其中可以包含目前在建的屈家岭文化遗址在内，利用已有的文化资源和优势，创建以屈陶文化为特色的小镇旅游区。可以以屈陶创作基地、屈陶大师工作室、星级旅游宾馆、民宿为载体，吸引游客自己动手，深度体验创作屈陶的乐趣。同时可以成立陶文化产业研究中心，开展屈陶的创意设计和制作工艺研究，将制陶这一非遗文化转化为实体工艺品，从而能够更广泛地传播。这样一来，也可以吸引一些社会投资和企业的入驻，从而构建面向全球的屈陶文化产品线上线下销售模式，打造屈陶屈窑品牌产业链。还可以建立屈家岭陶文化艺术馆，完整展现古代和当代陶文化，凸显屈陶文化，配套展示屈家岭的古建筑文化、纺织文化、农耕文化等，从而带动管理区内及周边城镇的发展，获得经济效益与社会效益的统一。

在农谷示范区这块，首先可以利用屈家岭30多万亩的国有土地，农业种植实现集约和规模经营，一个品种种植上千亩，形成特色农业景观；其次可以以屈陶或者农谷主题，打造美丽镇乡聚落，把农业种植区和农耕体验区相结合，形成自己独特的文化聚落；最后还可以考虑打造中国农谷博物馆聚落，以屈家岭管理区为中心，向周边辐射，形成独特的以农业为主题的博物馆聚落，更好地展示和宣传农业文化。

在历史文化村落的建立上，可以参考陕西西安半坡遗址的建设。半坡遗址是典型的仰韶文化母系氏族公社村落遗址，以此为基础建立了我国第一座遗址性博物馆——半坡博物馆，保留了先民聚居区的一部分，包括先民居住过的房屋，使用过的窑穴、陶窑、墓葬、各种生产及生活用品等先民遗迹遗物。近年来，又建立了反映仰韶文化的村落，一定程度上还原当时人们生活和居住的原貌，吸引了大量游客前往游览。屈家岭遗址所在的村落同样可以利用悠久的历史，开发和建立反映新石器时江汉平原独特文化的古村落，和前面提到的陶文化景区相辅相成，发展村落旅游。

这样三位一体、多方面发展的战略目标，可以将屈家岭地区的文化因素的现代开发发挥到极致，打造屈陶文化、农谷文化、村落文化相辅相成的文化产业集群，既保存和保护了文化遗存，又发展了现代经济，创造了经济效益、社会效益和文化效益，可谓一举多得。

3.文化辐射

谈到文化辐射，就必须提到屈家岭的地理位置了。该地区影响范围较广，东到湖北东部的黄冈、鄂城，西至三峡地区，北到河南南阳，南至洞庭湖滨，西北延伸至陕西南部的丹江流域。因此，屈家岭地区文化产业集群的发展也势必会带动其周边地区的经济发展。

在文化的辐射和带动上，向南延伸可以到位于天门市的石家河文化。该文化也是长江中游地区的新石器文化，主要分布在湖北及豫西南和湘北一带，是在屈家岭文化的基础上发展演变而来，其玉器文化较有特色，做工精细，代表了江汉平原史前玉雕的最高水平，可以和屈家岭的陶文化互为补充。向西延伸到湖北当阳、宜昌一带，这里是早期楚人的一支的活动范围。楚王族有屈、景、昭三大姓，分别源自楚武王、楚平王、楚昭王，其中屈姓是以邑为氏，从春秋到战国一直都是显族。景、昭二姓则是以谥为氏，在战国时期是显赫的贵族，湖北当阳赵家湖楚城遗址出土的青铜器铭文对此有所反映。这些氏族文化也可以作为屈家岭地区辐射范围内的文化补充。

无论是文化辐射的发散模式还是文化聚集的聚合模式，长江中下游一带的悠久历史文化需要相互辐射、开发和带动，这样才能更加完整地反映一个地区的文化和历史沿革，才能更好地发展现代文化产业集群，对一个地区乃至一个文化系统的传承和发展作出贡献。

四、遗址保护和农村经济发展

通过此次对湖北省荆门市京山县屈家岭村进行的一系列走访和调研活动，结合一些图书和网络上的资料，对于屈家岭村落文化和村庄发展与建设有了一个大致的了解，在这里也把自己的一些思考和总结形成文字，作为参考。

（一）关于屈家岭村落的遗址保护问题

首先，屈家岭村作为屈家岭遗址所在地，遗址的保护工作是村落文化的重要组成部分，针对调研过程中发现的遗址保护工程建设中存在的问题，提出一些建议。

第一，保护屈家岭遗址群，首要就是保护环壕聚落遗址，即屈家岭遗址、钟家岭遗址和家子坝遗址三个聚落遗址。将三个聚落遗址和环壕作为一个整体，在展示时需要重视对其整体性介绍，加强彼此之间联系，而不能独立开来，否则会削弱其聚落遗址的价值。

第二，屈家岭遗址面积庞大，涉及的遗址较多，采取建设遗址保护公园的方式符合遗址保护的需求和村落建设的实际情况，但是从遗址群的完整性、整体性角度出发，在考古遗址公园的规划中应将所有遗址纳入其中，而不能只选择其中比较突出的部分，这样才能保持遗址群的完整性。

第三，遗址群保护工程，也就是屈家岭遗址保护公园在建设过程中，政府应该首先加强农村基础设施建设，在道路修建、水利工程等方面满足于村发展的基本需求。在征收农田和房屋拆迁上，也应该尽量兼顾各方利益。

（二）关于青年劳动力外流的问题

随着我国城市化和工业化进程的加快，大量的农村青壮年涌入城市打工，留在农村的人口基本是老弱病残。农村建设上，在农民新建住宅的过程中，由于村庄规划严重滞后等原因，农村居民点用地往往不能合理、有效地利用。新建住宅大部分都集中在村庄外围，村庄内却存在大量的空闲宅基地和闲置土地，形成了"内空外延"的用地状况，即所谓的"空心村"。屈家岭村就是一个"空心村"的典型。青壮年劳动力大量外流，会对农村的发展造成许多不良影响。

首先，大量青年劳动力外流会造成农村的土地资源浪费，缺乏精壮劳动力会使土地被荒芜，而且被粗放经营，农业新技术也难以推广，进而导致农业结构得不到合理调整，科技对农业的贡献率大大降低。其次，留守儿童问题以及由其引发的一系列社会问题十分突出。青壮年的大量外出，往往留孩子在家，交给祖父母或者外祖父母照看，由于老年人大多文化程度较低，不能科学地为孩子提供学习上的帮助。同时，这一代老人在教育方式上比较落后，教育观念淡薄，对家庭教育在孩子成长中的作用意识较差。无论是祖辈还是其他亲戚，他们对孩子的关怀大多局限于吃饱穿暖，只顾及物质生活，而忽视了对孩子心灵世界和情感世界的关心与呵护，这样会严重影响农村儿童身心健康发展，致使有的留守儿童心理脆弱，缺乏自信，孤僻，这对留守儿童人生的发展也会产生重大的影响。老人自身也因年事较高，生活自理能力降低，对他人的依赖性逐渐增强，而子女的外出不仅影响了老人的物质生活，更多的是对其心理和精神的影响。这样一种不合理的留守农村人口的年龄结构，以及普遍偏低的文化程度，将会给农村经济发展带来很大的阻力，延缓现代化进程。

要想消除这样一种现象，我认为首先要缩小城乡差别，正确地将国家的"三农"方针政策传达给大众，大力宣传新农村建设的先进事迹，帮助农民树立自信心，让农民意识到自身及农业在社会发展中的重大作用。其次，应该加强农村基础设施建设，改善硬件设施，主要是加大对农村道路建设的投入，改善交通状况，完善农村水利设施，推广先进的灌溉技术，提高农作物产量。最后，应该加大惠农政策，在给予农业补贴的同时，进一步完善、落实政策，采取具体措施促进农业发展，适当调控种子、化肥、农药等价格，从实践上做到惠农，加大科技投入，培育高产优良品种，提高农作物单产，提高农民的收入，真正做到减轻农民负担。

最后，就屈家岭村本身来说，还有五三农场——中国金色农谷的发展作为支撑，可以据此发展农业旅游，加上文化遗址所在地的天然优势，发展乡村旅游业，带动农村经济的发展。

（三）关于农民文化程度普遍较低、耕读文化相对缺乏的问题

农村教育设施不完善，农村人的受教育意识落后，思想滞后等各种原因导致留守在农村的老人甚至他们的后代，都没有能够接受较好的教育。针对这一现象，我认为应解决城乡教育经费不公平的问题，鼓励大学生到农村任教，充实农村的教育资源，提高农村教师的整体素质。

在农村软件设施，也就是文化建设上也应该采取相应的措施，这一方面就和我们调研的"农村耕读文化"的主题比较契合。农村应该大力加强文化建设，有条件的话可以建立一个文化广场，可以把图书馆、广播站和健身场所集中起来，并且定期开展文化和娱乐活动，丰富农民的精神文化生活，改变以打牌、麻将为主的娱乐方式和风气，真正提高农村人口的思想道德水平和科学文化素质，让农民在农村也能享受良好的文化资源，留守儿童在农村也能受到平等的教育，有一个更好的生活和成长的环境。

五、小结

以上这些我们在调研过程中发现的问题如果都能够引起足够的重视并得到相应的解决，那么有理由相信，不只是屈家岭村，中国更多的农村将会得到更好、更长足地发展。在遗址的保护和如何利用历史文化优势进行现代化的建设和发展上，做到把历史融入现代，用文化创造效益，以实现历史文化的社会、经济等各种效益的最大化，最终造福人民群众，弘扬中国的传统文化。我想，这才是我们调研的真正目的，也是我们所期待能看到的结果。

随县潜家湾调研报告

潜　环　宿党辉

　　调研经过：暑假期间笔者回家乡，从一个家乡人的角度了解乡村的文化，挖掘乡村文化。漂河村是安居镇一个传统的乡村，村民世代以农业生产为主。为了从历史变迁的角度追溯村庄的发展演变过程，我和我的团队最先来到村委会查档案。在与村书记的几番交流中，我们才发现传统村庄变迁大，村委会不断搬迁，村干部不断更换，村中的档案管理较为混乱，无奈之下只能到镇里搜集相关资料。在镇政府工作人员热情接待下，笔者认真阅读了镇志，并摘录下关于漂河村的村庄变迁简介，在一个大背景下了解了村庄文化。但笔者认为镇志搜集的资料较为有限，大部分只能作为村庄发展的社会文化背景。为了更准确搜集资料，我在与团队成员商量之后，决定缩小调研范围。从一个小视角切入，透过一个家族的变迁了解地方文化。所幸笔者在村庄内发现了潜家的族谱，上面详细记载一个古老家族耕读文化的变迁。在此基础上，笔者访谈了村中几个有文化的老人，从他们那了解到传统时期家乡的耕读模式。为了将传统耕读文化与现代耕读进行对比研究，笔者回到村庄小学，从村里老干部了解到村小学的变迁，以及村庄教育的发展，其中重点访谈了新中国成立后村里一个读过重点高中的老干部夏书记。老书记详细介绍村庄耕读文化，并从切身体会中讲述他读书的经历，指出在新中国成立后的二十几年时间里，读书与种地逐渐分离开来。这种伴随着时代变迁的文化发展为何而变化，又会在未来如何变化？家族的变迁是否具有时代性，又会在发展中呈现独特的耕读文化？带着这些思考，笔者不断翻阅材料，顶着夏日在村里四处奔波，向老人虚心求教，在八月中下旬，在乡村人的帮助下，以及各级领导干部的支持下，终于开启了调研报告的写作。在近半个月的写作和修改中，最后定稿。

村庄背景。"古镇安居何处寻？离城四十往西行。清凉山下集商贸，涢子交流绕街滨。广厦高楼鳞次比，宽街深巷路延伸。随都故址曾遗此，神秘妖娆添几分。"一位诗人曾在安居留下诗歌，记录这个古镇的风貌。随州市随县安居镇是家第六批中国历史文化名镇，具有悠久的历史文化底蕴。安居镇地处随州市城西15千米处，涢、溠二水在镇区交汇，山川秀美，土地肥沃，养育了一代又一代的儿女，古有"小汉口"之称。其中位于镇区西北角的王楼村，经考古证实，为古随国都城遗址。镇区有老街"九街十八巷"，保存良好，古香古色。漂河村位于安居镇西南涢水河东北岸，是历史上涢水河向南通往汉口的水上交通要塞，过往商船有在涢水胡家湾这段漂停息宿的习惯，"漂河村"由此而得名。漂河村面积6.5平方千米，水产面积240亩，耕地面积3 435亩，主要种植业和养殖业，是典型的鱼米之乡。

家族背景。潜家祖籍浙江，是当地的书香门第，但在南宋时候因遭奸人陷害，潜家由此走向衰落，并迁徙到各处。其中部分逃难至江西等地。从历史的角度看，安居镇虽是一个历史悠久的古镇，但当时人烟稀少，涢水河周边的地区大部分处于未开发状态。明朝末期实行大迁徙的政策，居住在江西的人搬迁至此，在此处开荒定居，潜氏家族便是从江西搬迁的一支。潜家人抱团在漂河村开荒定居，潜家湾以潜姓人较多而得名，潜家人世代在此繁衍生息。潜家湾作为漂河村的一个行政小组，新中国成立后经过几次管理隶属的变迁，但一直没有影响到该地的农业发展。

耕读文化是以儒家文化为核心的中华传统文化的重要组成部分。孟子云："百亩之田，勿夺其时，数口之家可以无饥矣；谨庠序之教，申之以孝悌之义，颁白者不负戴于道路矣。"然而具体到每个家族中，耕读文化又会以家风的形式呈现出来，在历史的发展过程中，每个家族的变迁便是一个时代的缩影。此次调研笔者选取漂河村中的普通家族，以潜氏家族为代表，通过一个家族的变迁历史，分析传统农耕文化的变迁。

一、潜家传统的耕读文化

1.书香之家，世代为官

潜姓祖先生于浙江一带，始祖是潜估（851—919），本属于浙江缙云人，出生地彭城，即今江苏徐州铜山，原姓钱。公元907年4月，唐灭，梁立，建都开封。钱估仕梁，官至兵部尚书，为三品官职。钱估，字正臣，号野翁，《钱氏宗谱》排行昌九一。钱估之父钱筹，字明睿，生于唐太和戊辰年二月，卒于唐成道壬午年，《潜氏宗谱》排行盛四五。潜家是当时的书香门第，潜家子弟从小便会接受私塾先生伦理道德教育。在科举制度的影响下，潜家人对考试入仕欲望更显得强烈，那时候潜家子弟勤奋好学，蔚然成风。从公元1174年到1274年的100年，缙云潜姓就出了5位进士：潜清（第九世），潜起（第十一世），潜说友（第十一世），潜尚友（第十一世），潜祖昌（第十二世，说友之子）。潜家祖先在朝廷为官较多，其中潜家第十一世的进士潜说友（1216—1277），字君高，号赤壁子，是南宋淳元年（1241）进士，后为南宋朝著名大臣，官至户部尚书。但潜家也较为重视农业生产。潜氏子孙潜敷作为著名宋朝官吏、学者，曾主持南宋的农业经管，为史籍《省斋集》作跋，并著有《宝庆修复经界记》等农村经济管理类文章。作为官吏的潜家子孙在长期的为官实践中总结农业发展经验，以更加科学化、系统化的方式将农耕文化呈现出来，为农耕文明做出重要贡献。

2.迁徙繁衍，弃官务农

历史上朝代更替较为频繁，特别是五代十国时期，朝廷纷争不断，个人仕途风云变幻，同众多官僚氏族的衰败一样，潜氏家族的官僚在朝仕途也充满坎坷。据《旧五代史》记载，梁太祖朱温，为人阴险毒辣，滥杀唐朝宗室及朝廷百官，殃及无辜者无数，对自己部下功臣同样不择手段。与梁太祖同为彭城人的钱估，目睹其为人，深知朱温为巩固帝位，必将诛杀功臣，争夺兵权，遂举家外逃，改"钱"姓为"潜"姓。南宋末年（1275），户部尚书潜说友，遭奸臣诬害，削职到江西偏远山区（犹如充军），抄没家产。边城官兵见潜姓便杀，凡潜姓聚居的村庄，大火连烧三天三夜，无人敢救，大火烧至东南面的一座山，当时"白垄岭头可点烟"，在这种灾难下，潜姓人四处逃亡，并在逃亡过程中纷纷改姓，有的潜姓从此隐居山中，与世隔绝，到十三世时潜姓仅剩六户，十五世时仅剩四户。自公元1275年潜姓遭灭族大屠杀后，到清末六百多年间，潜姓只出一个进士——潜溟，明成祖器重其才华，御封虎眼御使。潜溟因不满官场险恶，最终弃官隐居杭州西湖。

在"重农抑商"的思想影响下，传统社会等级划分中，尊者为士，其次是农，再次为工，最后才是商。仕途不顺，转而回归农耕生活，寻求一份安宁。潜家在逃亡中逐渐回归农耕生活，在小农生产自给自足的形式下维持一代又一代人的生存。历史上的潜氏家族经历了政治上的摧残，为了延续子孙后代，潜氏留下祖训："只愿子孙种地，不愿子孙做官。"如今潜家湾留存的潜家人便是当时在逃亡过程中从江西迁徙过来潜氏家族的后裔。潜家人依靠勤劳和智慧，在依山傍水的涢水河畔开荒种地，繁衍后裔，过着男耕女织的生活。潜氏人牢记祖训，一生不求为官富贵，只愿躬耕于土地以求平安生息，放弃仕途，专心耕作，过起了普通农家的生活。

3. 耕读相伴，相生相荣

潜家人定居于漂河村后，凭着勤劳和智慧，不断繁衍生息。伴随着时代的发展，潜家人开始接受新观念，特别是在漂河这个商贸比较繁荣的地带，商品交换频繁，商品经济意识对传统的农耕思想产生一定的冲击性，潜氏人逐渐意识到不读书，无知识，仅靠发展农业以后难以维持生活，更难以适应社会发展。

笔者访谈一位90多岁潜家老人，这位老人是目前潜家少数几家拥有十几个人口共居一室的大家族，当问到为什么要让儿女读书时，老人直接表达了识字的需求。随着商业的发展，农村人外出交易比较多，在外最重要的技能之一便是识字。潜家虽属于贫寒家庭，但当时无论多么艰难，都会让家里的孩子读书上学。

新中国成立前，村里没有正式的学校，为了满足孩子受教育的需求，一方面村庄里会有读过书的先生专门在自家屋里开办私人学堂，也称"私塾"，孩子可以直接送至先生家接受教育，先生以教书为生，很少参与农业生产。在物资比较贫乏的年代，为了满足众多孩子的读书需求，读书的收费大部分很低，一年最多两三元钱，普通的农村家庭一般都能接受，此外对家境贫寒的学子，私塾先生还允许赊欠学费，这为很多学子走进学校而接受正规教育创造了有利的条件。于是在潜家湾很多穷苦家庭出现了小孩子抱着课本认真读书，而不远处的牛正在悠闲地吃草的情景。另一方面潜氏设有专门的祠堂，除了祭祀功能外，宗族祠堂还承担着部分教育的功能，如传播孝道文化、进行道德教育。所谓"子不教，父之过"，如果宗族子孙有不孝的行为，会受到宗族内宗法族规的惩罚。在访谈中问及一个潜姓老人，他是潜氏祠堂创建人的子孙，他回忆道，当时村里不孝顺的人会被捆绑到祠堂接受族法的惩罚，宗族可以代替家长教育子孙，宗族组织一定程度上承担了传承耕读文化的功能。

新中国成立后，村小陆续建设起来，当时整个安居镇仅一所小学、一所初中。笔者在走访一位读书的长者时了解到，初中、高中的教学模式将读书与种地紧密结合起来，让那个时代的学生具有种地人的踏实，又有文化人的气质。初中、高中是半耕半学的模式，镇上的第一所中学是老人那一代的学生挑砖挑石建起来的，为了读书，他们在校长的带领下独自承担建校的重任。为了解决生活问题，学生们自己开垦荒地，每周五集体出工，拔草、锄地、浇水。到高中的时候，读书与种地更加紧密地结合在一起，当时在距家较远的县城有一所高中，也是整个县城唯一的一所高中，因距离较远，学生一个月都住校，为减轻家里的负担，学生们自己开荒种粮种菜。在接受正规教育的同时，学校每周六会安排一天的劳动课，全体同学都会在共同开垦的荒地中干活，丰收的粮食和蔬菜全部用来满足在校学生的日常生活，由此形成半耕半学的教育模式，这也为后来潜家人通过教育走上干部之路打下坚实的基础，传统的"只愿子孙种地，不愿子孙做官"祖训逐渐不再被遵循。

二、潜家的耕读形式

村落是农民基本的生活空间，是乡土中国基本的组织形式，也是一个区域共同体。它不仅是农民繁衍发展的生存空间，确保农民内部经济联系的地理环境，还是其语言文化、价值观念、风俗习惯、社会心理等共同意识形成和发展的人文环境。宗族教育是村落文化的重要组成部分，在长期的共同生活中，村落文化对人的教育具有不可磨灭的功能。潜氏家族在逃亡过程中虽然过上了农耕生活，但在此过程中，耕读文化并未因此而中断，宗族教育一定程度弥补了子孙的正规教育的缺失，明清以来，宗族组织开始承担了传承耕读的功能。潜家的耕读文化主要是在宗族教育下凝聚宗族情感，形成以宗族教育为主导，多元教育相结合的培养模式，从而塑造潜家人的性格底色。

1.私塾和祠堂：耕读的载体

一种教育模式的形成需要一定的物质载体。在潜家以祠堂或私塾为代表的地方成为宗族成员接受教育的重要载体。潜家建有专门的祠堂，祠堂占地300多平方米，是这个村庄占地面积最大的建筑物。在宗族内由族长掌管宗族内的各项事务，族长由宗族成员选举产生，族长具有绝对的权威。族长是由村中有威望且具有一定文化水平的人，村中重大事件的裁决一般需要通过族长来决定。族长制定族规和族法，用以规范宗族成员的日常行为。族长会通过定期的仪式活动教育子孙勤奋读书、团结互助等。潜氏祠堂成为族人心中神圣权威的象征。私塾是潜家子孙接受正式教育的地方，私塾先生教学生读书识字，对学生进行启蒙教育，为孩子品性的形成奠定基础。潜家虽在历史上遭遇政治的碾压，但十分重视子女的教育，即使家境贫寒，也会竭力支持子女读书。

祠堂和私塾为潜家子孙的接受教育的主要地方，在这种教育模式下，潜家在仕途中又开始崭露头角，在清朝仅在潜家湾潜明启的祖辈人共出了三个秀才，当时潜家很多子孙都到秀才家求学，带动了村庄的读书风潮。潜家子孙世代刻苦求学的经历，为耕读文化的传承注入源源不断的动力。

2.祭祀：耕读的强化

祭祀是宗族内一种常见的活动仪式，从文化的功能角度解读这种仪式活动，以惯例化的形式表达对祖先的崇敬以及对凝聚一种文化共识的途径。在潜氏祠堂内，每年最隆重的事情便是宗族祭祀，每逢清明时节，族长都邀请整个村的潜姓人来祠堂祭祀，祠堂会专门安排架起蒸笼，准备好全村人一天的伙食。清明是农家人难得清闲的节日，各家人都会早早梳洗好，准备祠堂的祭祀活动，潜家子孙便带上黄纸和香在祖先的灵位上跪拜，小心擦拭已逝亲人的灵位，祈祷一年的风调雨顺以及子孙的学业兴旺。祭祀之后族人便会在祠堂与众多潜氏人饮茶闲谈，叙说过去一年的辛劳和收成以及今年春季的农业播种情况，交流情感，表达愿景。这种看似简单的仪式活动凝聚了宗族的情感，潜家祖先以一种仪式的形式教育族人要铭记祖先、勤劳耕耘、团结和睦。从祭祀祖先、祈求福气中可以看出，在传统的农耕文明下一个家族的感情寄托。这种以仪式展现出的文化，一方面反映了普通农家对农业种植的期盼，另一方面反映了对子孙功成名就的期盼。这种仪式活动是传统耕读文化的一个缩影，在一定程度凝聚宗族情感。

3.祠田：耕读的保障

潜家族内设有族田，当地也称祠田，族长会安排专门管事人管理族田，族田的经济收益用来支撑整个宗族的日常开销，比如祭祀活动、劳动工具、人员管理等，还有一个重要的功能便是救济功能。救济一般分为两个方面。一方面是救济族内生活贫困的农户。对于本族内因疾病或天灾等导致生产生活艰难的家户，宗族内会利用祠田的一部分收益缓解其生存压力，让其维持基本的农业生产，体现了族人对宗族成员的关心和爱护。另一方面是资助族内成绩优异的寒门子弟。为了激励学子和促进教育的发展，潜氏家族建立了各种各样的办学和奖学机制，除了对子孙提供正常的宗族教育之外，还以祠田为保障，为寒家子弟读书提供物质支持。每年到秋收时节，祠田的管理人员都会结合本族的实际，按照粮食收成的多寡分配一定比例的粮食用于资助本族的优秀学子。

祠田在一定程度上保障了农民的基本生产和生活，同时为贫寒学子求学提供了物质的保障，为耕读文化的传承提供物质基础。

4.家规：耕读的内容

传统的宗族教育大部分是以儒家思想为核心且带有浓厚的农耕色彩的文化教育，即忠孝节义、勤劳务本、去惰戒奢、邻里和睦等。宗族教育的主要内容体现以族规和族法为基础的行为规范。在潜家，族内的日常生活中，有专门的族法和族规，这些规则由族长来制定，族法族规明确了潜家子孙的行为规范。在族规中根据事态的不同，实施管理与处罚，重点是对子孙的道德性情的塑造。其中有勉励族员的部分，主要包括敬重祖宗、孝敬父母、团结兄弟、分清长幼、和睦宗族、勤奋读书、勤俭持家等，也有告诫族员的部分，如戒淫戒盗、戒贪戒躁、戒谎戒讼等。对于触犯族规族法的族人，也会受到相应惩罚。比如当潜家子孙做了败坏族规如偷窃打架、打骂父母等的行为，根据情节的轻重，轻则由族长进行批评教育，重则受到族法的杖打，宗族可以依照族规族法，直接惩戒族员，小家庭里的家长不能干预，宗族以此来规范族员行为。

传统儒家文化中的仁、义、礼、智、信等内容在家训家法族规中得到充分体现，它们营造了潜氏家族的道德环境，也塑造了潜家人正确的价值观，充分展现了潜家人的精神文化状态。

三、家风与家族的续存

文化是一个家族历史的记忆的灵魂，也是一个家族独特的符号象征。宗族教育塑造了族人的性格，形成了一个家族风格和风尚，也就是"家风"。家风是家族成员共同的文化基因和价值共识，建构的是一个家族成员共有的精神家园。习近平总书记在2015年春节拜年会上指出，不论时代发生多大变化，不论生活格局发生多大变化，我们都要重视家庭建设，注重家庭、注重家教、注重家风，紧密结合培育和弘扬社会主义核心价值观，发扬光大中华民族传统家庭美德。在历史的变迁中，无论潜家遭遇多大的磨难，"耕读传家"贯穿了整个潜氏家族发展的始终，这是潜氏的家风，也是在经历数百年的变化，潜氏家族依然生生不息的原因。

1.学而优则仕：潜氏家风下的荣耀

以"耕"为生存之本，以"读"为求禄之路，是中国传统农业社会的生存形态。自古读书者希望考取功名，光宗耀祖。潜氏家族自古便是书香门第，历来重视子孙的教育。潜家家长从小便会请名师到家中来讲学，为孩子做启蒙教育，同时潜家藏书众多，为子孙学习提供有利的条件。在潜家文化熏陶下，子孙勤奋学习，人才层出不穷。

历史上的潜家曾作为朝廷大臣，在耕读传家的文化熏染下，潜家人怀着廉洁务实、心忧百姓的心态，居庙堂之高不忘忧其民。其中南宋户部尚书潜说友在位期间，他大规模建设杭州，疏浚整治西湖，同时铁面无私，惩办贪官污吏，整肃了朝政，使京城政务得以维持运转，百姓能安居乐业。在潜家的历史上，苦读诗书、考取功名是个人谋求发展的重要途径，而在为官之路上，潜家严守家风，刚正廉洁，遂成就了潜家历史上的辉煌。

2. 穷则善其身：保存血脉下的家训

潜家在宋末遭遇奸臣陷害，整个家族遭受封杀，潜家由盛转衰，为了延续潜家血脉，潜家祖先立下了"只愿子孙种地，不愿子孙为官"的祖训。其中一部分因不满朝廷腐败，亦不愿随波逐流，于是退出朝廷，过上隐居生活。另一部分在逃难中抱团迁徙，在困境中求生存，正是这部分逃亡的潜家人在实践中塑造了潜家人坚韧、团结的性格。潜家人从此严守祖训，远离官场，躬耕于田野。

"穷则独善其身"。身处在逆境的潜家人虽无力在朝廷中造福百姓，但潜家人的大家族意识培养了一批又一批品行端正的潜家子孙，目前在潜家的历史上没有任何记载关于子孙作恶的事件。潜家在漂河村定居后，辛勤耕耘，慢慢发展壮大，为了延续潜家祖先优秀文化，潜家人修建祠堂，供奉祖先，并以仪式活动的形式教育子孙团结勤奋，自强不息，从而让潜家的优良文化代代传承。

3. 沧桑后无恙：多元选择中的族风

随着改革开放的深入，乡村开始发生以"去乡土性"为特征的社会变化，尤其是农村城镇化战略的实施，导致农村人口持续地向城市流失，造成大量出现"空心村"，农民除了种地外，有了更多的职业选择。在20世纪90年代中期，潜家湾90%以上的人因读书或外出工作而走出农村。潜家勤于读书、勤劳务实的家风在当今社会依然展露无遗。

历史上的潜家生存不易，在潜家的家族基因中具有较重的家族情结，许多潜家子孙在接受教育后回乡当干部，优秀的潜家子孙为潜家湾乡村基础建设投资募捐，为家乡人做贡献，其中部分年轻的潜家子孙，在各级政府的政策支持下，以土地承包流转为契机，立足于本村的现有资源回乡创业，在运用现代科技和管理的基础上，实现规模化、产业化的经营，以一种新形式回馈家乡，延续着潜家人团结友爱、奋进自强的族风。

四、小结

耕读结合既是中国传统社会的生存实际，也是传统社会的生活理想。由此形成了许多以耕读传家的家族，如东晋谢氏、王氏，无不以耕读为家训，曾国藩也曾在其家训中提到"以耕读二字为本，乃是长久之计"。可见传统社会无不以耕读为血脉存续及光耀门楣之家风，而由耕读文化形成的仁、义、礼、智、信、勤、俭等美德铸成了传统中国文化的重要部分，以耕读文化为核心的家风不仅以规则内容教育传统中国人勤俭节约，知书明理，更以其指向性的大同社会表现出传统时期中国人的梦想。因此从教育的角度来说，家风塑造了传统中国人的"中国性格"；从导向的角度来说，家风形成了传统中国人的"中国梦"。

兴山县昭君村文化旅游现状及反思

杨　欢　夏春秋

本次调研寻访的村落是美人故里昭君村。"群山万壑赴荆门，生长明妃尚有村。一去紫台连朔漠，独留青冢向黄昏。"尽管杜甫的名句众人皆知，但我们却从未将其与即将探访的目的地联系在一起。直到确定调研地点时无意之中偶遇了昭君村，对其产生了浓厚的兴趣，于是想一睹美人故里的风采。

为了更好地开展调研工作，我们先在网上查找一些资料，做到有备而来，结果却是差强人意。网页搜索关键字"昭君村"或"古汉文化旅游区"，没有专门的景区网站可供浏览，仅在百度百科上有村庄和游览区的基本介绍。总体而言，这些信息都是在强调村中至今仍保留着西汉时期的生活习俗和劳作方式，被专家学者誉为"绝无仅有"的汉代历史文化景观。有关昭君的故事却有很多，香溪河、抚琴台、紫竹苑、梳妆台、楠木井、娘娘泉、绣鞋洞等，2008年王昭君传说被列为第二批国家级非物质文化遗产。

在对昭君村的基本信息有所了解后，吃住行便被提上日程。首先需要解决的是交通问题。从武汉到宜昌的高铁很方便，宜昌和兴山县城之间也有长途汽车，每天定时往返。汽车中间会有停靠，但没有昭君村这一站点，所以我们选择了距昭君村最近的昭君镇这一站下车。至于住宿，本想直接住在村内，以便近距离体验当地的风土民情。但后来在网上寻找住宿地点之时，发现村内没有相对正规的住宿酒店。询问过两家距离较近的农家乐，发现都不提供住宿，无奈只能住在昭君镇上，每天往返于村庄与住宿地点之间。前期准备已经做好，我们选择了7月中旬出发前往，一则天气不错，不会下雨，二则7月中旬已到旅游旺季，在景区也能获得更多的有效信息。

一、调研经过

（一）7月11日

1.最美水上公路

为了能够早点到达昭君村，我们6点半便出发前往火车站，一直到下午2点半左右才到达昭君镇。安顿好之后，再去昭君村时间已晚，所以我们决定去看一看最近网上热搜的最美水上公路。这条全长10余千米，自兴山县城古夫镇到昭君镇的公路，有一个很有中国风味道的名字：古昭公路，它是中国第一条水上生态环保公路。为保护生态环境，避免开山毁林，这条公路有4.4千米是建在峡谷溪流中，宛如一条玉带，又恰似一条游龙，盘桓蜿蜒在香溪河上。由于当地没有通公交车，所以我们只能在路上搭乘私家车前往，等到第二辆车经过的时候，便和司机师傅谈妥，由他带我们去最美水上公路体验一番。正是这位司机陈师傅，他带领我们去了昭君村，也是在他的帮助下我们才有幸拜访到非遗传承人王作权。这是一个幸运的开始。

一路上我们便和司机师傅交谈起来，师傅说着满口方言，在有些我们难以听懂的地方，他很耐心地为我们解释。他经常拉客人去昭君村，对这附近的热门景点也十分熟悉。最终我们到达了水上公路的最佳观测点，司机师傅将车停靠在路边，让我们自己去欣赏，他则休息了起来。一开始我以为每个司机拉人都是为了赚钱，所以不想耽搁太长时间以免司机师傅着急。后来我发现是自己想错了，从下午上车直到晚上送我们回去，他的客人始终只有我们两个，他一点也不着急，更没有催促我们。待我们欣赏完美景，拍完照片以后，已经是一个小时之后了。这条公路果然名不虚传，在我们停留拍照的时候，陆陆续续有几拨自驾游游客想必也是慕名前来。不知是我们没有认真观察还是本来就没有村庄指示标志，在司机师傅的介绍下我们才知道原来想要寻访的昭君村就在最美公路旁，近在咫尺的村庄居然就是"美人故里"。

2.初见昭君别院

当参观完最美水上公路后，司机师傅问我们要不要去昭君别院。一开始我以为这是个住宿的酒店，不愿意前往，但最终耐不住师傅的盛情邀请，心想反正也是闲着，便决定去一探究竟。师傅直接把我们拉到昭君别院广场，看着他和村里人热情地聊起天来，我们才知道原来师傅就是这个村里的人。我们驻足在昭君古井前，看到那里有两个老奶奶在剥蒜瓣，一股熟悉的乡村生活气息扑面而来。

我和她们交谈之时，也遇到了语言障碍，她们说话带有很浓重的地方方言。当她们知道我是来寻访昭君的出生地时，依稀可以听得懂她们在说昭君不是出生在昭君村，而是生在陈家湾，也就是现在这个昭君别院的所在地。就在这时有两个游客走过来，他们也停在了这里。师傅看我对这口古井很感兴趣，便问我要不要亲自打水试一试，我当时很激动也很期待。师傅借来水桶，耐心地教我们怎么打水，还让我亲自动手，自己去转动辘轳，最终打上满满一桶水来。

据昭君古井旁的牌示，公元前52年八月十五，王昭君出生，其父母取该水喂之，昭君三岁时跟随母亲在井旁洗衣戏水，五岁时帮助母亲挑水做饭。王昭君十多岁的时候，不仅人长得美丽，还多才多艺，举止娴雅，出落成十里八乡闻名的大美人。参观完昭君古井以后，我们登上了昭君台，"乡人怜昭君，筑台而望之。"站在昭君台上，可一览昭君镇的全貌。

（二）7月12日

1.昭君村古汉文化游览区

因为我们和司机师傅已提前约好，所以第二天上午8点便出发前往昭君村。在去往昭君村的路上，由于村庄道路建设，一开始走的那条路已不通车，只能中途退回来，换了另一条路才最终到达景区。昭君村景区并没有建在平地上，而是位于半山腰，所经过的路上没有清晰的道路指引标识，还好司机师傅认识路，否则仅凭我们自己寻找确实要费很大一番功夫。

进入景区需要门票，通常门票是60元/人，但那天只收了我们20元/人，当时我很诧异，后来才知道是因为景区停电，所以门票变成20元/人。景区没有电，貌似在别的地方不太常见，但在这里真实地发生了。后来询问导游，这里是经常停电还是偶尔停电，她告诉说由于电力不足，景区停电现象时有发生，停电时长也不确定。由于没有电，一些室内的展馆就显得有些灰暗，我们决定先行参观室外部分。

导游带我们转了一圈，对每一处景点都进行了简短的讲解。与我们同游的还有 3 个大人和 5 个孩子，后来通过交谈得知，其中有位女士本就是昭君村里的人，她小时候经常在这里玩耍，现在带朋友和孩子们一起回来看看，感慨着这里的每一处变化。在导游的带领之下，我们只用了半个小时左右的时间就全部参观完毕。

（1）游览区简介

景区主要分为昭君宅和昭君纪念馆两部分。昭君宅分前后一堂两院，前院为昭君家人生活区，内设榨坊、庖房、酒坊、粮仓等手工作坊；后院设有"宣诏堂"与昭君家人下榻处，陈列着汉砖汉瓦、石磨石碾等老物件，以及出土的西汉铜镜、五铢钱、陶鬲足等文物。据悉馆内收藏陈列的汉唐文物均出土于昭君村。昭君纪念馆真实再现了昭君进宫、出塞前后的历史。昭君书院珍藏着各种版本的古典书籍，记载了几千年来文人墨客对昭君的褒扬和评价。博大精深的文史资料，使纪念馆成为当今中国研究王昭君历史文化的中心。

在参观之前我们对游览区抱有诸多期待，参观过后，给人的感觉却更像是一座传统枯燥的昭君纪念馆。景区展览皆以静态陈列为主，没有声音的渲染，没有视频的刺激，更没有新技术所带来的穿越之感。纪念馆内展览皆以文字和图片为主，纵有名人字画与专家领导的题词，也难以调动普通游客参观的积极性。昭君宅内陈列物品虽以实物展览为主，所展物品或是隔着窗户只能远距离观赏，或是隔着玻璃不能近距离感受。在这里，游客只能做被动的接受者，缺乏游览区应有的娱乐互动体验，也无法真切地感受到当地的民风民俗。游览区没有自己的文化特色，更没有一个新奇的能够刺激到游客的点，难以调动参观者的游览热情，导致景区重游率低。

除此之外，以闻名度较高的昭君像、抚琴台、紫竹苑为例，来之前我已经了解好每一个景点背后的传说故事，但真正看到之后有一种大失所望的感觉。昭君像就是一尊屹立在花丛中的汉白玉雕像，抚琴台上仅有一尊昭君抚琴的雕像，紫竹苑内生长着一些紫色的竹子。这些小景点的参观仅凭导游的几句讲解，没有设置相应的介绍说明，一眼望去，便可尽收眼底，最终只能沦为拍照的背景。

（2）景区宣传

在景区入口处的墙上贴有一个公众号，扫一扫可以免费听讲解。我们关注后才发现公众号内关于昭君村的景点介绍不超过10个，且每个介绍的时间非常短暂，无法满足我们自己参观学习的需要。景区没有设置游客导览图，也没有相应的纸质宣传资料。当我问工作人员在哪里可以更深入地了解景区的时候，她也没有给出相应的有效回答。我继续询问是否有专门的网站宣传，她回答没有。当我问到有没有微信微博公众号时，有位工作人告诉我说有一个景区微信公众号，并让我自己去查找。当时我很诧异：难道他们不需要这些新媒体渠道来做景区宣传吗？为什么不是他们主动邀请游客去扫码关注，而是要我主动询问后才告诉我。后来我关注了公众号，今年一月份才刚刚开通，所更新的内容很少，大概5篇，且不具备足够的创新与创意。

（3）民俗表演

来之前我看到网上宣传昭君村景区的民俗表演，当时无比期待，然而在景区转了一圈没有看到一场表演。经询问后才得知：一是由于门前的旅游广场正在维护，没有演出场地；二是现在不是旅游旺季，只有在旺季的时候才会有表演。我继续询问旺季的时间，她的回答是八月份，现在还不到时间。然后我去四周看了看，景区周边正在施工建设，看样子是要继续扩大规模，增加新的基础设施。

（4）游客接待量

在参观之时我曾问及景区游客接待量，导游告诉我说以组团为主，散客较少，平均每天在三四十人。我不太相信，决定在景区观察一天，实际看看它的日接待量。上午没有一辆大巴车载客前来，仅有包括我们在内的三拨游客，大人小孩加一起15人左右。下午大概3点之后，陆陆续续来了有5辆大巴车，每辆车能坐四五十人，估计在200人。这些游客大多从神农架那边过来，顺路来昭君村一游。游客大多是进去转一圈，拍拍照，就出来等待返程。每辆车平均停留时间在半个小时到一个小时，由此可见昭君村只是他们旅游线路上的一个小景点而已。对于他们来说，短时间的参观，前期又没有基本的了解，对昭君村只能留有一个粗浅的印象，难以真正体会昭君文化的内涵。一则由于组团游时间有限，每个地方停留时间都有严格控制，更重要的原因是因为昭君村确实没有什么可供游客长时间逗留的景点，自然给予的时间是少而又少。

（5）旅游纪念品

每次外出我总是习惯于购买当地特色纪念品用以留念，然而在昭君村景区我的小小愿望没有实现。遍访整个昭君村景区，我竟没有发现一个旅游商品售卖处。仅在昭君宅一角的酒坊内，有一位农村妇女在销售据称是自家酿造的粮食酒，我并非是这方面的行家，只是发现酒瓶很漂亮。酒坊旁有一个摆满根雕的小摊儿，但是摊主不在。除此之外便再也不见其他任何可以购买的旅游纪念品了。在景区门口的道路一旁，两三个简陋的小摊儿上，摆放着柑橘、绿茶、葛根粉、草药等当地土特产，偶有游客前去购买。一个被视为昭君故里的村庄，却没有开发出一款可供游客购买的昭君旅游纪念品，更不用说独具特色的文创产品了，景区的衍生品开发可谓是迫在眉睫。

2.村民访谈

到了中午吃饭的时间，我们走来走去最终选择了一个名叫楠木井饭店的农家乐，正好借此打探一下楠木井的具体位置。吃完饭天气很热，看到门前有人在乘凉，我们便加入其中。当得知我们是特地来寻访昭君村了解昭君传说的，她们都很热情地帮我们介绍。更没有想到饭店老板是一个很会讲故事的人，等他收拾完毕便坐下来和我们讲了起来。他讲到了一个很神奇的事情，据说是游客最先发现的。晚上在路灯的照耀下，王字崖上会出现昭君像。后来我通过网上搜索，果然发现有类似的新闻报道。"此处岩壁距离昭君村景区不足500米，正好位于最美水上公路的起点与昭君桥的交汇处，该处岩壁为自然崩塌形成，……白天观看，并非十分明显，夜晚在路灯的映照下，极似昭君身着蒙古长袍，头戴高高的蒙古头饰，左手抱琵琶，右手抚弦，遥望着香溪河水无尽的流淌，寄托着对家乡无尽的思念。"①本来想着晚上也去一探究竟，结果由于去拜访非遗传承人没有见到这一奇景。

和我们坐在一起的老奶奶也很热情，她今年已经84岁了，身体还很硬朗，她询问我们要不要听她唱歌，我们当然很乐意，于是她便唱了起来。民歌的内容大部分是颂扬毛主席的，虽然听不太懂，但是能感受到她们那个年代的人对于毛主席的热爱。就这样静静地听他们讲着唱着，在他们身上我感受到了安宁、平静与悠闲。他们没有远大的抱负和人生追求，每天的生活就

---

① 邹远景.昭君村岩壁惊现昭君神像[EB/OL].[2016-03-31].http://www.hb.chinanews.com/news/2016/0331/244153.html

是种种地，做做饭，偶尔收集一下形状各异的山石，做自己喜欢的事情，过着一种闲适却很满足的生活。

3. 楠木井

当我们提出要去楠木井看一看时，老奶奶主动当起了向导，说要带我们过去，还让我们带着瓶子好去装满楠木井的水。据介绍村里有两个楠木井，一个仅用作纪念，另一个是村民吃水的井，我们看到的便是村民吃水的那口楠木井。从饭店到楠木井很近，不到五分钟便可走到，路上奶奶又为我们唱起了当地关于昭君传说的民歌。把我们带到楠木井旁，她自己便慢慢走回去了，留我们在井边逗留。楠木井旁有一块石碑，上面有基本介绍。相传楠木井是王昭君与村民开凿汲水处，因井中嵌有一根楠木而得名。井中楠木传说来自西蜀峨眉，其坚如磐，千年不朽，遇泉水而发郁香，其水清冽，终年不竭。1992年楠木井被省政府正式确定为省级重点文物保护单位。

看完楠木井后我们想再去找一找娘娘泉、梳妆台等传说地，当地的村民只是为我们指出了它们的大概位置，因为没有清晰的导览图与指引标志，最终这些地方我们都无缘一见。

4. 拜访昭君传说传承人王作权

参观完昭君村，司机师傅便来接我们回去，结果路上说着说着便提到了昭君传说的传承人王作权。据村民介绍上一代传承人王作章已经去世，昭君传说就是在他写出来之后才得到应有的重视，他知道得最多、讲得最好，很可惜我们已见不到了。陈师傅说自己刚好和王作权很熟，他是自己的老大哥，问我们要不要去他家拜访，我当即表示愿意。他便热心地帮我们联系起来，没有想到真的能够成功。一开始我们觉得在傍晚吃饭的时候去人家家里拜访不太合适，但师傅说山里人不讲这个，而且这是一个千载难逢的机会，于是我们也就不再犹豫了。

第一次见到传承人王作权，他长得高高壮壮的，一副慈祥的面孔，而且时不时能听到他的笑声，一开始还很紧张的我们便不再紧张。王奶奶看到我们到来也很热情，招呼我们坐在沙发上，而且马上将电扇打开，为我们每人泡上了一杯当地的绿茶，让我们感到十分温暖。在和王爷爷简短地聊了几句之后，果然赶上了家里吃晚饭，他们便邀请我们一起去吃，盛情难却，我们就坐到了一起。他们吃饭的人很多，爷爷、奶奶、儿子、儿媳和孙女都围坐在大圆桌前，一同吃饭的还有几个村民。经了解那些村民在他们家里一同加工石碑，中午、晚上就在一起吃饭，这让我想起一进他家的院子里就摆满了各种各样的碑刻。大家围坐在一起说说笑笑，这顿饭吃得很开心。

吃完饭后王爷爷便带我们来到他的小屋说要讲故事给我们听。他先带我们去看他平常表演时穿的衣服以及演奏的乐器，整整堆满了两个小屋子。各色服装，各种乐器，大多数我都叫不上名字。后来我们才得知他不仅仅是昭君传说的传承人，多年的积累他还学会了兴山围鼓、薅草锣鼓、情歌地花鼓、五句子歌等，真真切切是一个多才多艺的民间艺人。小屋里的一面墙上，挂满了他自己的荣誉证书和各种报纸，其中《人民日报》《三峡日报》《旅游日报》等有专门版面介绍他或者他们全家的表演。他还拿出自己珍藏的照片给我们看，那是他前往全国各地演出的时候拍摄的，北京、上海、武汉等大城市都留有他的身影。他还很兴奋地说自己还和外国人一起跳过舞呢。当我问及昭君传说的生存现状时，他还是十分乐观的。他说自己到现在为止已经带了几百个学生了，平常也会去学校里面专门给学生上课，只要有人学，他很乐意教授。还说就在我们来的前天，有一群来自武汉的大学生也去拜访过他，他已经接待过很多学校的师生了。看到我们都在关注昭君传说，他很高兴，也在不断地鼓励我们传承昭君文化，最后还送给我们每人一本关于昭君传说的书，亲自写上了一段勉励的话。

（三）7月13日

初见昭君别院对其印象很好，在临走之前我们决定利用上午的时间再去这里看一看。昭君别院距离昭君镇很近，步行20分钟左右即可到达。因这里流传着昭君古井、昭君台、珍珠潭、绣鞋洞、小礼溪等动人的故事，故命名为"昭君别院"。昭君别院是以生态为基础，以昭君文化为底蕴，按照"风貌自然、功能现代、产业环保、文明质朴"的理念，建设成为集观光、体验、休闲、度假于一体的富有乡土特色的乡村旅游目的地。

在这里不仅可以看到各具特色但风格统一的民居，还可以感受到当地村民真实的生活习俗，传统与现代交融在一起，营造出一种特有的乡村和谐景象。据悉，昭君别院已成立乡村旅游合作社，现在已有88户村民以土地、房屋或是现金入股，在这里他们不仅可以得到一份工作，年底还会有奖金、分红。村民的生活环境得到了很大的改善，而且在自家门前就可以赚到钱，这样的乡村旅游模式有发展前景。昭君别院与昭君村走上了两条不同的乡村旅游发展之路，两个相聚不远的村庄，都在不断继承与弘扬着昭君文化。

二、调研反思

（一）有关昭君村的争议

在昭君别院访谈时老奶奶告诉我说陈家湾是昭君的出生地，王作权为我讲述昭君传说的时候也说昭君是陈家湾人，而且陈家湾至今还有上马蹬、下马蹬、昭君台等遗址。但是在昭君村访谈的饭店老板，他在和我讲故事的时候说昭君就是昭君村的人，昭君的外婆家才是陈家湾的，昭君母亲出生在那里。他还告诉我说当时中国文联在全国各地找楠木井，就没有一根木头一直泡在水中能不烂的，但是在这里发现了，从而更加确信了昭君村就是王昭君的出生地。后来我们查阅相关图书与文章，发现对于昭君出生地存有很大的争议，有不少专家学者曾提出过各自不同的看法，且都有相应的依据，不仅仅是两个村子之争这么简单。

对于昭君故里我没有做深入的考察，无论是现在的昭君村还是陈家湾，抑或是其他村子，它们在说自己村庄是昭君故里的时候，必须寻找到更多的依据来支撑自己的说辞，这在无形之中对于昭君文化的进一步挖掘是很有帮助的，也证实昭君文化正在得到越来越多的研究与关注，在我看来这是一件好事。昭君文化最重要的内涵就是追求和平与和谐，各个村庄之间大可不必争来争去，共同利用昭君资源弘扬昭君文化才是可行之举。当前比较公认的昭君村是宝坪村，村庄旅游以古汉文化旅游区为主，门票收入是其重要的经济来源。近两年陈家湾也就是昭君别院的兴起，同样以昭君文化为底蕴，走出了一条有别于昭君村的乡村文化旅游之路，得到了越来越多游客的青睐。由此可见各个村庄可以充分利用自身的优势资源，走上不同的发展道路。

（二）昭君村发展建议

1.完善基础设施，提高旅游接待能力

通过政府投资、鼓励企业投资、引进外资等多种形式来筹集资金，进行村庄基础设施建设。首先，对村庄内有破损的遗址进行整修，在村中重要位置处设立导览图与景点指引标识。其次，建设一批富有西汉特色的农家客栈与购物小店，建设景区专用停车场，多方面满足游客吃住行游购娱的基本需求。同时注意旅游环境和接待设施的卫生标准，以满足不同游客的需要。最后，对景区进行统一检查与维护，确保各项基础设施的正常使用，提高旅游服务质量，以吸引更多的游客来昭君村游玩。

2. 丰富旅游活动

（1）新技术应用

针对游览区展览方式静态单一的问题，将多媒体技术融入景区内的展厅，通过综合运用视频、动画等，深度挖掘展览陈列对象所蕴含的背景、意义，带给游客高科技的视觉震撼感，从而给游客留下更深刻、更直接的印象，以此加深游客对于昭君文化的了解。

对于游览区内的每一个景点，每一个重要的展品，都为其设置一个专属二维码，游客只需要一部手机，扫描标注在展品上的二维码，就可以现场接收展品的详细信息，图文并茂，外加语音讲解，全面介绍展品的文化内涵。游客在自己欣赏之余，还可将感兴趣的传说故事、名人字画、景点图片分享到朋友圈，增加游览过程的趣味性与互动性。

（2）民俗表演

在景区原有歌舞表演基础上，引进具有当地特色的民俗表演。每天固定时间、固定地点免费展演。上午以昭君文化为表演主题，演出蒙古族迎亲仪式、汉代宫廷歌舞等节目。下午以当地特色非遗为表演主题，演出兴山围鼓、兴山民歌、地花鼓等节目。所有演员均从当地村民中培养与选拔，从而保持演出节目的原汁原味。

除了每天固定时间的民俗表演外，在昭君宅内再现当年的生活场景，为民众带来全方位的参与式生活体验。生活区内榨坊、酒坊、茶肆、膳房四个展厅，聘请当地掌握原始手工艺的老师傅现场制作表演，游客亦可亲自参与体验。以酒坊为例，由掌握传统酿酒工艺的师傅现场表演酿造粮食酒的整个流程，从谷物的选择到酿酒工具的介绍，最后见证产品酒的产生。游客还可以参与其中，亲身感受西汉时代原始的劳作方式，更可以将自己的劳动成果买回家去。茶肆内设置品茶鉴赏区，每位游客均可免费品尝当地特色昭君茶，现场更有茶艺师的精彩表演与茶艺讲解。游客通过亲身感受亲自参与，加深对昭君文化的深入理解。

（3）互动体验

为充分调动游客的参观热情，增加景区的可游览度。在景区内设置一些参与式的问答小游戏，对于获胜者给予相应的奖励。如在昭君书院，由主持人扮演一位私塾先生进行现场问答，内容主要包括昭君传说、昭君事迹、纪念昭君的诗词等，设置相应的挑战关数，答对越多者奖励越丰厚。抚琴台上，每当响起悠扬的琴声，游客只需猜对播放的是哪首曲子，便可领取昭君特色纪念品一份。通过这些互动小游戏，调动游客游玩的积极性，增加景区的趣味性。

3. 提高景区知名度

昭君村要在传统媒体宣传的基础上，加大新媒体的使用力度。景区应建立专门的网站，提供游览信息，介绍景区活动，宣传昭君文化，为游客提供吃住行游购娱等全方位的出行服务。聘请专业人士负责微信、微博公众号的运营。在宣传内容方面，及时更新一些新颖独特且有创意的文字、图片与小视频，吸引大众的关注与转发，提高景区的知名度。在功能上，新增微信订票功能，凡需网上购票者，进入景区公众号即可方便快捷地买到门票，还能获得一定的折扣，以此增加公众号的关注量，扩大网络宣传的影响力。

此外，游览区还可以利用微信平台，通过转发集赞的方式获得景区门票，或是利用微博平台，在转发中随机抽取幸运用户赠送景区门票。在重要的节日，如教师节邀请教师，劳动节邀请工人等来此免费参观体验，以此提升景区的知名度。

位于昭君村旁的中国最美水上公路，仅2017年春节小长假期间，就先后接待国内外游客9.02万人。随着其知名度不断攀升，将会吸引越来越多的自驾游客前往。游览区应充分利用最美水上公路当前的影响力与旅游人气，在进入公路的重要节点或是公路旁设置昭君村旅游标识与游览区宣传标语，如"游最美公路，访最美昭君"等口号，以此加大景区的宣传力度，进一步提升景区的知名度。

4.旅游产品开发

游览区成立旅游商品售卖处，专门负责旅游产品的研发与销售。发行多种类型的昭君纪念物，如纪念昭君系列邮票，以昭君传说、昭君诗词为内容的纪念图书，印有昭君形象的纪念章等。制作简单实用且具有昭君元素的小商品，如昭君扇、钱包、遮阳伞、钥匙扣、U盘、书签、文化衫等。生产精美的工艺品，如以昭君抚琴、昭君望月、昭君梳妆、昭君像为题材制作微缩版的昭君木雕、石雕等。销售当地特色产品，将昭君村及兴山县土特产引入景区，如柑橘、茶叶、核桃、板栗、草药等商品。通过旅游产品的研发与销售，使游客不仅能够购买到昭君特色产品，还可以领略到昭君文化的内涵。

三、昭君传说的整理

1.饭店老板讲述昭君传说

（1）昭君生平故事

王昭君的父亲叫王襄，当年是一个州长，把守边关的。为什么他的女儿能够进宫来呢？就是她小时候经常跟着妈妈在边关父亲那里玩，读书作画。皇上的文武大臣经常去巡查边关，就看上了这个聪明伶俐的女儿，而且会弹得一手好琵琶曲。为什么王昭君能够进宫，就是皇上的文武大臣曾经见过她，看她到了能进宫的年龄，就把她召进宫来。皇上点名说要王襄的女儿进宫，就因为她是个才女，从小会读书作画，有文化。

到了她十六岁要进宫的时候，皇帝就选派了毛延寿来选宫女。毛延寿是搞内务的，有权有势。别的宫女的家人都给他塞包，说让他对自己的女儿格外照顾，生怕进宫后女儿受委屈。昭君的父亲是个武官，很正直，他想既然你把我的女儿召进宫为妃，我为什么要给你下跪，贿赂你，昭君的父亲就十分不认可这种做法。而且王昭君和她的一家人都很正直，毛延寿来了也不给他下跪也不贿赂他。毛延寿觉得昭君是个不简单的人，怕她进宫以后对自己不利，就在半路上在昭君画像上动了手脚，在昭君眼睛下面点了一个痣。毛延寿向皇帝汇报说王昭君这个美女很不错，不仅会读书作画，还弹得一手好琵琶曲。当提到弹琵琶琴，皇上突然想起自己曾听过昭君弹琵琶，他说我巡查边关的时候就经常听到王襄的女儿弹琵琶，是个人才。毛延寿说但是呢，她有一个痣长得不好。皇上说人脸上身上长痣有什么了不起，这是个很正常的事。毛延寿说不不不，她这颗痣和一般人脸上的痣不一样，她长的是一颗滴泪痣，叫先败君后败国啊。皇帝一听吓坏了，急忙下令把昭君打入冷宫，一待就是三年。

昭君虽然身在冷宫，但看护她的宫女护卫等都很敬佩昭君，亲切地称呼她为昭君姐姐，她在冷宫过的日子也很好。三年以后，有一天皇帝巡查后宫，无意中听到一首琵琶曲，感觉非常悦耳非常优雅，同时又非常凄凉。便说后宫哪有人会弹琵琶曲，怎么会有这么好的人才，我要去见这个人，一见果然是王嫱。皇帝就问她你怎么进宫的，怎么会弹琵琶琴？她说我从小就在边关，跟着我的父亲王襄在边关学弹琴。这样一说，皇帝想着这就是当年的王昭君吧，她的脸上哪有痣，就说你现在不要待在冷宫，你可以重新回到正宫了。毛延寿得知消息后，他想王昭君要是成功了，她就是我的大敌，我得栽在她手里，于是他就跑了。他回来跟他的毛家人说，你们赶紧走啊，该跑的跑，该走的走，我在朝廷里得罪了一个了不起的人，以后怕被灭九族。他没有料到的是自己没有读懂皇上的意思，当时皇上是想找他过来问责，不可能因为一个女人就灭他九族，不值得这么大的罪行。追兵到了不是要抓捕他，而是要把他抓回去问问事情的缘由，最后其实毛家并没有被灭九族。毛延寿躲在自家的狗屋里，追兵怕狗，认为狗屋里肯定不会有人，于是他就这样他躲过了这一劫。

毛延寿一直逃至番邦匈奴，向地方首领呼韩邪单于进言说，中原有个美女，不仅漂亮还非常有才能，匈奴单于当时就决定说要中原献阏氏，如果不献就要发动战争。皇上看了以后，认为献阏氏无非就是送个美女呗，派一个美女过去不就得了嘛。就召集宫女询问哪一个愿意去和亲，宫女们很高兴，心想这样可以把我们放出来呀，但一听到番邦去，就都不想去了，她们认为番邦的人非常凶猛不讲道理，所以都不想去和亲。这时只有高风亮节的王昭君勇敢地站了出来，她说我愿意去，她说为了民族的和平我愿意去，用一个人换回全民族的和平。皇帝说不行，我们已经委屈了你三年，现在你要在宫里料理宫事，为国家操心，再不能让你去，他说发动战争就发动战争。王昭君说我用一个人换回全民族的和平，要发生什么战争呢，战争对国家对人民都是不利的，何必要发动战争，我愿意去。当时文武大臣都称赞昭君是个不简单的美女，我们正需要她的时候，她积极响应，自己愿意去和亲。怎么办呢？把你当成女儿当成公主嫁过去，金银财宝任你挑。王昭君说我不是为了金钱而去，我是为了民族的和平而去，她说我要是想要金钱，我待在宫里什么不能享受，不是钱的问题，不是财的问题，我是为了民族的和平。就这样，她代表汉去了匈奴和亲。所以说为什么要弘扬她呢，她身上展现的是崇高的爱国精神，为民族的和平做出了巨大的贡献。这是中国文联在这里和我们讲述的道理。

（2）楠木井传说

王昭君在出塞之前的某一天晚上做了一个梦，梦见村东水井里的龙要走。第二天早起后昭君便把这个梦告诉了她的母亲，说昨晚梦到村中水井里的龙要走。过去龙与水是相连的，龙水龙水，龙一走不就把水带走了嘛，龙把水带走，村民就没有水吃了。她的母亲思来想去，说道在远古的时候有这样一个说法：四川峨眉山上生长着一种楠木，虽然其他地方也有这种楠木，但是都没有峨眉山上的楠木有灵气，山上的楠木有降龙之本。昭君很高兴，便说我们派两个村民去峨眉山采伐楠木。昭君母亲又说那不是简单的事情，要找到真楠木，必须派善良的人前往，只有真正善良之人才能看到这种楠木。昭君便召集全村村民荐举2名善良之人去峨眉山采伐。天黑以后山上阴森恐怖，鸟兽出没，其中一个村民因为害怕把自己的命搭上便想着退出，另一个村民却十分坚定，不断劝导他，最终两人熬到天亮之后成功采伐到了真楠木。今天在昭君村有两个楠木井，一个楠木井用于村民吃水，另一个楠木井纯粹做纪念意义，供后人祭祀烧香祈祷之用。现在村民仍在吃水的这口井便是真正的楠木井。

（3）保儿林

昭君村前有一条香溪河，香溪河岸柳树成荫，是个乘凉的好地方，昭君幼时也经常在那里玩耍。有一天，天气炎热，孩童们便准备去河里游泳嬉戏，说孩童其实都是10岁以下的小孩子，不知道河水深浅，脱完衣服准备下水。昭君见状大喊"孩童们不能下水啊，前面是深水区"，如此重复了几遍。有些孩子听到呼喊后，知道是昭君姐姐在叫他们不要下水，就乖乖听话不再下水。昭君赶来就向他们解释说前面是深水区，下水游泳会淹死人的，这些孩童最终幸免于难。后来人们为了纪念昭君，便把这个林子命名为保儿林，意思是昭君在这里保护了一群孩子。

（4）仓坪

昭君小的时候，家里是个大家族，门前有一块土地。昭君母亲便在这块田地种了一些苞谷，等到苞谷成熟后做成食物给她吃。当时昭君十分顽皮，也很热爱劳动，她就把那苞谷子抓一把撒一把。半个月以后，苞谷便长出来了，她的妈妈看到了就说让它长吧，已经长过了一季苞谷了，所以那块地便形成了两季苞谷。两季苞谷好啊，人民都向往着这个地方，于是便把这个地方起名叫仓坪，就是说产量和仓库一样大。

（5）鲤鱼困沙洲

我们住的这个地方，前面是香溪河，后面是深渡河，挨着神农架有一个九洲河，把我们围在中间，四面环水，青山绿水，好得很。我们住的这个地方也有它的山势，它叫鲤鱼困沙洲。我们所在的位置像个鲤鱼，鲤鱼是鱼中之美，三条河的水在这里汇聚进入长江，所以这里就是一个沙洲。鲤鱼就在这个沙洲上，鲤鱼是"鱼中之美"呀，所谓"水上昭君"嘛。现在三峡的水倒流了，进入我们山区，反过来就是"如鱼得水"，鱼得到水肯定要发啊。而且现在交通发达了，前面高速公路已通，火车道在修，还要建高铁直通这里呢。

2.王作权讲昭君传说

（1）王昭君生平传说

我们这个地方原来不叫兴山县，叫南郡秭归，当时兴山、秭归是一个县。后来三国时候，孙权的儿子叫孙修，260年才把秭归划为兴山县，昭君的出生地有的说是在秭归，有的说是在兴山，当时是南郡秭归，昭君出生在兴山县，屈原是在秭归。

昭君父亲叫王襄，母亲姓周叫周氏，他们家里没有姑娘，就到处烧香许愿想要个姑娘。烧香许愿以后，通过做好事，修桥补路，感动了虚空神。举地三尺有虚空神，虚空神禀报上帝，下界有这样一个善人，需要一个姑娘，就给她安排一个不简单的姑娘，玉虚仙子下凡来。8月15日降生南郡秭归，就是现在的陈家湾，昭君别院。那里有很多遗址，上马蹬、下马蹬、昭君台、妃台山等。昭君生下来以后，家里是个大户人家，她有个姑母叫王阳真，她的姑母许给了汉朝皇帝刘氏。十多年后刘氏回家探亲，看到昭君天姿国色，当时皇帝遍选天下美女进宫，来到南郡秭归后，看到昭君长得漂亮，想召昭君进宫。当时昭君父亲不同意，认为女儿年纪太小了，不能生育。后经多方劝导父亲才同意昭君进宫。

昭君进宫后，皇帝当时不随便见人，让宫廷画师将画像呈上。毛延寿对昭君说如果想要选上入宫，想要最好的机遇，需要给他一万两黄金。昭君自恃貌美，宁愿在宫中老死，也不愿贿赂。当时毛延寿认为这个姑娘厉害，便给昭君画了一个丧父落泪痣，也叫滴泪痣。于是便把画像呈给万岁，说昭君优点是人才美貌，缺点是长了一颗克夫痣，一败君二败国，万岁一听看都没看，就将昭君打入冷宫三年。

昭君在宫里就说到番国，番国的国王叫呼韩邪单于，当时是五个单于争位，也互相争打，与我们汉朝也是战争不断。昭君曾看到很多爷爷、父亲辈的人从战场下来，有的战死，有的受伤，心想这样的战争环境人们怎么能生活，也谈不上风调雨顺，也谈不上安居乐业。从此，昭君幼小的心灵便产生了恨战争、爱和平、爱国家、爱人民的想法。当时呼韩邪单于三次来朝，要求以汉室为婿，针对当时的现状，汉元帝同意和亲政策。呼韩邪单于再次来朝，皇帝在宫里选了五个美女供单于挑选，单于一个也看不上。最后皇帝下诏，宫廷内愿意和亲者给予公主身份。昭君早就听说有和亲，写下了请亲书，她是为了国家、为了人民、为了团结，为了人民过上太平生活，写下请愿书自愿和亲。汉元帝不同意，心想昭君有克夫痣，她不就把皇帝害死了，和亲也就和不成了。不过还得让昭君现场面试，汉元帝见了昭君，发现昭君是个绝色美女，为这件事他杀了宫廷画师。单于见到昭君也很满意，当初昭君穿的是素装，装饰之后更是美艳动人。皇上将昭君封为公主，给她十万两黄金，粮食、珠宝、美女等作为嫁妆，汉元帝为了纪念昭君和亲，把国号改为竟宁。

昭君和亲把中国的文化、语言、忠孝节义、礼义廉耻这些道德风尚传入匈奴，把中原文字传入匈奴，把汉族的种子、粮食、房子、学校传到匈奴。他们为胡处，我们为汉处，当时都公认昭君是草原的母亲，长江的女儿，和平的使者。中华人民共和国副主席董必武写道："昭君自有千秋在，胡汉和亲识见高。"

（2）回文诗

昭君八岁的时候，父亲请了一个先生教她读书，讲授三字经、百家姓、女儿经等。老师还没说上句，昭君就能说下句，她都知道先生要说什么，当时的昭君已十分聪慧。春天的一个早上，老师诗兴大发，提笔作诗，写下"莺啼绿柳弄春晴，柳弄春晴晓日明"两句，就再也写不下去了。昭君见状，便问老师怎么写不下去了？老师说写了两句怎么也想不起来了。昭君说我来看一看，当时她才八岁，将先生写好的这两句诗中的几个字调换了一下位置，组成了一首绝妙的回文诗："莺啼绿柳弄春晴，柳弄春晴晓日明。明日晓晴春弄柳，晴春弄柳绿啼莺。"老师读后惊叹不已，说你这书我不能教了，你比老师还厉害，便告诉昭君父亲说昭君才华比我还高，自己不能再教了。昭君8岁便吟诗作对，琴棋书画也是无所不能。

明代郧阳地区的农业开发

王 谷

本文作者在研究农耕文化的过程中，注意到明代郧阳地区的土地政策和土地开发。通过对当时当地的开垦、水利的研究，说明明代郧阳地区社会管理架构，还原明代郧阳区官民关系、文化构成以及社会管理绩效，从而解读明代社会及民众生活对本地区当代文化、民俗和生活的影响。

一、土地开垦状况

郧阳建府之前，均州、房县、竹山、郧县、上津属于襄阳、荆州二府，王恕《处置地方奏状》以及白圭的《处置荆襄疏》都提到了增添官员的建议，在这两个疏奏中都描述了郧阳地区当时的生产状况："土民不及里数……地土广阔，中间趁食流民、屯田军余与土民掺杂住种者不计其数。""均州竹山郧县上津……此处民少地广，就食流民、屯田军余数少，词讼纷纭，盗贼时发。"可见，当时郧阳地区土地被开垦较少，还有一部分被开垦的土地是一些流民或者是逃军、逃囚、僧道人等违法乱禁之人，他们在这里开山耕种，官府并未登记在册，这类人在郧阳地区总人口中所占比例颇大。他们"停藏年久，聚集为非"，是本地不安稳的因素。郧阳地区之所以单独设府，其主要目的就是安抚到此处的大量流民，把那些已经在郧阳地区安居、安分从事农业生产的流民与那些"聚集为非"的人区分开来。这些流民逃离故土，或因战乱，或因灾祸，总的来说，不到走投无路，生计无所着落，人们不会轻易离开故土。流移是为了寻找能够生存的地方，郧阳地区对于流民来说正是他们寻求的"桃源之地"。对于流民来说，能够使他们安定下来的唯有土地。土地是否能合法占有，是流民能否安心附籍的首要条件，为了让流民附籍，从朝廷到郧阳本地官员都鼓励农民开垦荒地，承认新开垦土地归开垦者所有，并为贫困者提供畜力和种粮。

郧阳府成化八年（1472）到万历元年（1573），耕地面积增加了41 160亩。选择这一百年的前、中、后数据分别比对：（前）成化八年到成化十八年（1472—1482）十年间，耕地面积增加了22 151亩；（中）成化十八年到弘治十五年（1482—1522）二十年的时间，耕地面积增加了10 547亩；（后）弘治十五年到万历元年（1502—1573）七十年的时间里，耕地面积只增加了8 462亩。通过这些数据对比，我们发现前期时间最短，土地增幅最大。这段时间刚好是郧阳府建置时期，这证明当时"招流民，垦田地"的政策卓有成效，除了新垦田地，还有很大一部分属于之前就已被流民开垦但没有上报官府登记之地，成化十二年（1476年）原杰抚治流民时统计"凡召流民以户计一十九万一百七十有奇，垦荒田以顷计一万四千三百有奇"。这个数据是当时整个郧阳抚治区域的总数据，并且只是已经被申报给官府的数据，真正的垦荒土地面应该不止此数，在随后的清查核实后，数据会有较大的增幅是所必然的；中期耕地面积增幅较平稳，反映出了当时郧阳地区人民安居乐业、辛勤劳作的生存状态，垦荒政策的鼓励作用犹存；后期时间长，增幅小，中间还有一次数据的倒退。这个反复表明有民众放弃了已开垦的田地，因郧阳地区不是藩封之地，可以排除因投献土地导致土地面积减少的推测，这就只剩下因为赋税沉重，农民不堪其重，因而抛产逃匿。郧阳抚治潘旦是这样描述的："臣莅任二年，时加询访中间流民，有先年附籍数姓朋户，今众至二三十丁或五六十丁，自有附籍之心，后因府官科差烦重，随复逃移，版籍为虚者。"

分析郧阳地区耕地面积之所以出现如此多的错误，除了当时的统计、登记、核算人员的主观上的错误，郧阳地区田地不同于其他地方田地也是一个不容忽视的客观原因。明时的田地，一般被分为官田和民田，如细化区分，可以分成上、中、下三类[1]。这种划分的依据其实是不同土地的粮食产量的

---

[1] 参见《明史·志·食货一》卷七十七："初，官田皆宋、元时入官田地。厥后有还官田，没官田，断入官田，学田，皇庄，牧马草场，城壖苜蓿地，牲地，园陵坟地，公占隙地，诸王、公主、勋戚、大臣、内监、寺观赐乞庄田，百官职田，边臣养廉田，军、民、商屯田，通谓之官田。其余为民田……凡田以近郭为上地，迤远为中地、下地。五尺为步，步二百四十为亩，亩百为顷。"

高低，总的来说适用于大部分田地。但是不适用于郧阳地区，本地地貌属于河谷、盆地在崇山峻岭中零星分布，可以想见地形之复杂。

二、农田水利建设

郧郡多山，河流多在万山之间，因此本区域水流喷薄而湍急，"无涨停涵蓄，涝则激射，旱则促缩，民恒为病"。因为没有天然的蓄水区域，一旦大雨滂沱，必定水淹县城；一旦久不下雨，河流会迅速枯竭，此地必旱。裴应章在《久旱得雨识喜》中这样描述遭遇旱灾的郧地人民：

> 闾阎萧索迹如扫，灶突无烟覆釜鬵。
> 老病饥饿不能出，士女仳离宁顾恤。
> 公庾红腐得数升，一饱腹朽如昨日。
> 树皮草根采无疑，聊资糊口当粥糜。

裴应章、王世贞都写过祈雨、喜雨的诗作。可见，本地对水的诸多依赖以及靠天吃饭的不确定性。故而，虽郧阳地区的水利建设难度非常，但水利建设在本地是必不可少的："陂堰之利，考诸睹记可见已，然在郧为尤切。盖其地在山谷之间，视楚诸郡邑为最高，骤雨一日则溪涧辄盈，十日不雨则禾黍辄槁。苟不先时以为潴水、均水之法，则旱涝皆虞。灌溉无备，而众庶艰食之奏，其必不免矣。故陂堰在郧，尤为民事之不可缓。而饬堤防、时蓄泄、清侵蚀、谨修筑，当事者所宜加意云。"

郧阳地区水利陂堰颇多，在万历《郧阳府志》中，记载了大小陂堰91个。第一，修建陂堰最多的是成化年间和万历年间，各有两个工程。但从工程量来说，应是成化年间修建陂堰的工程量最大，仅盛水堰就有四百余丈，可见成化时期，上至朝廷下至抚治官员对这个新建府的重视，不惜代价兴修水利，为附籍流民提供牢靠的农业基础设施。第二，重修次数最多的陂堰是盛水堰，分别于弘治、万历时期重修。三次工程两次重修，足见盛水堰在郧县农业灌溉上的重要作用，这也证明了成化时期开凿此堰的决策是经过实际考察而做出的慎重决定，其他重修陂堰也都证明了他们是当时重要的水利陂堰，一直被郧地农民使用着，并发挥着重要灌溉作用。第三，万历年间工程数量最多。特别是万历五年，分别两次重修盛水堰，新建城子坪上、下堰，郧县清丈土地也是在这一年。结合这一时期的政治大背景来看，万历元年至万历十年恰恰是明神宗全力支持张居正改革，推行新政时期。此次改革的最重要一个举措就是"清丈田地"，万历五年郧县的清丈田地行动是对新政改革的直接响应。另外，明政府在万历元年对官员推行"考成法"，"以尊主权、课吏职、信赏罚、一号令为主。虽万里外，朝下而夕奉行"，大大提高了官员的行政效率。在这个背景下看万历年间水利工程，其数量最多，重修多个水利陂堰的成绩充分显示了张居正新政的积极影响。当然，明代新修或重修的陂堰并不止其上所列举的这些。成化年间，知县曾熙除了主持修建头堰，还依次兴建了二堰、三堰；万历年间，知县王彰修建了王公堰；裴应章于"己丑（1589年）十七年……另开修襄城、沔县铁椿、板凳凹等渠堰，计溉军民田一万二千余顷"。

万历《郧阳府志》中也摘录了当时本地的重大水利工程的记载。何春的《郧西千工堰记》、王鉴之的《武阳盛水二堰记》都反映了当时重建或兴修水利工程的不易，以及当时的这些陂堰给人民提供的诸多便宜。

> 不十里远有堰曰千工堰，始于洪武居人朱社长之创造，派出于地名转精石黑龙潭，灌溉田千余亩，均州守卫前千户所钟于斯，曰南门屯。彼因人物鲜少，堰工浩大，倾塌未修。成化十有一年（1475年），设立县治，军民杂处，力食者众。弘治癸丑（1493年）县令广东刘君理，以民食为急，国税为重，择委里老王恭督率工役，聚石采木，重为修造，匝一岁厥功告成，虽曰使民，实有利于民也。今令尹西蜀王君才下车，尤重其事，不时省视，损即随修，以是水利疏通，岁获丰稔。

从上述记载来看，千工堰工程浩大，"意以雍千工而成堰，其成甚不易也"，足见当时修建千工堰时，所耗费的人工、物力以及修筑的不易。其后五门堰、六堰、百丈堰陆续修建，这三次堰渠的堰碑上分别有这样的记录："工料酌之田亩，而民不偏累；口粮令其自办，而官无冗费"，"夫役征诸田户，官不费而民不扰"，"令堰长率田户，计日刻期，务乘农隙以成厥功。但见一时人心欣然，相谓曰：水利吾生养系之地，矧不费吾财，吾何惮而不供其役。乃乐于竞事赴工"。我们有理由相信这些举措很有可能传承自修武阳、盛水二堰的成功经验。

以上说明可以归纳为3点：第一，水利工程要由熟悉技术的专门官吏管理，水官在冬天负责检查各地工程，发现需要新建或修理的，即向政府书面报告，待批准后实施。第二，施工要安排在农闲季节，完工后要经常检查，出现险情要及时抢护。水利修防队伍从百姓中抽调，每年秋季按人口和土地面积摊派，并区分男女和劳力强弱，造册上报官府。服工役可代替服兵役。第三，冬天，民工要准备好施工工具、材料和用具。工具配备要按一定比例，以便组织劳力，提高工效。水利官员和地方官吏会同检查工具准备情况。把这3点与武阳、盛水以及之后的堰渠的重修相对照，会发现主持修造者均参考了《管子·度地》的方法，结合了本地的实际情况而做出的合理的规划。

除了农业灌溉的堰渠之外，明代郧阳地区政府对民间用水及交通水利也非常重视。

1.民间用水

沈晖"弘治中以右副都御史抚治郧阳……创十井以便居民"。之所以把"创十井"作为沈晖的功绩。因为沈晖的这一举措改变了郧阳地区整个民间用水习惯，意义重大。明成化之前，郧阳地区是没有井的，居民用水习惯于去城外的江河取水，"然江去郭一舍许"①，取水之地如此之远，城内居民每天为取水来回奔波，辛劳异常。"况饮之者多生瘿疾，民深以为患"。沈晖的创十井就是在这样的背景下发生的，并在《郧阳十井记》中叙述十口井的产生过程："国朝成化中，添设行都司、府、卫，知府吴远始于府廨中凿一井，既而都指挥佥事吕钟辈各就司、卫近地凿三井，城中人乃得井饮，至今赖之。自是又设抚治行台，总镇三省之地。三省官僚之往来，四方客商之辏集，视昔加数倍，食口日众，汲者日多，四井不足以供饮用。又井在司府官廨，江在城外，门禁早晚启闭有时，军民不得擅出入，往往缺水，或用钱三四文始得一二斛，甚至争汲斗殴、破面流血者有之。则今日之患不特所谓往来之劳，瘿疾之苦而已……仍于各坊里通衢，相地之宜，增凿六井。"

最开始是知府吴远在府衙中开井一口，随后各都司、卫所又分别开凿了三口井，比较去三十里外取江水和在城中用井水，显然井水更加方便卫生，居民日多，四口井不能满足全城的用水需求，官府又在城中凿井六口。很明

---

① 古以三十里为一舍。《左传·僖公二十五年》："晋侯围原，命三日之粮。原不降，命去之。退一舍而原降。"《左传·僖公二十八年》"退三舍辟之"，晋杜预注："一舍三十里。"

显，最开始开凿四口井的目的是当时官府、卫所为方便自身而开凿，但这四口井让民众发现了更方便的取水途径，并且很快改变民众之前的用水习惯，"数千家而仰四井"，从而出现了用钱买水以及为争水而争斗的现象。"三四文始得一二斛"，水对于古代居民来说，是无穷尽的免费资源，此时人们需用钱去买水，井水已经从免费资源变成了有价的商品，可见当时郧阳地区井水的稀缺。没有开凿水井之前，人们从城外江河取水，没有因为用水而发生争执，有了水井之后，人们有了两个选择，既可以去城外取水，又能在水井取水。取水途径变多了，按说不应该出现无水可用从而需要争水的情况，说明民众都愿意取井水，即使在井水紧缺情况下，也不愿意采用过去的办法去城外取水，民众的用水习惯因四口水井的出现彻底改变了，也说明当时的人们已意识到江水的种种弊端。既然民众一直以来用水困难，为什么建府以前没有人寻求改变私人开凿水井呢？参考王世贞在《使奁新井记》中写到的凿井过程，可见在郧阳地区凿井的不易。"凿之凡四十尺而得石，又五尺而甘泉见。"明代一尺（量地尺）大约等于32.654 4厘米，四十尺就相当于13米，一般来说，挖井4~5米就能见水，王世贞派人挖了13米只看见了石头，继续把石头挖开才打出了井水。在缺乏机械动力的古代，挖井完全依靠人力，然而井的深度一旦超过10米，井内就会缺乏氧气，挖井人到达这个深度很危险，之后为了防止水井周围土层崩塌，还需在井底及井壁铺上木材或砖石，其中花费可想而知，且凿井的整个过程包括井址的选择、井深的确定、井水水质的判别、井底建筑结构和材料及凿井过程中回避有害气体的问题匀需要专业人员才能解决。鉴于以上考量，这或许就是民间没有水井开凿的原因。

2. 交通水利

郧西县内有4条大河，其中天河发源于陕西省山阳县，从西照川南侧葛沟口入郧西县，县内干流长62.7千米，全流域面积1 142平方千米，自然落差363米，经城关出天河口汇入汉江[①]。"天河为众水所汇"，本应是沟通南北、航运发达的水上要道。但其"襟山枕岫，断岩怪石盘错诸道，水势多湍悍喷薄"，这种特性使得天河上的船运非常危险，天河的航运变得困难重

---

① 湖北省郧西县地方志编纂委员会.郧西县志1979—2005:河流卷二[M].北京:中国文史出版社,2015:60.

重，"邑之馈饷转输、货产贸易，不免有负戴，旁民甚病之"，一直到嘉靖二十六年（1547年）冬，巡抚中丞退斋林公（湖广巡抚林云同）发布了兴修水利的檄文，县令黄翊决心疏浚天河，使其成为郧阳人民的"无疆利泽"。

首先，规划上报。黄翊制定开河规划，并上报郡伯秋亭徐公（郧阳知府徐桂）、茭湖吴公（郧阳同知吴江）、大中丞素斋于公（郧阳巡抚于湛），上级官府不但在政策上鼎力支持，而且在经济上"给费支若干"。其次，配备官吏钱粮。任命主簿董楠、典史陈可为开河负责人，治河经费除了上级官府拨给的经费，其余经费都是由各个官吏捐出自己的俸禄凑足。最后，发动民众。"凡邑父老子弟，咸献艺输力，伐木赭石，凿山浚导，六月告成"。

其后经过试水、祭祀，天河上的航运正式开通。这一次的天河疏浚工程，不仅得到了上级官府的支持，还是民心所向，一经官府征召，广大民众都愿意为此工程劳心劳力。经济上没有加重人民的负担，劳役上合理调配民力，不耽误农民春耕秋收。民众纷纷称赞："役不及万人，而功可大；费不盈百金，而力可久。"从此，天河"南迤荆、襄，西通褒、沔，右连房、竹，左控商、於。为秦、楚、蜀、汉要津"，除了能够沟通南北，对与郧阳地区人民的生产、生活也产生了重大影响。郧地多山，山道难行，交通不便。因此，山民活动仅止于生活起居这一小范围，对外交流也多是在本地集市与人互通有无，更远的也只能依托于货郎代买一些新鲜事物，信息滞后，生活封闭，水运的通畅给这个闭塞的地方带来了新的活力：

第一，水运可以承担大数量、长距离的运输。

对于大宗货物，以前要靠山民肩挑背驮、牛马拖车在山间攀行，时间漫长，货物多有损毁，从山中运出的货物，在成本上花费增加，除非其利润很大，否则，商人是不愿意从山中找货源的。水运开通后，大宗货物的运输时间上和成本都会大大降低，刺激了郧阳地区商业交流。

第二，水运港口的兴起。港口是航运的起点和终点。

船只的补给，旅客的上下、货物的装卸和船舶的检修都在这里进行。设有港口的地方会为本地带来众多工作机会，农民在灾荒之年，耕种歉收的情况下，还能通过港口找到养家糊口的工作，从而分担了本地区的民生压力。

三、农业发展状况

郧阳地处中国南北气候分水岭秦岭南坡余脉，是山地与河谷盆地相间分布的地貌结构，河谷、盆地，坡缓地平，平坝地较多，是本地区农业生产特别是粮食生产的主产区。郧县"近郊多平原，水田产稻颇佳"；郧西"山岭之下，多成平坝，居民开成水田，连阡逾陌，故其产谷，较胜洵阳、山阳等邑"；竹山、竹溪"民勤稼穑，于山湾溪角，尽垦水田，其平原之中，锦塍相接，故其米谷之饶，洵、白河客民亦借资焉"。但是对于山地占了80%的郧阳地区，大部分山坡地土层薄，河沟田地冷浸，平坝水田烂泥，农田基本建设长期处于"捡捡石头挖挖地，将就一季是一季"和"一年一季稻，终年用水泡，栽种不发兜，戴上红绿帽（秧发红斑）"的状况。耕作时，通常是牛耕齐肚，难于操作。所以本地五谷杂粮齐全，但产量低，收获少。周绍稷在万历《郧阳府志》曾感叹："春则扎水赶水，戴月冒雨，无敢稍息，劳已甚矣。所以得其尽力于田亩者，惟在司牧者无违其时，能知民间疾苦耳。"农民春种秋收，日日在田里劳作，年复一年，不敢休息。在这样尽心尽力的情况下，"然一谷不登，食之为歉"。明代韩弼诗一首《十堰春耕》，生动描述了当时郧阳地区农人辛勤劳作的景象：

> 布谷声中水满溪，南畴北陇把锄犁，
> 劝农不费田官力，腰鼓一声人自齐。

郧阳府建府之初，抚治官员实行"均田赋，减屯税"的政策。有了优惠的土地政策，拥有大量附籍流民的人口支持，再加上广阔的未开垦土地亟待开发，天时、地利、人和一应俱全，郧阳地区的山区面貌大为改观，《古今图书集成》中《经济汇编·食货》中说郧地"往昔，丛菁幽筀，人力所不能通者，今亦皆累累象耕鸟耘，称常稔焉"。徐霞客去武当山游历之时，经过郧县、均州等地，曾这样描述他之所见："十一日登仙猿岭。十余里，有枯溪小桥，为郧县境，乃河南、湖广界。东五里，有池一泓，曰青泉，上源不见所自来，而下流淙淙，地又属淅川。盖二县界址相错，依山溪曲折，路经其间故也。五里，越一小岭，仍为郧县境。岭下有玉皇观、龙潭寺。一溪滔滔自西南走东北，盖自郧中来者。渡溪，南上九里冈，经其脊而下，为蟠桃岭，溯溪行坞中十里，为葛九沟。又十里，登土地岭，岭南则均州境。自此连逾山岭，桃李缤纷，山花夹道，幽艳异常。山坞之中，居庐相望，沿流稻畦，高下鳞次，不似山、陕间矣。但途中蹊径狭，行人稀，且闻虎暴叫，日方下春，竟止坞中曹家店。"

从徐霞客的描述中，我们可以知明代的郧阳地区已不再是人迹罕至的禁山之区了，人们把房屋建在山中较平的地段，分散而居，隔山相望。农民多种水稻，河流两岸到处可见稻田，本地多山，因此稻田沿着河流分布在山间，有高有低。从"且闻虎暴叫"可以推断出，这一时期农业垦荒还没有往深山中开发，森林资源还是极大地被保留，基本的动、植物生态并没有遭到大的破坏，农民选择平坝、盆地、河谷等相对肥沃、适合农作物生长的地点进行开发，除此之外在平坝、盆地附近的山丘上选择能够种植的地方进行开垦。这是因为郧阳建府以前处于禁山之地，即使有流民偷偷隐居于此，也属非法进入。为了隐藏身份，人们选择更不容易被发现的地域进行开垦。而容易开发且土地肥沃的区域是土著聚居之地，官府力量在这些地方比较集中，不会是流民们的选择目标。所以本地平坝、盆地面积相对于土著人口来说是地广人稀，大部分处于没有开发的状态。附籍流民成为合法居民后，这个时候在所垦熟田可以申报归于自己名下的政策刺激下，他们会首选膏腴之地进行开垦，其次才是难度较大的山地。至于深山之中的土地开垦，在投入和产出上，显然不是一个好的选择。

郧阳地区的生产状态是标准的男耕女织。万历《郧阳府志》记载："男务耕读，女勤蚕织……男力于耕，女力于织……男子烧畲为田，妇人缉麻为布。"虽然表述方式不一，但其意思一致，即男子耕田，女子织布。因本地多山，地险，土瘠，当地农民只能垦山为田。山中开荒之法甚奇，先以大绳束巨树树冠，下坠巨石，以定方位。在树根处斧锯并施，树既倒，听其霉坏，待枝叶干燥时，纵火焚烧成灰，这样开垦出的土地非常肥沃，可以种一收十；也有人在大树中间挖出一大孔洞的，放引火把树干点燃，用油内注，大树很快就会从中间烧通，过一会儿，燃烧的烟雾从树顶冒出，整个树就变成灰了，山民习惯叫这种开垦方法叫"烧火粪"。

这种粗放的烧畲种植的方式，在郧阳地区特别是山林开垦时是普遍的耕作方式，并且是祖祖辈辈流传下来的开垦经验，并且在很长的历史时间里一直是本地主要的耕作方式。明、清郧阳地区志书但凡提及本地风俗时，一致认为郧地"烧畲缉麻"。范成大在《劳畲耕》的序言中是这样描写烧畲的："畲田，陕中刀耕火种之地也。春初砍山，众木尽蹶。至当种时，伺有雨候，则前一夕灭之，借其灰以粪。明日雨作，乘热下种，即苗盛倍收。无雨反是。山多硗确，地力薄，则一再斫烧始可蓺。春种麦豆，做饼饵以度夏，秋则粟熟矣。"其诗云：

> 峡农生甚艰，斫畲大山巅。赤埴无土膏，三刀财一田。
> 颇具穴居智，占雨先燎原。雨来亟下种，不尔生不蕃。
> 麦穗黄剪剪，豆苗绿芊芊。饼饵了长夏，更迟秋粟繁。
> 税亩不什一，遗秉得餍餐。何曾识粳稻，扪腹尝果然。
> 我知吴农事，请为峡农言。吴田黑壤腴，吴米玉粒鲜。
> 长腰铇犀瘦，齐头珠颗圆。红莲胜雕胡，香子馥秋兰。
> 或收虞舜余，或自占城传。早籼与晚罢，滥吹甑甗间。
> 不辞春养禾，但畏秋输官。奸吏大雀鼠，盗胥众蜈蜒。
> 掠剩增釜区，取盈折缗钱。两钟致一斛，未免催租瘝。
> 重以私债迫，逃屋无炊烟。晶晶云子饭，生世不下咽。
> 食者定游手，种者长充涎。不如峡农饱，豆麦终残年。

此诗详细描述了烧畲的情况以及当时农民被盘剥的生活状态。面对荒山野岭，放火比自己动手清除要更方便、快捷，再加上放火烧去地面草木，其燃烧后的灰烬会变为最好的肥料。在生产力低下的时代，这种开荒方式无疑是先进的，一方面节省了时间和人力，另一方面这种方式获得的土地肥料天成，地力肥沃，其收成可以"种一收十"。

关于明代郧阳地区农民的种植种类，各官方资料没有具体记载，只能从其中的其他记录进行推测。《郧台志》在《税粮中》说："郧襄南汉地势高衍，故宜牟菽"。其中"菽"指的是豆类，说明官方认为郧阳地区适宜种植豆类。另外从征收赋税的种类来看，我们发现郧县根据不同土地征收分别为粳米、粟米、麦，其中粳米、粟米指的是大米和小米，按照田地好坏的不同类型的租税来看，我们可以推断出这几种作物的价值，按照其价值大小排序为：粳米、粟米、麦。由此可知这个时期农民种植的主要作物应该是麦、稻、豆类。《郧阳府志》中在物产中也有详细介绍：

> 粳、稻、秫、稷、黍、粟、大麦、小麦、荞麦、黄豆、小豆、绿

豆、江豆、黑豆、芝麻（以上七县同）、玉麦（保康无，六县同）、燕麦（竹山、保康）、书眉豆（房、竹山、保康）、蛮豆、湾豆（俱房、竹山、上津、郧西、保康）、豌豆（房、竹山、竹溪）、茶褐豆（上津、竹山）、香谷、柳陈糯、矮脚脱谷、蓑衣早、西山白谷、大小百日谷（俱房）、青豆（竹山）、胡豆、木豆、稆豆（俱竹溪）、鸡虱豆

上述物产的记载与我们的推论基本一致，再加上秫（高粱）、荞麦都是郧属七县普遍种植的作物，除此之外各县都有本县的特色作物，也都是各种豆类、谷类。由于麦、粟、稻都是赋税征收之物，特别是稻只能在上好水田才有产出，此类田地不多，产量不大，因此，对于大部分的贫苦农民来说应属于难得之物；至于夏税征收的麦，以及秋粮征收的粟，从土地面积上看，种麦的田地远远多于粟，故产量上应该是麦多于粟。由此，明代郧阳地区人民的饮食应该是以豆类、面食为主，辅以其他时令菜蔬，大米可能不是大部分民众的首选主食。明代郧阳地区的志书年代最晚的是万历十八年（1590）的《郧台志》，其后并没有志书流传下来，明代郧阳地区这些志书并没有提到玉米、红薯这些高产作物，这说明到万历十八年（1590）为止，郧阳地区并没有种植玉米、红薯等适合在山区种植的高产外来新作物。学术上公认的是，玉米、红薯等耐旱高产的外来新作物于明代后期引进中国，但是具体什么时候在郧阳地区推广及发展，尚无定论。

明代郧阳地区农业技术主要表现在农业水利的发展、新物种的推广以及耕作技术的改进上。

徐光启在《农政全书》中有一篇《旱田用水疏》专门介绍农田用水的方法，书中强调了农业用水应因地制宜，对不同地貌的水源有不同的取用方式，比如泉水或喷泉要利用其源头；江、河、塘浦等需利用其水流冲力，湖、荡、沼、泽等水要将其储蓄待用等，是利用自然便利生产的最好体现。

在新物种的推广上，《乾隆江南通志》曾有这样一段记录："李可芳，贵池人，万历戊子举人，授郧阳推官，以敏练称，迁简州知州襄阳同知，俱有善政，其在郧阳尝携池州糯种自给，至今人传为李公黏。"

万历《郧阳府志》中对于谷类的记录中，的确没有"糯米"的相关记录，对于郧阳地区的人民来说，新物种的引进和推广不但充盈了本地农业发展的物种，而且意味着农业技术愈加成熟，丰富了人们的饮食结构，是将外来农业技术与本地融合的最好例证。

　　郧阳地区容易生瘟疫，特别是牛瘟，具有传染性，经常出现人、牛瘟疫并发现象。嘉靖二十三年（1544），欧阳必进抚治郧阳时，"郧属牛疫，无以营农，必进仿唐王方翼遗制，造人耕之法，施关键，使人推之，省力而功倍，百姓赖焉，惜其法不传"，能够运用自己的知识机构对农业技术进行改造。可见，郧地官员们对农业生产是比较了解的，也是为人们做实事的。其方法到底如何，现今已不可考，但是通过其他地方关于取代牛耕的方法的记载，有助于我们了解当时农业技术的实际操作。李衍在《木牛图序》，讲述了其创制木牛的经过，成化二十一年（1485）李衍总督陕西，因遇连年旱灾，耕牛严重缺乏，农业生产进行困难，研制出了取代耕牛的木牛。制成5种，分别称为"坐犁""推犁""抬犁""抗活""肩犁"。这些耕具适应山丘、水田和平地等不同耕作条件，使用人力二至三人，每日可耕地三四亩。这个时间早于欧阳必进的"人耕之法"时间。从李衍创造的"木牛"的用途来看，此犁适用于山地，与欧阳必进的"人耕之法"相似。

湖南张谷英村调研报告

王玉德

张谷英村是湖南岳阳县的一个村庄，地处岳阳、平江、汨罗三县市交汇处。传闻元末明初有个叫张谷英的人迁居该村，子孙绵延，人才辈出，建筑有特色。2001年，张谷英村古建筑群被国务院确定为全国重点文物保护单位。2003年，张谷英村被建设部、国家文物局授予首批全国"历史文化名村"称号。民间甚至有人称该村为"天下第一村"或"民间故宫"。

1993年，我曾陪同日本东京都立大学的民俗学家渡边欣雄教授专程考察张谷英村[①]，写了一篇考察记，一直没有发表。时隔25年，2017年，我与胞弟王玉雄同行，重访该村，又写了一篇考察记。此处把两篇考察记一并发表，以比较的眼光，谈谈个人的体会。

一、1993年的考察记

1993年5月24日，我陪同渡边欣雄教授夫妇到湖南岳阳县的张谷英村去看风水。考虑到农村中有不安全因素，我们请了我校郑勤副教授同行。郑教授为人重义气，是我多年的好朋友。

从武汉乘长途汽车六个小时，下午三点到达岳阳市，住在岳阳宾馆的第11栋。宾馆濒临洞庭湖，我们从上俯视浩渺的湖水，心旷神怡。宾馆离岳阳楼只有咫尺之遥，我们用一个小时参观了岳阳楼。晚上在一起练太极拳，兴致很高。

---

① 渡边欣雄教授长期研究中国风水,著有《风水思想与东亚》《汉民族的宗教——社会人类学的研究》《风水·气的景观地理学》等著作,两次到华中师范大学访问。

第二天（25日）清晨，我们坐车到渭洞乡，经岳阳县向湘赣交界的山区行进。汽车弯弯曲曲地爬上高山，使山下的村庄田野尽收眼底。我们翘首相望，汽车转过一个山角，来到了渭洞乡。乡政府的干部都到基层检查计划生育去了，我们径直到毗邻的张谷英村去。

在此之前，我曾给张谷英村写过联系信，村接待站的张飞儒先生来信说："张谷英村的先人自明洪武年间自江西洪州迁居渭洞，卜宅于此已六百余年，几经沧桑，仍保留近四万平方米古建筑群，无论在它的外部结构、内部装饰，及其通风通道，排水采光，抗洪防火，无一不独具匠心，既体现了我国江南传统民居建筑风格，又迥异于传统民居的诸多共性，具有相当的探索价值，只要您能从百忙中抽空来我村考察，我们无比欢迎，扫榻以待。"当我拿着信出现在接待站时，一个乡村秀才模样的人站了起来，他就是张飞儒先生。张飞儒先生大约六十岁了，面庞瘦黑，背微驼，眼光炯炯有神。他是张谷英的第21代后裔，从小读过私塾，常在乡村给人看风水，是张谷英村中难得的懂旧学的人。我与张先生一见如故，谈得很投机。

张谷英是什么人？史书没有记载，张氏族谱对他的生殁也没有记载，但记载他的孙子张宣和孙媳王氏出生于明洪武二十六年（1394年），据此可知，张谷英是元末人。张谷英的出生地也不得其详，传闻张谷英和刘万辅、李千金是结拜兄弟，从江西来到渭洞，看中了三块风水宝地，一块是"禄位高升"，一块是"四季发财"，一块是"人丁兴旺"，刘、李二人选择了前两块地，其后辈人果然是仕途亨通和家藏万金，但人口不兴。张谷英孑然一身，五百余年后，张氏发展为600多户3 000多人的赫赫大族，应验了"人丁兴旺"的风水预言。

张谷英村的风水真是一个谜！

渭洞四面环山，层层屏障。张谷英村坐落在大墩坳之中，堪称世外桃源。最令人叹绝的是村舍，它像一座连营，长达两华里，连接在一起，青瓦鳞节，屋脊起伏。村内屋外的溪水迂回曲折，青石板桥一个接一个，每隔九个平桥就有一个圆桥。

这个庞大的建筑群如同一人一时设计而成，然而，它却是在五百余年的岁月中逐步建成的。最早的古屋是建在石桥冲，明万历时，八世祖张思南于龙形山前建西头岸。十世祖张拱凡、张良甫于明末清初建东头岸。后世建房，都力求与原有的房屋浑然一体。村庄的布局干枝分明，南北进深，东西走向，环绕龙形山而形成半月，像一把打开的折扇。折扇的中轴是一幢主屋，门前有渭溪河，似飘然一玉带。

我们首先来到村中的主屋。此屋建于明朝万历年间（1573年），内有大小堂屋和天井各24个，住房422间，建筑面积9 200米。主屋有一个头门，门顶上刻有太极图，代表天地一体，造化阴阳，富贵绵长。头门内的草坪两边各有一个见方的水塘，传说是龙眼，既防烟火，又壮观瞻。进二道门，为住宅，依次有五层天井，青砖为墙。窗棂格上有花草鸟兽，线条清晰。主屋的两旁一字排开一栋栋房屋，每座房屋的格局都与主屋相似。如：

建于清乾隆三十七年的一片房屋，进门两口大塘，上有石栏，内植荷花，拾级而上，为三井四进，左右有两条巷道，名曰双龙出洞。

建于清嘉庆十三年（1808年）的一片房屋，称为上新屋。它是由张谷英16世孙绪彬公所建，建筑面积7 560平方米，有房屋172间。布局为七井四进，天井左右对称。正屋之后，外为偏屋，置牛栏猪圈、柴房、谷仓。

全村原有51 000多平方米建筑面积，现存不足40 000平方米。有房屋1 482间、厅堂237个、天井206个，最大的天井达22平方米，巷道60条，小桥46座。屋宇绵延，檐廊衔接，晴不曝晒，雨不湿鞋。

张飞儒先生带领我们登上龙形山，只见村远处有青山环抱，渭溪如金钩缠绕，远处的笔架山，如同朝案。绵延五百里的幕阜山至此突起三座大峰，从西北、西南、东三个方向围着张谷英村。张谷英村傍山而建，白墙黑瓦浑然一体，炊烟袅袅，生气勃勃。我们站在山上指点形势，啧啧感叹。

张飞儒先生又带着我们一个房接一个房地参观，在纵横交错的深巷高墙间，我们就像进了迷宫，分不清东西南北。有几个地方的印象最深：一是防火墙，房与房之间有相隔半米的通道，其上盖有青瓦，据说，一有火灾，就掀去青瓦，可以断掉火路，这样，五百年间没有发生大的火灾。二是天井，天井用花岗石平铺，不见渍水。据说，一个天井的造价在三千元以上。三是渭溪环曲，有一处是水流百步过三桥，比起苏州的小桥流水人家更有情趣。

我们穿行在张谷英村，只见屋大人稀，成年男子下田干活去了，妇女在给婴儿喂奶，老人在墙角打盹，没有喧闹声，处处平静。家族尊卑有序，父慈子孝，妻贤母良，兄弟和怡，姑嫂宜顺，男耕女织，道不拾遗，夜不避户，村民就这样在此过了五百多年。

回到接待站，张飞儒先生请我们在留言簿上写几个字，我写了"中国风水一绝"，渡边教授写了"祝张谷英村建设得更好"。吃罢中饭，就要离开张谷英村了，四处不见了张飞儒先生，原来，他躲到屋里写了一首诗，前两句是"匆匆聚散也依依，人事天缘契天机"，后两句记不清了，从诗中看，张飞儒先生是动了情，有感而发。许多村民围着我们，热情友好，他们特别注意渡边夫妇，因为有些人从未见过日本人，而少数的老人也只是在1945年前看到过日本人。

再见了，张谷英村！渡边依依不舍地说："我一定还要来张谷英村。"我暗自想：如果有时间，我应当写一本小书，把张谷英村介绍给中国，介绍给世界！

二、2017年的考察记

2017年7月5日，学校放了暑假，我约上玉雄，乘清晨八点的高铁到岳阳。想当年，与渡边同行时，是坐了六个小时的长途汽车到岳阳，耗了一天的时间。而现在，只用50分钟就到了岳阳，真是今非昔比！

在岳阳东站，叫上一辆出租车，谈好打表付钱。从高铁站到张谷英用了198元。口袋里暖和，今天的我，在经济实力上已经不是当年的我了。当年，陪渡边，是在岳阳市休息了一夜之后，乘三个小时长途汽车才到村里，而现在，从岳阳到张谷英村，已不再是过去黄土飞扬的黄泥巴路，取而代之的是一条专门为张谷英村修的旅游柏油公路，沿途到处是有关张谷英村的信息牌，驱车一个小时就到了村里。

临行前，我在网上做了一些"功课"。注意到，已经有十多篇关于张谷英的学术论文，华中师大文学院陈建宪的硕士贾平同学撰写的《当代村落中的古代传说——对张谷英村历史、传承的考察》（2004年），从民俗学的角度开展了很好的研究。25年前，哪有电脑？哪有网络？哪有手机？学术信息是很闭塞的。那时，张谷英村还是一个未开垦的"处女地"，藏在深山人未识，而现在已经是名扬天下的名村。在手机上，很轻松就能搜寻到张谷英村的各种信息。

在此之前，我买到一本《张谷英风物史话》，甘肃文化出版社2004年出版。作者余振东曾担任岳阳县政协主席，是当地的文化名人。书前有何光岳的《序》，何光岳于60年代在张谷英村从事过农机推广工作，对这个村子非常了解，极力宣传该村。

这次，我在村里溪边的一处民宅买到一本书，是村民张灿中撰写的《江南民居瑰宝——张谷英大屋》，中国戏剧出版社2007年版。卖书的老妇人说张灿中是她儿子，儿子外出了，我错失了一次访谈的机会。据说，张灿中的父亲张胜利是村里的医生，对村里的文化非常了解。上次，我在村里见到"活字典"张飞儒先生，这次才知道他已经去世多年了。中餐时，有位老年妇女说她是张飞儒的堂妹。其实，这个村里任何人之间都是亲戚，只不过亲疏有别而已。想到张飞儒先生已经去世，内心不免悲怆。人事有代谢，往来成古今。人生一世，哪个不是匆匆过客！

村庄变化、管理模式、精神提炼，这是我重点考察的三个方面内容。记录如下：

（一）村庄变化

到了张谷英村，实际是到了一个旅游景区——AAAA级的景区。如同其他景区一样，有个门楼，表示景区的大门与范围，门楼右边设有售票处。进门楼之后是一条新街道。这条街是伴随着张谷英村的开发而形成的，迎面就是张谷英村管理处的牌子挂在门口。路两旁是土特产店、网吧、餐厅等店铺，与其他地方的街貌无异。新街道的一端对着张谷英村的入口，另一端对着镇外的公路。

为了方便游客，加强感观，景区的入口处打造成了乡村公园的样子，修了个大广场，有宣传栏、长廊、公厕。村前的池塘修了护坡，整个空间视野开阔，远眺葱绿的山体，近看池塘荷花，空气清新。

顺着进村路，最先进入眼帘的是"当大门"建筑，就是原来的主屋，以前没"当大门"三个字。"当大门"与风水术中的"石敢当"有相同的意思，强调建筑物在风水中的重要地位。主屋现在还是老模样，它居于建筑群中间的位置，门前有"玉带水"环抱。大屋的整体形状像一把打开的折扇。第一进的两侧有石条砌成的烟火塘，植荷养鱼，蓄水用于消防。右侧厢房变成了厨房，灶烟把木窗都熏黑了。拾级而上，步步高，每一处天井都很干净。堂屋的屋顶由大圆木柱支撑着，各进堂屋之间的屏门可闭可开。大木青砖，内空很高，屋里没有什么东西，空旷旷的。从这个中心建筑可以向两边的房屋穿行。

在导游的带领下，我们穿过老屋后门，登上"当大门"建筑后的龙头山俯瞰，只见屋宇绵亘，黑色的布瓦与一个个方井衔接，像一幅国画，颇有意蕴。沿着一两里长的山体，密布着老屋。远处的景区广场，尽收眼底。

从"当大门"建筑向西而行，并行排列几条其他的中轴线建筑，最大的一处建筑，现在被称作"王家塅"，堂屋两侧、天井回廊相互对称，四通八达，导游说它像个"丰"字形的平面布局。

在龙形山尾的上新屋，导游说，从高处俯视，其布局有六进七井八横堂，像一个飞机模型。堂屋地面全是六寸方砖铺成的各种图案。

张谷英村虽历经沧桑，但基本上保留了原状。在长达25年时间里，村里主要的建筑物没有太大的变化，旧宅基本得到保护，这是令人可喜之处。村里在规划方面画了个"圈"。"圈"内的建筑要严格维持原样，"圈"外的建筑可以适当变化。

如果用一个字评价张谷英村，那就是"群"。张谷英村是聚族而居的活化石，形成的是宗族社会，体现了抱团的宗族思想。建筑傍山依水，临溪而建，有主有次，每栋房屋挨得很紧，紧紧凑凑，仅有很窄的小巷子作为隔断。房连房、天井连天井，密密匝匝的门与路，到处是相通的，如同迷宫。全村的房屋1 700多间，共分布着60条巷道，直通10个高堂，人走在巷道中可晴不曝晒，雨不湿鞋。这些建筑形成了一个紧密的"群"。祠堂是核心，是"群主"。在我国农村古老的砖木建筑中，保存这样完好的村庄已经不多了。

村里新增了民俗馆，空空荡荡，几乎没有什么陈列。村里还设置了一些外景，如：室外农具展厅展陈着水排、碾油机；溪边有了长廊，用于遮阴挡雨；小溪上，在不足百步的一段距离中，连续有三个石板桥，被称为"百步三桥"，让游客驻足留影。溪里的流水湍急，呈黄土色。时逢湖南近期连续大雨，湘江告急，到处湖泊漫溢，而张谷英村每家的天井都连接着小溪，下水道畅通无阻。

游览张谷英村，有穿越时空之感。我们流连往返于耕读文化的同时，感到传统与现代之间似难兼容。老屋之中，没有现代的卫生间、厨房，卧室的陈设很简陋。村民上厕所与洗浴很不方便。生活在老屋中，空间有分有合，冬暖夏凉，但厢房内的光线不太好，有些潮湿，生活并不舒适。村子是全国文物重点保护单位，不允许轻易改建，文物保护与旅游开发之间存在着矛盾。

（二）管理模式

通过了解，得知张谷英村曾经采用市场经济模式，由民营公司打造旅游，时间不长，公司就中途退出了。公司退出的原因，是没有经济效益。

首先，经济收入太少。村子面积大，游客可以从任何方位进入村里，门票收入得不到保证。游客不是太多，而一些旅游团队带人来参观，门票要打折，60岁以上的老人门票也要打折，靠门票收入是难以维持村里运营的。民营公司没有找到有效的途径增加收入。

其次，景区运营的费用特别大。景区的建设与维修需要大笔资金，动辄几十万元。平时，要安排好几十人工作，诸如管理人员、保安员、清洁员、讲解员等。到了年终，公司要给每个村民260元的红利，以便村民支持景区开放。

怎么办？张谷英村是国家级文化名村，是岳阳的一张文化名片，不可能放弃不管。于是，只好由政府来管理。县里能做的事，就是把村行政升格一级，作为乡镇级别，称为张谷英镇，设管理处。这种管理模式超出了政府的职守，增加了工作负担，实在是不得已而为之。在市场经济条件下，这种模式不是最佳选择。

为我们做讲解的导游姓王，约30岁，是嫁到村里的媳妇。她说，景区有十几个讲解员，每个月工资1 300元，政府为每个人买了"三险"。她带着游客在村里走一趟，每次补助10元。她老公外出打工了，而她为了照顾两个小孩，只好留在村里做事，但经济收入实在太少了。

村里开了许多农家乐，有条件的家庭几乎都在开餐馆，"八仙过海，各显神通"。有的家庭没能力开餐馆，就卖土特产，诸如辣椒、干竹笋、油豆腐等，还从外面采购一些旅游产品，如儿童玩具等出售。有个村民在自己的厢房门前挂了个牌子，声称是张谷英当年住的卧室，张谷英是600年前的历史人物，其事迹现在完全不清楚，怎么可能还保留着卧室，显然是在忽悠游客。进张谷英的卧室参观，要收五元钱门票，无非是为了赚一点钱。

（三）文化变化

张谷英村是有文化的村庄，随着改革开放的深入，这个旅游景区也不断赋予新的文化内涵。

1. 提炼了孝道家风

对于传统村落，文化的打造主要在于传统家风精神的重新认识。全村住着2 600多人，600多户人家，以同一血脉相连，几百年来和睦相处。维系这个家族的精神纽带是血缘，是宗法观念，是家规族训。村子最重视的是孝道。

与上次考察不同的是，这次见到了村里明确的家训，其中首列孝义：孝父母、友兄弟、端闺化、择婚姻；睦族姓、正蒙养；存心地、修行检；勤职业，循本分；崇廉洁，慎言语；尚节俭，存忍让；恤贫寡，供赋役。村里还有5条族戒：戒酗酒，戒健讼，戒多事，戒浮荡，戒贪忌。这些内容涉及家政管理、为人处世、子孙教育、工作生活、冠婚丧祭等方方面面。

村里的《张氏族谱》云："忠孝吾家之宝，经史吾家之田"；"不求金玉富，但愿子孙贤"；"当大门"建筑前有"耕读继世、孝友传家"的对联，孝是支撑"张氏家族"的精神支柱。

我见到村里宣传栏上有很长一篇《劝孝歌》，说是张家第17代孙张锦山作于1728年，有8章，共510韵，7 140字。其开篇说："劝善书多皆切记，我劝为人从孝起，堂前父母大如天，须知万善孝为先。"这篇《劝孝歌》是研究民间孝道文化的第一手资料。

村里还有许多关于孝道的故事，如道光年间的张绍昆从小过继给伯父张魁元为嗣，继母生病，绍昆割大腿肉给继母吃，治好了继母的病。这类故事在明清时期特别多，以人肉治病，不值得宣传。

网上得知，张谷英公第19代孙，原岳阳市政协主席张治雄的书法写得很好，在宣传张谷英村方面做了大量工作。

2. 增加了有趣的故事

从导游的讲解中，还有书本上、网络上，知道张谷英村有许多故事，这是25年前没有听到的。如果没有故事，旅游必然乏味。故事是否真实不重要，关键要有趣。

关于张谷英，有许多谜。有人说张谷英是元末农民领袖张士诚的儿子；有人说张谷英是明初的指挥使，相当于省军区司令员；还有人说张谷英是个风水先生。议论纷纷，莫衷一是。在我看来，张谷英就是元末"江西填湖广"的一个富裕农民，因族人读书、当官、经商，才逐渐修建了这么一个大村庄。张谷英村与湖北黄陂区的大余湾、新洲区的徐治湾是同一类型，当时迁到湖广地区的农民修建了成千上万个村庄，各有不同的规模。

上次在村前溪中看到一些杂石，现在都清理走了，只留下原有的一块最大的直径约 3 米的大圆石，大圆石被神化，说是"龙珠"。导游说，当年有两条大龙同时争抢这颗珍珠。结果被张谷英大屋后龙形山的真龙抢到，张谷英村因此而人丁兴旺。另一条长垅山的懒龙没有抢到，结果长垅山就只能用来种地，因为要人们经常给它松动一下皮。

当大门前的溪上有两座八字形的石板桥，被导游称为"龙须"。游客踩着龙须进老屋。其实，这是很普通的石板桥，一当赋予"龙须"的概念，就神秘了。

"王家墩"老屋，也有了新故事。说此屋原来住过姓王的人，因为心肠不好，家道就衰败了。因此啊，人要多做善事，否则恶有恶报。此故事是否真实，有待考证。张姓的村庄，怎么有一大片王家老屋？传闻，明初张谷英到达这个地方，荒无人烟，而张姓村庄怎么冒出了王姓的事情？不得其详。不过，这个故事确实是有教育意义的，应当流传。据《张谷英风物史话》，王家墩是张谷英第 16 代孙云浦公于 1802 年所建，为什么云浦公修的房屋称为王家墩，村民说不清楚。

3. 商业气息日浓

第二次参观张谷英村，感到村里的商业气氛增强了，村民的经商思想增多了。有些老年妇女跟在游客后面，拉人吃饭。经商中的农民似乎有了些巧诈的表现，如，我在"当大门"里的农家吃完中餐，共 4 个菜，请老妪算账，她开口就说 180 元；我请她再算一遍，她改口说 160 元；我请她再认真算一遍，她才如实说是 140 元。事情虽小，却给我们一行留下了不好的印象。由此事可知，今日之村民已非昔日之村民了。

村里的宣传牌说，张谷英村有良好的家风，村民"循本分、崇廉洁、慎言语"，几百年来从来没有人犯罪坐牢，中央纪委也曾经把张谷英村作为廉政教育的课堂。然而，当地的出租车司机告诉我，张谷英村的杰出人才张某某因经济问题被抓。于是，我专门在网上查了一下，注意到张某某曾经担任湖南省的重要干部，在2016年因涉嫌严重违纪，接受组织调查。网上只说张某某是岳阳人，而没有说张某某是张谷英村人。不知道其中有什么回避的玄机？

三、结语

张谷英是个著名的历史文化名村，是中华耕读文化的宝贵财富，将来如何保护？如何打造？如何发展？有待研究。时下的历史名村，除了村里的历史故事之外，大多是同质化模式。村里基本上见不到年轻人，只有老人、妇女、儿童。老屋内空荡荡的，徒有四壁。村里可参观的，无非是老式木床、纺车、灶台，没有新意。历史的乡愁与记忆，随着岁月的流逝，随着市场经济的荡涤，越来越乏味了。特别令人遗憾的是，张谷英村没有保留祠堂，而祠堂是宗族的"安魂"之处，游客感到村里缺少文化中心，凝聚力大为降低。在张谷英村，真正了解村史的人已经不多，文化出现断层，这是值得反思与重视的！

安徽蜀源村调查报告

谢安琪　胡　琳　李　雪　陈华屹

调查地：安徽省黄山市徽州区潜口镇蜀源村。

调查时间：2017年8月11—16日。

徽州自古就有"程朱阙里"和"东南邹鲁"之称，其以儒商为代表的耕读文化十分典型。徽州人认为，"惟德惟才积善方为根本，树木树人读书乃是家风"。在徽州众多的古村落中，我们选择了蜀源村。它看似普通，却比一些过度商业化的景区更能反映徽州人民最原汁原味的耕读文化，且更具有普遍意义。此外，我们的小组成员谢安琪从小在蜀源村长大，大大方便了我们的调研。

2017年8月11日至16日，"耕读文化"调查小组蜀源村队重点采访了蜀源村的一对年过七十的老人鲍政彪和汪菊英，以及村里颇有名气的民宿老板方掌柜，还采访了不同年龄段、不同性别的村民，并做了一万多字的调查记录。

在与鲍政彪老人的交流过程中，我们便被其神采飞舞的讲解所吸引。尽管他如今双目失明，但从小在蜀源村长大的他对村里的每一寸土地都十分熟悉。他能够准确地带领我们到村里的各景点参观，还能够为我们讲述这些文物古迹的来历和现状。老人为我们讲述了他一生所见证的蜀源村的历史，还有村里一些有趣的故事。

鲍政彪的妻子汪菊英也是地地道道的蜀源人，年过古稀却依然勤劳能干。细心贤惠的她对于村里的一些传统习俗和技艺最为熟悉。汪菊英老人为我们介绍了村里"舞草龙"、吃"乌饭"、做"炸馓"等习俗。在她的帮助下，我们还借到了村里现存唯一的祠堂"孝徽祠"的钥匙。祠堂里并没有祖先的牌位，中间只有一副蜀源鲍氏始祖的画像，四周还有一些蜀源村的村史资料。我们在祠堂里得到了很多关于蜀源村的基本信息。

除了对两位村民的采访，我们还联系到了蜀源村最有名气的民宿客栈"半山闲客"的掌柜，方女士。方女士虽然不是蜀源本村人，但确实是一位温和有礼的典型徽州女性。她的"创业"为蜀源村的民宿发展起到了表率作用。此前我们曾去到蜀源村的村委会，但村里的办事人员更多的只是为村民办理业务，对于村子的发展并没有全局的把握。而我们在与方掌柜的交谈中，对蜀源村的生态旅游业也有了更深入的了解。

在为期六天的调查中，我们收获的是蜀源村深厚的历史文化积淀和鲜活的历史记忆，感悟的是村落女性的命运变迁，同时也为耕读文化在以蜀源村为代表的众多徽州古村落的传承现状而感到有很大的压力。下面，将展示此次"耕读文化"蜀源村队关于蜀源村耕读文化的调查成果（主要根据采访稿内容整理）。

一、蜀源村史

在出发前往调研地前，我们通过查阅网络和文献资料，了解到蜀源村地处黄山南麓，潜口镇东北部，其东接歙县富塝、南处唐模、西攘潜口、北依灵山。村域面积2.6平方千米，辖蜀源、前山、铁匠坞、北山下、蜀口、板桥山六个自然村，8个村民小组，236户，农业人口825人，耕地65.3公顷，林地山场276公顷，森林覆盖率达80%以上。至于村名的来历，当地村民告诉我们，村子四面环山，地形和四川盆地十分相似，还有河流贯穿村头村尾，所以叫蜀源。

结合文献资料和村民口述，我们总结了蜀源村的历史沿革。

蜀源，始于东晋前，兴于宋建炎年间，明清时达到鼎盛。国民政府时期，初期属灵棠乡管辖，后划归丰山乡管辖。1949年4月下旬，歙县全境解放，蜀源"优昙保"改名"蜀源行政村"，隶属歙县富塝区管辖，1951年划入潜口区。1956年进入合作化时期，蜀源成立"建新高级农业生产合作社"。1958年全国实现公社化，蜀源更名为"建新生产大队"，初期隶属"岩寺人民公社潜口管理区"，后属"岩寺区潜口人民公社"。1978年党的十一届三中全会后，人民公社制撤销，陆续恢复乡、村建制，蜀源于1984年撤销

"建新大队"建立"蜀源村民委员会",1987年成立地级黄山市后,隶属徽州区潜口镇。

徽州地区最早的土著居民是山越人。东汉以后,由于北方战乱,中原氏族开始南迁。迁居徽州时间集中在两晋之际、中唐和唐末时期以及两宋之际。在金带溪上有一座单孔石拱桥,本名德安桥,位于蜀源村南水口,建于乾隆二十三年(1758年)。因东晋鲍弘由山东青州来新安任太守,定居歙西金龟坦鲍屯。蜀源鲍氏为其后裔,在桥面设三条石凳,取"三凳石桥"与"山东石桥"之谐音,教诲蜀源鲍氏思根念祖。据《棠樾鲍氏族谱》记载,宋代时,蜀源鲍氏乃棠樾始祖第四代孙鲍居仁,因葬母而庐墓迁居于此,后代繁衍成村。有部分蜀源村民称棠樾鲍氏乃是蜀源鲍氏的分支。总之,蜀源鲍氏与棠樾鲍氏同宗同族,是毋庸置疑的。

在鲍氏迁居蜀源之前,蜀源已有詹、黄二姓,人丁却一直不旺。如今的詹、黄后人对自己的祖籍一无所知。我们在调研过程中询问了村里好几户人家的家谱保存情况,发现大多已经遗失。仅有一户人家的家谱保存完好,但不向外展示。

二、蜀源村的文化

(一) 村落环境

和徽州的很多村子一样,蜀源村的文化深受其地理环境影响。村子坐落在黄山南麓,四面环山,植被丰富,金带溪呈"S"状穿村而过。村口观音山上盛产桃花、昙花,故又被称为"小桃花源""优昙谷"。蜀源村整体布局在这一山间小盆地中,溪水穿村而过,可谓是背山靠水,藏风聚气。在蜀源一带还流传着"板桥仙迹"的传说,在"贞寿之门"附近有一座山,远看形似一条板凳,斜刺裹骑在村口,相传聂真人经过此处,被蜀源的美景所吸引,飞身石上细细观赏,直到天钟敲响,才欣然而归,有诗云:"仙人昔解蜕,石上划履迹。或在此山中,相逢不相识。"此外,蜀源村西面有一座仑麓山,环岩之下有一块巨石,其上刻有"仑麓泉"三字,为清代人手迹。此仑麓泉的泉口似龙眼,故又称为"龙眼井"。其泉水四季水温均在18℃上下。因为泉水中富含锶等矿物质和有益身体健康的微量元素,所以村民喜欢称其为"聪明水"。蜀源村人才辈出，长寿老人众多，据说是因为喝了仑麓泉泉水。由此可见，蜀源村山川秀美，人杰地灵。

（二）村落建筑

蜀源昔日有"九桥六亭三庙二庵"之胜景，现存前山桥、登云桥、雁塔桥、德安桥、复春桥和在涧亭、环翠亭、思源亭等。这些古桥经历了百年风雨仍是村里重要的交通要道，而亭子除了在涧亭外均为在原址上新建。而徽派建筑的工艺特点、建筑风格以及文化内涵都集中体现在牌坊、祠堂与民居中。故此三者又常被称为徽州三绝。蜀源村的徽派建筑虽不如西递、宏村那般美轮美奂、历史久远而保存良好，但在平淡中也不乏精致，且基本保持了村子的历史风貌。

在徽州各处，都能看到高高树起的牌坊。树牌坊是为了旌表朝廷认为有德行、有功劳的人，使之流芳百世。但是在这些牌坊中，许多是为赞颂贞洁烈妇而建，表彰其对封建礼教的恪守。我们一进蜀源村就看见了三座牌坊，它们历经岁月，上面都长着厚厚的青苔。此前我们查阅了相关资料，结合牌坊附近的介绍牌，我们了解到，村口第一座牌坊是"贞寿之门"，乃是为旌表鲍德成孝行及妻方氏贞孝，寿登百岁而立。鲍德成听闻父亲客死河南，便一人徒步数千里，将父亲灵柩带回故里安葬。后来，他的母卧病在床，鲍德成便亲自侍奉母亲、煎药调羹等，直至母亲病逝。鲍德成仁义好施，建义冢，搭石桥。村中雁塔桥与德安桥就是他出资兴建的。鲍德成之妻方氏，同样乐善好施，常常于村头施茶。距离"贞寿之门"不远的一座牌坊是"节孝坊"，清代乾隆三十九年（1774年）为旌表村人鲍光绩妻许氏节孝而立。当年许氏19岁嫁入鲍家，但24岁便成了寡妇。其一边侍奉继母，一边教养孤子，使之成人成才，以此度过数十年的守节生涯。再往里走，有一座较小的牌坊，名为"赞宪坊"，乃明代嘉靖四十年（1561年）为旌表蜀源人鲍镇在广西观察检校任上的政绩而建。当时，广西田州土酋作乱，鲍镇为粤西观察检校，他不以武力打压为主，而是以招安慰扶为先，从而使得田州重归安宁。"赞宪坊"年代相对久远，顶部有所损毁，近年对其进行了修复。

"贞寿之门"附近有一座在涧亭，为清代建筑。在亭的北面、东面墙各开有一个门洞，墙上覆青瓦。门额横匾上阴刻双沟楷书"在涧亭"的字样。此亭是为纪念村中烈女吴氏所建，而如今在涧亭只剩下一个整修后相对完整的外表，里面早已成了村民堆放杂物的仓库。而在"赞宪坊"的东面，建有一个亭子，内立有一块烈女碑。碑文字体为楷体，内容为《鲍孝妇贞烈吴氏传》，记述了元至正十六年（1356年）蜀源鲍氏十一世鲍琪妻吴氏为孝敬婆婆外出采苋，遇游卒拒奸被杀，投尸入涧的事迹。现碑为清乾隆六十年（1795年）重刻。此亭是为更好地保护烈女碑而建造，其后再将烈女碑移入亭内。但即便如此，烈女碑上的碑文已被风雨侵蚀，字迹模糊不清。

继续往村子深处走，村里仅存的一座祠堂就坐落在大片民居聚集的一个广场旁边。徽州人民具有聚族而居的特点，往往全村都是一个姓氏，同属于一个祖先。于是，祠堂这种用于祭拜和供奉祖宗、先贤的建筑尤为重要，往往是置于村口，建筑规模也较大。蜀源村同样是聚族而居，其中鲍姓约占了蜀源村人口的80%。蜀源村的古祠堂"孝徵祠"位于蜀源村东南，始建于明嘉靖年间。坐西朝东，为两进三间砖木结构厅堂。进门开在院墙东首，居中开正门，中为天井，两边有廊庑。门罩嵌有青石匾额书"明孝子钊公支祠"，祠堂为祭祀蜀源鲍氏16世孝子鲍钊而建，亦为本族人敬祖崇宗、商议家族事务之场所。古祠堂背后，流传着一个"孝子感动天神"的故事。皖南第一孝子——鲍钊，其为鲍氏十六世。鲍钊的父亲生病，卧床不起。他就不远千里、不畏艰难到深山中为其采药。此古祠堂便是后人为纪念他的孝行而建造。但目前祠堂已成村史馆，且常年关闭，我们求助了不少村人，最后还是在汪菊英奶奶的帮助下借到了钥匙，汪奶奶说，祠堂里也没什么东西了，有时候村里会把种葵花用的肥料堆在那里。我们进去后，发现除了几块介绍村子的展板和一副鲍钊的画像外，果然空空荡荡的。

再往村子里走，就是密集的民居了。经过修整的青石板路纵横交错，连接了村子上百户人家。这些人家的房子，有的是新式的现代化楼房，豪华的大铁门和空调十分显眼；有的是建国后造的房子，布局和建筑材料均与传统徽派建筑有所不同；也有一些大户人家的房子历史较为悠久，建造得很是精致，是典型的传统徽派建筑。村里的民居，不论新旧，一律都是粉墙黛瓦、马头墙，这是当地对徽派建筑风格有意传承的结果。除此之外，徽州典型的民间美术形式，著名的"徽州三雕"，即木雕、石雕、砖雕，也能在蜀源一睹风采。在蜀源村，所有的老房子都可以见到木雕，石雕当以牌坊为代表，砖雕则要数思恕堂的门罩最为著名。

蜀源村现存明清古民居20余幢，其中以"德本堂""耕莘堂""庆余堂"

"思恕堂"最为典型。德本堂华丽精美；耕莘堂厅大宅深；庆余堂屋高院深。而思恕堂则以其门楼上"瘦西湖图"门罩砖成为外来游客的比游景点。

思恕堂位于蜀源村中，是鲍氏"六德唐"支（鲍珍公门"孝徵祠"中的一支）之古宅，是在扬州经盐商鲍思恕87岁时返回故里所建。这支鲍氏是书香门第、儒商世家。思恕堂正值清道光年间家门鸿运兴旺时所建，外有商贾运转，家有田地坐收，家产丰盈。思恕堂建成后一直有人居住，但我们调研的时候，它已经被区旅游局租下来，准备进行修缮。我们未能进去走访，只是在门外窥探，由村民鲍政彪为我们在门外讲解，之后我们也从文献中也找到了不少关于思恕堂的资料。

思恕堂整个建筑群合理布局，做工考究，是清代中期徽州富家的代表性建筑。整栋建筑坐北朝南，背靠崙麓山坡。整个建筑东西阔18米，南北最深处25米，有大小七个天井，大堂小院重重叠，有聚合的院落，也有闭塞的民居，有显赫的大厅，也有隐蔽的阁楼，有穿插的过道，也有避就的照墙。由此可以想见当年鲍氏"六德唐"一支人丁之兴旺，势力之强盛。

思恕堂的砖门罩，采用了多层透雕的技法，展现出半个扬州瘦西湖的风景，虽历两百余年春秋仍完好如初。传说这件砖门罩是由一位工匠花了三年零六个月的时间雕成，由于太耗费精力，完成后不久这位工匠就去世了。

村里还有一些民居并不像思恕堂那般讲究，普通而传统的构造在一番改造之下成了集徽州韵味与现代化设施于一体的民宿客栈。目前已经建成的有六家，较为著名的是"半山闲客"，还有一幢正在建设中。

但蜀源村还有更多的古民居十分破败，甚至成了危房。我们采访了一位96岁的老奶奶，她告诉我们，家里老房子有一部分前段时间倒塌了，差点砸到她。我们采访的时候，老奶奶的儿子正从破败不堪的老房子楼上下来。奶奶告诉我们，儿子在房子塌掉后把她安置到了新家，自己睡到了老房子里，方便在倒塌房屋的基址上建新房。

（三）人才辈出

钟灵毓秀的徽州一直有"贾而好儒"的传统，曾经培养了无数的人才。蜀源历来重教兴学，有丁必读，好学喜文，孕育出一批批古圣先贤，也积淀下丰富历史文化。鲍镇、鲍增祥、鲍增豫、鲍嘉亨等人被历代文献传载。岐黄世家代代相传，曹氏外科、鲍氏伤科医术名高。在孝徵祠有按辈分列出蜀源明清官员清单，其中一品官员1人，三品3人，四品9人，五品16人，六品18人，七品7人，八品9人，九品37人，共计109人。

此外，蜀源还是远近闻名的"拳师村""教师村""医师村"。例如我们采访的鲍政彪老人的父亲鲍国华，就是当时有名的拳师。至今仍有不少蜀源子弟在外从医或从教，且常常颇有名气。

（四）乡风拾遗

徽州一些地区对于一年中的大小节日还保留了很多特殊讲究。在调研过程中，我们发现有一户人家正在准备孙子十岁生日的酒席。在当地，十岁生日是一个较为重要的人生节点，称为"割尾巴"。但蜀源村有很多民俗已经渐渐被遗忘了。如我们恰巧碰上村中有一户人家结婚。在当地传统婚俗中，最有特色的做法是：女方的兄弟提一铜壶，壶嘴插有柏叶，并挂有两个鸡蛋。这个铜壶必须放在新床上，且壶嘴需朝外，以祈求生育男孩。可现在村里办婚礼大多不按照传统的"规矩"行事了。

每年中秋之夜的舞草龙因为能够吸引游客而传承得最好。蜀源村的中秋节，一入夜，锣鼓声、爆竹声、欢笑声喧天。整条龙长十数丈，分龙头、龙身和龙尾三部分，由稻草捆扎而成，各身段间以稻草绳相缀连，每隔七八尺支一粗木棍以便擎举。舞龙的队伍走街串巷，到了谁家门口，谁家就拿出点好的一把香插在草龙身上。过去家里长辈还会给孩子也扎一条小草龙，跟着队伍一起游行。只是村里会扎草龙的老人已经不多了，年轻人又嫌传统的草龙外形不美观。

除了中秋节有舞草龙这项集体活动之外，其他的节日或盛大或平淡，各家有各家的过法，也和其他地区差别不大。值得一提的还有一些特色小吃，例如四月初一，娘家会给新婚的女儿家送去乌饭，即用"乌饭叶"的汁浸染糯米后蒸熟。还有七月半的炸徽，冬天的冻米糖，等等。

"孝"一直是蜀源的传统。蜀源鲍氏始祖鲍居仁，就是葬母蜀源守坟而来。第四代鲍亿四，以恭谨善待乡里之美德被人称赞，其妻对上克孝，相夫教子，"妇仪母道两无愧"。"孝徽祠""节孝坊"等文化遗产更是很好的例证。虽然在现代社会，蜀源人仍然重视孝顺，也经常这样教导孩子，但蜀源人在祭祖方面的确不太上心了。按说徽州宗族祭祖种类很多，有些地方每年祭祖活动竟有九次之多。但蜀源人一年只祭祖四次，即清明节、七月半、重阳节及冬至，如今最普遍的还是清明节。冬至时也有些人家会在门口插上点燃的香，算是慰问祖先了。七月半和重阳节更少祭祖的氛围。

蜀源人自古就有乐善好施的美德。在雁塔桥旁，曾有一座茶亭，系乾隆年间，廿二世鲍德成妻方贵珠百岁时，以寿诞贺金及平时节约之银，拆去茅草茶棚，捐资建立。徽州一些地方的人有六月二十四到灵山拜佛看鬼火的习俗，而蜀源人则长久以来为过路人提供免费茶水。蜀源人施茶的做法一直延续到建国后，如今茶亭虽不复存在，蜀源人对公益事业的热心却不减。1998年，蜀源村发动村民捐款修建柏油路，捐款率100%，共收捐助额8万余元。个人尤以在合肥工作的鲍世昱为最，得到鲍世钺、鲍杰、鲍宁丰、毕德和、刘文开等几位在外工作的退休或在职干部的鼎力相助。在村口还曾有一座"功德碑"，近年来为了搞旅游开发而拆掉了。

与其他徽州人相比，蜀源人还有独特的尚武好斗精神。村中出了很多拳师，传说还出过两兄弟武官。有一次村里搭台唱戏，约好的开演时间到了，可隔壁村的人不让开戏，因为他们村还有一些孩子没有到。拖延过久，两村起了冲突。在两兄弟武官的带领下，蜀源村打败了隔壁村。从此立下了隔壁村唱戏，必须等蜀源村的孩子都到了方能开戏的规矩。

蜀源人中还流传着一些有趣的迷信故事，如村民鲍政彪讲述的"无头菩萨"的故事——村中原本有一尊十分灵验的无头菩萨，村民大多对其较为虔诚。唯有一位村民不信，还将菩萨像扔进河里。不久后，这位村民为做新房出村采购石料，不料在路过他将无头菩萨扔弃的地方时，翻了车。但诡异的是，司机安然无恙，而这位村名重伤致死。从此以后，村民对那尊无头菩萨更为敬畏。

（五）村规民约

在蜀源村村口不远处，一面新刷的白墙上写着蜀源村的村规民约。虽说"此条约、村民立"，但该村规民约并未体现蜀源村本地的传统和特色，也并非村民集体商议所得，而是更像是政府的宣传。

现将其抄录如下：

蜀源村 文韵地 将你我 来养育 美乡村 创建好 本条约 要记牢
爱国家 爱集体 跟党走 志不移 勤劳作 同富裕 谋发展 齐努力

村务事 共参与 作决策 提建议 讲务实 守信誉 崇学风 向善举
邻里间 有情谊 互帮助 如兄弟 德为先 是保障 法为本 扬正气
讲奉献 众团结 蜀源美 人心齐 此条约 村民立 执行好 都受益

三、村落女性的命运变迁

（一）封建礼教下的徽州女性

提起徽州，贞节牌坊便是一个不可不提及的话题，而每一座贞节牌坊的背后都蕴含着徽州女性的坚忍与忠贞。徽州下的蜀源村也有着属于自己村落的节孝故事。

在蜀源村，有三大牌坊，其中有"节孝坊"牌坊，为纪念蜀源妇女的忠贞节孝而建。另外，还有赞宪坊旁的烈女碑、金带溪畔的在涧亭是为纪念村中吴氏贞烈而建。此外，流传下来的部分资料中还记载了村中其他众多守贞妇女。

在古代，女子大都会受封建礼教的束缚，遵循"三纲五常"，以身边的男子如父亲、丈夫、儿子为生活的重心。在那样一个女性社会地位不高，且束缚重重的时代背景下，世人对女子的要求也更为苛刻。从一而终、矢志不渝，是衡量女子的基本准则，守寡女子不再改嫁是世人习以为常的事情，更有甚者，守寡的妇女也会被困在高墙之内，余生都不会再踏出家门一步，以此表明守节。如今，我们无法确切地知道这些守节的妇女是否属自愿，是否会渴望自由。但我们可以确定的是，历史上那些已婚或未婚但有婚约的女子在丈夫离开人世后，依旧上孝公婆、下育子女、勤俭持家的蜀源女子，已成为后代学习的典范。

诚然，封建礼教对女子的束缚与压迫可能是造就蜀源女性命运的重要因素之一。但不可否认的是，忠贞不贰、勤劳贤惠的蜀源女子在大家庭中扮演着重要角色。蜀源人杰地灵，人才辈出。蜀源女子则为在外奋斗的蜀源男子安定后方，使其无后顾之忧。

（二）建国后的农村女性

新中国成立以后，男女平等、民主自由等观念进一步传播。扫除文盲运动的开展，进一步促进基础教育的发展，使得蜀源这个小村庄的女子有了受教育的机会，但并不是所有的女子都可以接受完整的国民教育，贫穷人家的子女只能早早辍学，扶持家庭。在我们此次的调研中，现年70岁的汪菊英奶奶便是这样一个例子。

由于家庭贫困，当年汪奶奶在读完小学后就回归家庭，从事农耕，帮助父母减轻生活的重压，待成年足以婚配，便与同村的年轻男子组成家庭。婚后她多年如一日地辛劳务农、勤俭持家、教养孩子。在她的悉心又严厉的教导下，她的儿子鲍恭宁、孙子鲍宽都顺利从大学毕业，并留在镇里当中学老师。女儿鲍惠玲嫁给了隔壁村以养蜂为业的谢四海。新婚后，女婿独自外出养蜂，女儿在家务农。但一连几年，女婿养蜂都未能盈利，回家后靠女儿务农所得过活。后来女儿决定和女婿一同外出养蜂。虽然风险很大，但汪奶奶十分支持。终于，在女儿的勤劳操持和精心打理下，家里的生活水平一年好过一年。一双儿女都有出息又孝顺，汪奶奶原本应该颐养天年，可她劳动了一辈子，不做事就觉得浑身不对劲。当前蜀源村大力开发旅游业，初秋的向日葵花海成为闻名全国的蜀源一景，而每年夏天的向日葵播种工作需要大量的劳动力。七月酷暑，年逾古稀的汪奶奶仍然顶着烈日种向日葵，挣取一些生活外快。经了解，和汪奶奶一起种植向日葵的一共约有二十人，全为村里的中老年妇女。

像汪奶奶这样的女性，蜀源村还有很多。她们在年少时由于贫苦的家庭条件无法接受更高的教育，一般只有小学学历，一辈子务农，以丈夫、孩子为中心，为家庭奉献了一切，传承着古代蜀源女子勤俭持家、坚忍不拔的优良品质。值得一提的是，她们虽然自己没有得到很好的教育机会，文化水平不高，但对于晚辈教育十分重视，自己也有较高的文化追求，常常收看一些文化类的节目，对于不懂的文化常识更是十分有兴趣。

（三）改革开放以后的新时代女性

改革开放以后，人民的收入水平显著提高，科教兴国战略的实施进一步促进了蜀源村基础教育的发展。此外，蜀源村还大力发展旅游业，为蜀源女性提供了更多不同的人生选择。

在我们此次调研中，"半山闲客"民宿的老板方女士便是在蜀源创业的一位年轻女性。她热爱徽州的古老建筑，也享受这里的慢节奏生活，加之蜀源旅游业的开发，地理位置优越，环境优美，她便在蜀源打造了"半山闲客"这样具有徽州古老风格的民宿。不依靠媒体大肆宣传，仅仅靠着入住游客口耳相传或是回头客光顾，"半山闲客"就已保持着较高的人气，饱受来蜀源休闲娱乐的游人的好评。尽管方女士只是职业高中毕业，但凭借着对古老徽州的热爱，她在蜀源开拓出自己喜欢的一片天地。

当然，蜀源的其他女性也都有不同的人生选择。像生长在蜀源鲍丽凤女士选择在本地旅游业中发挥作用，更多的是像鲍媛媛女士选择在附近城镇打工，选择在学业上拼搏的蜀源女性也越来越多……

时代在变迁，蜀源村女性的生存环境也在不断地改变，蜀源女性在各自所选择的道路上生活着。

四、蜀源村发展现状及存在的问题

（一）蜀源村发展现状

解放后，特别是改革开放以来，党的农业政策在蜀源村得到有效的贯彻，农业经济不断发展，农民的收入也快速增加。尤其是近几年，农业上的机械化操作越来越普遍，一些沿袭了上千年的传统农业工具也逐步被淘汰。据了解，蜀源村的农田有一部分被承包，或种植向日葵，或种植观赏苗木，或种植中草药。大部分村民仍在自家菜地里种植蔬菜，如大豆、土豆、四季豆、茄子、青菜、萝卜等，自给自足，也有专人会到村里收购蔬菜。较大的农田里常常种植稻子、玉米或西瓜，以出售为主。村里民风淳朴热情，村民新摘了瓜果蔬菜，总不忘给邻居也送一些过去，一些从来不种西瓜的村民也能年年有吃不完的西瓜。近年来，结合乡村旅游的发展，村里的葡萄园越来越多，自摘葡萄的生意也日益红火。而每年春节，最让村民忙碌的是山头的茶园。从三四月的毛峰，一直摘到五月份的红茶，茶价从一开始几十元一斤，到几毛钱一斤。等到茶价实在太低的时候，村民摘完最后一次茶便拿去村里有设备的人家，自己制作供一家人一年喝的茶。

我们注意到，在田地里耕种的往往都是村里的女性，尤其是中老年女性。大约是延续了徽州男人在外打拼，徽州女人在家操持的传统。村民解释说，村里男人若是还有点力气，就到外面工地去做工了。留在村里的女人不仅要操持家务，田地耕种也要她们劳心劳力。这种情况在年轻一代有所改变，村里的年轻人不论男女，首选都是外出工作，很少有留在村里务农的。

蜀源村从上世纪九十年代起，就以"小桃花源"为名号发展起了生态旅游业，还曾利用村里的泉水开发了"龙鹿泉"牌矿泉水。2000年，在全省率先创办"优昙谷休闲养生旅游中心"，开安徽省"农家乐"发展之先河，先后被评为"国家级农村旅游示范点""安徽省百佳生态村""安徽省民主法治示范村""华东休闲养生第一村"等称号。2013年，村里创新成片种植观赏性向日葵，吸引3万游客，从此成为黄金周皖南旅游劲爆景点之一，开辟当下休闲养生旅游的一条新路。伴随着向日葵而来的，是村里一家又一家"农家乐"。以"半山闲客"为代表的民宿也获得越来越多的关注。

（二）蜀源村发展存在的问题

1.文化遗产的保护与利用

蜀源村是具有古徽州特色的村落，村里留存了大量具有徽州建筑特色的民居。而这些具有明显特色的民居如今正在衰败。

一是自然损毁后重建或废弃。在村里，大多数村民现如今居住的房子都是近十年翻新或重建的。例如，汪菊英奶奶家的住宅就是依老房子而建。她说，老房子塌了，于是就在老房子旁边另建了现在的房子。我们在走访蜀源村的过程中也发现了村中有很多危房，鲍奶奶家中的老房子正在拆除当中，她现在居住的地方就在老房子的旁边，也是危房。但村里还有越来越多的房子荒废着。

二是被人买了去，打造成特色民宿。蜀源村现有的"半山闲客"民宿，外面仍是具有徽派建筑特色的房子，但里面都是现代化的设施，供游人来蜀源休闲度假使用，属于盈利性的客栈。

村中还有一些比较有名的老房子已经被规划入旅游局，由旅游局统一管理。例如，村中有名的思恕堂。我们走访时，发现它大门紧闭，门外有旅游局张贴的标牌，对思恕堂进行简单的介绍。

蜀源村除了老建筑外，还有牌坊、亭子、石桥、祠堂、泉眼等，虽然这些徽州文化的产物如今也都被人保护起来，都有一块标牌用来简要介绍曾经的作用或价值，而它们共同的作用，也不过是为观赏向日葵的游客作为拍照背景。蜀源村的这些遗迹都已没有它们初建时的辉煌与显赫。它们已经很难再变成活的文化载体，给我们讲述活的徽州文化。

2. 发展成果的分配

近年来，蜀源村致力于发展旅游业，旅游局承包了大量的农田，发展葵花旅游业。我们八月初去蜀源考察之时，正值蜀源栽种葵花之时，据当地的人说，十月国庆之时，蜀源的葵花将大面积开放，到那时，来自全国各地的游客便可以看见一片片金黄的花海。

到蜀源看葵花是蜀源村的重点旅游项目之一，那么这些旅游项目又可以给蜀源人带来多少实惠呢？据我们对蜀源村栽种葵花的妇女的访问得知，一个人种一天的葵花也不过收入几十块钱，劳动力价格非常低廉。除此之外，蜀源当地的餐馆、旅店也不是很多，当地的村民大多不是依靠旅游所带来的经济效益为生。那么，蜀源村的旅游业发展成果得来之后如何分配，村民如何从中获益便是一个大问题。

3. 文化传承的危机

我们在调研过程中重点采访了蜀源村村民鲍政彪，今年77岁的他亲历了解放后的蜀源村历史，而他本人的人生经历也成了这段历史的一个缩影。这时的蜀源人与传统意义上的徽州人似乎有着天差地别，他们好学却没有机会和条件，在最有精力应有一番作为的年纪却去"造反"，之后虽也为商，但未传承"徽骆驼"的精神。耕读文化就在这里出现了断层。

众所周知，明清时期的徽商十分有名，而他们当中的商人大多是儒商，所以耕读文化的传承在徽州应该有较长的传统。但是，我们在走访的过程中发现，他们的文化生活却十分贫乏，闲暇之余，年轻人习惯看电视玩手机，中老年人日日坐在麻将桌或扑克牌前，或者三五人坐着话家常。扎草龙、切冻米糖、做乌饭等传统手艺渐渐没落。村里虽有不少文化遗产，但都沦为摆设和部分人赚钱的工具，还有很多传统习俗被丢弃，完全看不出号称"东南邹鲁、程朱阙里"的徽州该有的样子。

究其原因，大概有两点。最大的因素是伴随着城市化进程的农村空心化。这个过程在近十年尤为突出。大约十年以前，村里的孩子还与大人一同参与传统活动，比如写春联、舞草龙。十年里，村里的孩子陆陆续续去城镇里读书，留在村里的越来越少。以至于到了今天，蜀源村的小学只剩一位老师和两个学生。而且，凡有点能力的年轻人都尽量在城里找工作，即便一年回不了几趟家，也要在镇里买栋房子，而在生养他们的农村却只能待上片刻，又何谈耕读文化的传承？留在村里的自然都是些老人，老人一个一个地走了，老房子就一栋一栋地空了。蜀源村里随处可见久无人居的老房子，就那么默默地颓坏着，无人问津。村子里没有新鲜的气息，即便面貌几度焕然，也不过是外来资金打造出的外表，蜀源村却从内里凋零着。"耕"的人越来越少，"读"的人也越来越远。

此外，基督教的渗入也是传统文化衰落的一大因素。蜀源地理位置靠近隶属于歙县郑村的槐塘，槐塘因侨民众多，基督教盛行。十来年前，蜀源村民第一次直接接触了基督教。发展到今天，虽然蜀源村里的基督教徒只有十几个，但以基督教为代表的一些观念和做法已经深入了村子。老人原本应该是传统文化和手艺的坚守者，却在接受了基督教的观念后对传统的东西失去了热情。由此，清明节祭祖的流程越来越潦草，传统的老手艺和做法越来越"老套"，年味越来越淡，而对圣诞节的热情只增不减……

虽然蜀源只是个远离城市喧嚣的小村庄，但它已经完全卷入现代化的浪潮中。在耕读文化没落的同时，村子的文化与外界相比也开始变得单一而同质。

通过与村民的交谈和小组内的讨论，我们认为，蜀源村要传承耕读文化，人才是关键。首先要留住村里的年轻人，尤其是接受了高等教育的新一代知识分子。一方面可以从政策上鼓励和支持愿意回村建设的年轻人，一方面要在学校教育中让孩子们感受到徽州文化的魅力，使他们主动地承担起耕读文化传承的责任。

村子的发展规划也不能完全是简单的生态旅游，也应充分挖掘其历史文化价值，用蜀源的风土人情、传说故事来打动游客。具体的措施可以从对当地讲解员进行培训、定期组织传统工艺传承活动入手。

此外，鉴于电视节目在村民文化生活中的重要地位，我们还认为，可以制作以耕读文化为核心内容的电视节目进行非正规教育，而该类节目应当通俗易懂、老少咸宜。

五、结语

这次调研过程总的来说比较顺利，得到了当地人的热情支持。小组成员在这次调研当中都得到了锻炼，尤其是和比自己年长的陌生人打交道的能力。不过一开始由于分工较混乱，对于鲍政彪老人和汪菊英老人的采访没有拍照和录像，这是这次调研当中的失误。

本次调研的对象蜀源并不像西递、宏村那样著名，但正因为不在众目睽睽之下，才更有普遍性。在古徽州地区，像蜀源一样的古村落数不胜数，它们不为人知但也有自己历史和文化的积淀，那里的人们也有自己的故事需要传递。

徽州女人向来都是很多人关注的焦点。在宏村，还有以徽州女性为主角的《宏村·阿菊》的大型实景演出，虽然演出很宏大很精彩，但始终与真正的徽州女人存在明显的距离。这次调研，我们深入徽州的最深处，真真切切地与徽州大地上的女性接触，感受不同时代背景下，徽州村落里女性的命运变迁。虽然短短的几天时间，我们只能粗浅地感受她们的选择与坚持，但这种最真实、最直接的感受，也是十分宝贵的经历。

附录1 村民鲍政彪口述蜀源村解放后的历史

解放以前我还小，也是听别人说的。那时候我父亲和二伯父是当地有名的拳师和跌打医师。有一次他们到休宁的一个村去给人看病。那个村的风气不太好，经常有人偷牛，所以立下了规矩，凡是牛肉都不准带出村。可我父亲给人看完病，病人家属为了感谢就送了牛肉。到村口的时候被当地人拦下来，解释不通后就打了起来。我父亲人高马大的，三下五除二就把他们打趴下了。不过我的父亲在快要解放的时候，被国民党的人当作新四军给枪毙了。因为我父亲排行老四，别人都叫他老四老四的，有一次在路口被军队拦下来，国民党以为我父亲是新四军。实际上我父亲也经常在山里给新四军看病，大概也走得比较近。父亲和国民党军队起了冲突，他们就把我父亲关了起来。那一次一共枪毙了6个人。

解放后，土地改革与镇压反革命一起，村里倒也平稳无事。只是"大跃进"时"大炼钢铁"，为了达到指标，村民把家里所有的铁器都拿去炼，只得一堆废铁，村里还饿死了十几人。一户六七人，一天只有一斤米，根本吃不饱。那时我十四五岁，父亲不在了，母亲带着四个儿女实在过不下去，有一户人家跟母亲说愿意供我读书，母亲便把我交给他们家，谁知他们却让我天天给他们家放牛。后来我便逃回到母亲身边。十八九岁的时候，我还经常去隔壁村参加篮球比赛。"文化大革命"的时候我二十多岁，刚结婚，天天和村里的年轻人一起四处去造反，还把书记带去批斗、游街，那时候造反是算生产队工分的。"文化大革命"结束后就没什么事了。刚刚"分到组"的时候，我和村里几个人到山东去卖茶叶，来去十几天，除去车费，其实也赚不了什么钱，就是出去玩了一趟。"分到户"之后，家里种了四五亩的西瓜，我去上海和浙江一些地方卖西瓜，赚到钱买了家里第一台电视机。九十年代的时候，后山塌了，把家里厨房压倒了，就干脆把旧屋一拆，建了现在的房子。

如果不是大跃进和"文化大革命"中把蜀源很多古迹都毁了的话，蜀源现在肯定是个有名的景点和历史文化名村了。以前村里有七八座祠堂，大跃进的时候拆了几座拿来当仓库。现在村委会那里原本是鲍姓的总祠堂，同时也是村里孩子读书的地方。后来村委会把祠堂一拆，建了座小学，之后又拆拆建建很多遍。现在蜀源小学就剩下两个学生和一位老师了。隔壁鲍媛媛家原本有一座特别好的老宅，是明代的，很气派。后来拆了建，又拆又建。鲍立新祖上几辈都是当官的，家里的老房子很好，有很多值钱的东西，到了鲍立新的爷爷那里就没落了，房子一拆，家里东西也当古董卖了。以前在村口观音山那边，还有一座庙，"文化大革命"的时候也拆了。在洞亭旁边以前有一个用来防火的水塘，后来填了。蜀源本来有十处有名的景点，如今有很多都没人知道了。

附录2 "半山闲客"方掌柜采访录

问：请问您当初是怎样想到要办一个像"半山闲客"这样的民宿呢？

方掌柜（以下简称"方"）：我以前在潜口镇乡村旅游公司工作，现在办这个民宿，首先是为了做一个表率；第二是因为我自己也比较喜欢这种生活，能遇见许多有缘人；第三就是很多人出来休闲、度假，希望在这样一个很有地域文化特色的地方，能有一个住宿地，为他们提供乡村生活体验。

问：请问您当初为何看中蜀源这个地方？

方：首先，这边的环境比较好；再者，地理位置也比较佳；然后，周边的景点都比较密集；而且这里也是一个养生村，是前几年做起来的。其实早在九几年就在规划，如果不是非典的原因，这边早就能做得很好。因为这边环境好、空气好，所以很多老年人喜欢来这边度假一段时间，比如就有很多从上海那边过来的老人；还有就是这边历史文化底蕴浓厚，因为这个村子有一千多年的历史。

问：您是什么时候产生了在这边办一个民宿的想法呢？

方：我这个民宿开张也没有几年，是2004年装修，然后花了整整一年的时间，在2005年开始经营。

问：说实话，我作为本地人之前都没有注意到这个民宿，感觉好像是这几年才比较出名。

方：因为我这个民宿里面只有六间房，客源还可以，像这种回头客还是蛮多的，所以并没有大肆宣传。

问：办"半山闲客"这样的民宿，过程一定十分艰辛。请问，在经营过程中，您有遇到什么困难吗？

方：其实还好，因为在这几年当中，我结交了许多真的朋友。因为"半山闲客"打造的是一种家的感觉，所以朋友会有很多，有的客人甚至愿意四次都来这边住。这些朋友真的给我带来了不少的收获，我的眼界、格局都比以前更高了。这里其实就是一个交友的平台，每次客人来了，我就把他们当成家人来看待，就像是你家来亲戚做客。每位客人在走的时候，都会感到恋恋不舍。

问：这个民宿真的看起来很有味道。

方：因为有地域文化在这里，徽派建筑，老房子嘛。像客人来了，首先就会感觉像是来到了一个不同的世界，和城市里面真的有很大的差别，像城市里面那种嘈杂的声音，到了这里就特别宁静，晚上就听着虫鸣，早上醒来就是鸡鸣狗吠。生活就很舒适，让人比较放松，有一种休闲的感觉。

问：请问您觉得这边还有什么值得改进的地方吗？

方：需要改进和学习的地方确实有很多。其实，每个民宿都是不同的，因为每一个民宿都有主人的情怀在里面，所以说也是不可复制的。不过，当然也有许多地方值得我去学习的。

问：因为目前只有六间房，所以您是否有意愿将旁边的房子承包下来，然后进行扩建呢？

方：我最初也说过，我其实是起着一个表率的作用，是想带个头，所以说周边已经有第三家民宿进来了。你们有没有发现，有一家在村子后面，已经在装修了，马上第一栋就要完工了。还有一家在上面，山水口那里，有一个老板买了三栋下来。其实乡村是需要带动周边一片乡村旅游发展的，客人来了就带来了效益，比如客人会买一些这里的土特产。所以我们是希望有更多的人进来，把这一片都搞活起来。一家做跟多家做，效果是不一样的。去年有一个客人来这里，他是常年待在北京的，现在是在温哥华。他来这里度假度了三天，他就被这里的环境，还有徽派的建筑所吸引，所以就在这边投资买了一栋房子，现在正在装修，所有的东西都全权交给我来办理。

问：因为您给我们一种精英女性的感觉，所以能问一下您的学历吗？

方：没有，我是职业高中，我的性格别人都说像是邻家小妹。

问：请问您的家人支持不支持您在蜀源创办一个像这样的民宿？

方：都挺支持的。刚刚那个就是我儿子。他是在国外读书的，主攻的是旅游发展，特别是乡村旅游这一块。他也是很喜欢这种乡村生活，因为他小时候是住在城市里，不像我们是在村子里长大的。其实我们对这些老房子都特别心疼，因为我每次回家都会有许多老房子因为年久而倒塌。而且老房子还牵扯到很多户人家，所以很多都倒掉了，没有了。真的很可惜，但是办一个这样的民宿，就可以把这些老房子继续传承发展下去，赋予它们新的生命。像"半山闲客"的这栋房子，我刚来的时候，它堂前四个角的四根柱子都是歪的，而二楼几乎是没办法上去了。所以说，如果我不从农户那里买下它，它就有可能已经倒掉了。

问：这个整修其实挺不容易的吧？

方：嗯，我整修这个房子就花了整整一年的时间。因为像这种老房子，用的不是钉子，而是榫卯结构，而现在的木工一般都很少干这种活，只能让大木工来做，所以就做了一年的时间。

问：那现在"半山闲客"是您生活的重心吗？

方：嗯，几乎是。

问：从这些字画、摆件，就能看出您花了很多心血在这上面。

方：因为自己喜欢，所以平时也会弄弄花，有时还会和阿姨们去采菜。客人来了的话，我们还会为他们准备当地的土菜。或者是他们会自己到菜地里采摘，回来后自己加工，自己做菜。客人们对此也是很乐意的，一个是因为和城市生活很不一样，还有就是暑假带孩子过来，那些孩子基本上对书本上常见的一些蔬菜是不认识的，而到菜地里，他们就会学习到很多。

问：除了像这种采摘、烧饭，还有什么其他的活动项目吗？

方：徽州区这边，有几十千米的登山步道，很多人都会来这边登山。这里还有徽州绿道，可以进行骑行。前几天就有一个妈妈带着一个小孩子来这边，就在门前的广场上教会了她孩子骑车。此外，还有一些垂钓、采摘、挖笋、农活，每个季节也都有不一样的地方。而且这周边也有5个AAAAA级景点，有的游客就会选择出去玩，有的会待在这里，也有的我们会带他们出去做点事情。好多人基本上就是过来度几天假，周边转转。

问：客源一般是哪里的呢？是江浙沪的会多一些吗？

方：像这几年，北京、安徽以北的会比较多。之前的话，就应该是江浙沪。现在，北京、南京、上海、合肥的会比较多。

问：他们是通过什么渠道知道"半山闲客"的呢？

方：基本上是靠口口相传。朋友加朋友，他们就会加我微信，然后说我是某某某，上次谁来过您家，我是在他手机上看见了，然后他就把您的微信推荐给我了，所以就会过来。像这种朋友介绍给朋友的还是蛮多的。还有就是在携程上面。

问：这里基本上是处于客满的状态吗？

方：也不一定，因为这里会有两个花季，一个是三四月的油菜花，还有一个是九月底十月初的向日葵，所以这两个时候的人会比较多一点。但是也没有很明显的淡旺季之分，平时和暑假里都还好。

问：您平时没事的时候，会通过什么方式来度过空闲时间呢？

方：因为客人都蛮喜欢这边的土特产，所以我们会去村子里面帮他们挑选一些东西，然后也会种种花花草草啊。没事也会出去旅行，出去学习。这几年已经在国内走了很多地方了，但是每次出去都会选择一些民宿、客栈，顺带还可以学习，这样就可以跟主人交流沟通，学习一些东西。

问：堂前的这些摆件都是您自己挑选的吗？

方：是的，有的时候是出去玩，看到就非常喜欢，不管是坐飞机还是其他什么，都要把它们弄回来。我出去，就是喜欢淘这些东西。但是，我们还是没有破坏房子原本的风格，遵守修旧如旧的风格，因为历史的一些东西，它是没有办法做出来的。所以整个是没有怎么去动它，保存的还是比较完好的，只是在里面添加了一些东西。

问：您经营"半山闲客"这些年，有没有遇到什么有意思的事和人呢？

方：什么样的客人都有。就有过一个客人，他来了这里哪里也不去。因为客人来了我都会和他们聊天，所以每天早上起来后，我就都会问他，你今天打算去哪里玩啊？然后他就说我哪也不去，就待在这里。他就一个电脑，坐在这里。第一天是这种情况，第二天也是这种情况，我每天都会问他。然后他就问我为什么老问他去哪玩，我就说我很想带你出去玩，我看你在这里都几天了。他就说，我来这里就是来清静的，来放松的，我哪儿也不想去。后来我才知道，去年还是前年，不是有雾霾吗，而且特别重，他就是来这里待了一个星期，天天就是在那个电脑上办公，然后就是关注天气，天气好了，就买票回去了。

问：这里来的是不是家庭比较多？

方：嗯，家庭会比较多。像我们这里，整楼出租的很多，像你们几个朋友带家属，就能把它租完，因为我家就六间房嘛。特别是周末，几个朋友就一起过来了。合肥的客人特别多，因为合肥离得比较近，周五下班出发，还会让我给他们准备晚饭，我在这里要等到九点多，然后给他们准备晚饭。就是两三台车，几个朋友一起过来。然后过年、过节，就是几个朋友或者亲戚一起。我们家去年过年的时候，就是上海的一些客人，他们有十五个人，其实我们家只有六间房，是住不下的。那他说，他不想换其他的地方。因为他看到我们这里正好是一个家庭，然后也可以做饭。他说他们待在上海，但很少见面，大家都在高楼上，像一个笼子一样，很少聚在一起，就说过年的时候，就像找一个像这里一样的地方过年。所以他们就说，不用你管，只要挤得下，哪怕是打地铺也行，我们先过来再说。然后过年的时候，他们十五个人就过来了，在两个套房里面，地板上铺了两床被子，全挤满了。我们第一餐是二十九号给他们做，还有就是三十晚给他们再做一餐饭，然后他们就说不用再帮他们做饭了。他们总共待了六天，初四的时候走的。因为我每天早上都会来一下的，然后他们就说，哎呀，你别来了，你去拜年呗，过年你家里肯定也很忙，这里暂时就交给他们了，这里的主人现在是他们。他们过年在这里，发现有很多人，因为村子里过年都很热闹的。他们就自己摘菜，自己做饭，像什么春卷、汤圆，都自己弄。有人过来问房，他们就说我们这里今天不接客，已经满了。他们就让我不用管他们，他们初一的时候自己开车去超市里买菜，然后就自己做饭吃，待在这里，周边抽了两天去转了转。有四个八十多岁的老人，走不动，有一天他们出去玩，让阿姨给老人做了饭。他们就是很喜欢像这样好像有了一个家的感觉，追求这种生活。如果住酒店的话，就没有这么方便了。我们就是想要提供给他们这样一种乡村的生活。

问：像唐模那边开发了一个法国家庭旅馆，但这边更有家的感觉？

方：那边其实是属于精品酒店，因为它总共估计有六十间房，而民宿应该就是在几间房以内是最佳的，绝对不能超过十五间。超过了十五间，就是酒店了。民宿就是家里，要有家的感觉。像我们去台湾还有其他的地方，很多民宿就是五间，现在改建成六间、七间、八间的样子，都是几间房。

问：咦，为什么这里要摆个"见贤思齐"的牌子？

方：这是一个朋友给我写的，这个寓意，就是看见好的就要向他们学习。

问：请问您近期对于"半山闲客"还有什么规划吗？

方：前面的那个菜地是我刚从农民手里承包下来的，我打算来做个茶室，就是一个入住登记接待的地方，然后这个堂前就会恢复成古代徽州建筑里面堂前的样子，会有八仙桌、屏风、古钟等一些东西。

江西合兴村调研报告

曹庆琳

　　农村是中国社会的基层，村落是中国乡土社区的单位①。可随着经济的发展和物质生活水平的提高，农村却陷入了尴尬的境地，"从乡土社会进入现在社会的过程中，我们在乡土社会中所养成的生活方式处处产生了流弊。陌生人所组成的现代社会是无法用乡土社会的风俗来应付的"②。

　　鉴于此，笔者于7月15日与7月29日分别对江西省赣州市信丰县大塘埠镇合兴村进行了调研：7月15日主要是与合兴村党支部书记傅联英取得联系，并向她了解了村子的有关情况，之后便进行了对合兴村内环境的观察；7月29日则是把已打印成表格的访谈问题带去合兴村对一些村民进行询问并记录，以更深入地了解合兴村的耕读文化现状。

　　合兴村，以"联合起来，振兴中华"之意而命名，位于大塘埠镇③北部。自2001年10月撤乡并镇后，围下、长塘村并入合兴村，其村委会则位于大塘埠圩北部。合兴村的地形以丘陵为主，地势由东南往西北倾斜，其中有105国道穿过。村内姓氏多样，几乎下辖的各个小组都有各自的姓，主要有王姓、徐姓、赖姓、杨姓等。解放前，原合兴村属坪石区大塘乡，围下、营仔属坪石区坪石乡，解放初，原合兴村属坪石区长塘乡，围下、营仔属坪石区龙岗乡；1955年，原合兴村、围下村属大塘区大塘乡，公社化时期属大

---

　　① 费孝通.乡土中国[M].北京:人民出版社,2008:5.

　　② 费孝通.乡土中国[M].北京:人民出版社,2008:8.

　　③ 大塘埠镇的历史沿革:唐永淳元年(682年),分南康县东西地置信丰县,大塘埠镇自此属信丰县,明嘉靖年间为大塘铺,为古驿之一。清光绪年间改为大塘埠。民国19年(1930年)至民国22年(1933年)曾是县府所在地。1984年4月改为大塘埠乡。1988年12月改为大塘埠镇。2001年5月,原坪石乡并至大塘埠镇。

塘公社。1984年12月,因大塘乡与南昌市新建县大塘乡同名,经省政府批准改名为大塘埠乡(新建县大塘乡后改名为大塘坪乡),因此合兴村1984年属大塘埠乡。1988年12月10日,大塘埠撤乡并镇。2001年5月,大塘埠镇调整乡村规模,撤乡并镇,坪石乡并入大塘埠镇,原30个行政村撤并为15个行政村,并设2个社区居委会。至此,三村合并的合兴村隶属大塘埠镇直到今日。合兴村主导产业是水稻和辣椒,境内有一座小型水库——寨背水库[1]。以下是笔者在调研中总结出的合兴村现状特点。

一、客家文化气息浓厚

客家是古代中原的汉人为了躲避战乱而迁徙至南方的移民群体,而信丰处于赣南南部,位于闽粤赣三省交接地带,如此优越的地理环境使得其成了客家先民南迁的重要站点,20世纪30年代最早较有系统地研究客家的客学大师罗香林便认定信丰为赣南十个"纯客县"之一。而信丰客家流入的主要方式则为宦游、避乱、流民、招佃和返迁等,来自赣中、福建和广东等地的汉民主要在隋唐、两宋、明代、清代这4个时期进入信丰。客家的研究学者罗勇研究发现,在现今赣闽粤入迁客民后裔所占人口比例中,信丰约占70%~90%,并且目前赣南的居民格局是在明末清初时期闽粤两地客家大批倒迁入赣后形成的[2]。

在此背景下,融合不同的族群、不同的背景、不同的生活习俗及语言习惯的信丰县也有着独特的文化,从其下辖的大塘埠镇合兴村便能窥知浓厚独特的客家文化的缩影。

(一)农业生产

合兴村主要的生产是种植业和养殖业。养殖业则是养鸡鸭鹅,偶有几家会买耕牛或养猪,这其中以鸡最为常见,几乎家家户户都养鸡,并利用鸡生下的蛋留给家人吃,少数会拿去卖。而种植业是合兴村的主导产业,不少村民都有自己的耕地。这里的土壤是红壤,一般过了春节村民们就开始准备春

---

[1] 来源于大塘埠镇政府宣传部处资料。

[2] 罗勇.略论明末清初闽粤客家倒迁入赣[M]//吴泽.客家学研究(第三辑).上海:上海人民出版社,1996.

耕，经过播种育秧、莳田（即插秧）、割禾（即割稻子）的程序种植水稻。另外，还会栽培花生。笔者在调研中发现，在采访村民所种植的作物时几乎都能得到种花生的回答，而七月份也正是拔花生、炸花生油的时节。还有些人家在夏天会种植豆子等以待秋冬收获。除了这些作物外，也会有辣椒、萝卜、秋葵等蔬菜种植，还会种有凉薯、荸荠等。

不同于城市喷洒农药肥料式的种植，村里人种菜几乎不洒药，因为村里种的菜是留给自己吃的，只有收货过多的时候才会拿去市场上贩卖，而且对于村里人来说，粪便尿液是最好的肥料，村里人的卫生用具是尿桶，因此总会把满满的尿桶提到菜地里去浇灌，这样种出来的菜虽然外表看起来稍逊色，但吃起来更具风味，也更加绿色安全。

（二）岁时习俗

村子里最隆重的节日要数过年了，这个年并不仅仅是从除夕到春节这么简单短暂，而是从立冬就开始准备过年所需的食物，直到元宵节才算过完年。

立冬后家家户户便开始做霉豆腐，蒸糯米以做水酒，晒香肠、牛肉、鸡、鸭、鱼、腊肉等；过小年时则对家里进行卫生大扫除，有些人家还会供奉祖宗、祭灶神和放鞭炮；过完小年后就开始上圩或进城置办年货了，并且，几乎每家每户都会在家里备好红瓜子、脐橙等一些具有本地特色的零食；除夕则家家宰牲口以祭祖敬神，并贴春联和福字，还会在门楣上贴上红纸条，而最热闹的应该就是大家聚在一起吃年夜饭了，说是夜，其实下午5点左右就开始放鞭炮吃团圆饭了，这可以说是一年来最丰盛的菜肴，年饭后则家长开始给小孩子发红包作为压岁钱并开始守岁；年初一从半夜开始就鸣放鞭炮并在门口摆香案点蜡烛，鞭炮声阵阵，热闹非凡，年初一也有不扫地不打水等讲究；年初二则是妻子和丈夫一起回娘家，带上装有饭菜和酒的香筐去祭扫祖坟，并开始陆续给亲朋好友拜年并携带好贺年的礼品上门；直到元宵节舞龙灯吃汤圆才算是真正把年过完了。

清明节除了扫墓外，村里还会在门上插艾叶以及制作艾米馃。至于其他的节日则大致是相同的。

（三）婚丧寿诞习俗

1.生辰入学

从婴儿出生到结婚前大致会有两个关于孩子的喜事：第一是孩子出生，孩子出生之后的三天叫作"三朝"，这天一般会请比较有经验的妇女给婴儿洗澡，叫作"洗三朝"，并且在这天会煮一些鸡蛋，把鸡蛋染成红色以此带来喜气福气，并把这些红鸡蛋送给本屋场的人，婴儿满月的时候要办满月酒（在合兴村称作"打竹米"）。另外还有百日宴，百日时外婆家一般会送给婴儿一副银手镯以驱邪。孩子满一岁的时候则会给孩子进行抓阄。

第二便是入学，孩子考上大学后，会由家长选个黄道吉日（由于七月半是鬼节，故会赶在农历七月前）设升学宴，一般首桌是坐亲戚并由外公或舅舅坐在首席，第二桌则坐母校老师。

2.嫁娶习俗

在过去的传统观念中，婚姻通常是由"父母之命，媒妁之言"而起决定性作用，一切由父母包办，并讲究门第，即所谓的"门当户对"，当媒人说合牵线成功并获得了男女双方父母的同意后，女方家会给男方家里送去写有生辰八字的庚帖，男方家则据此请算命先生来算八字，如果八字能合则开始议婚，如果不合就作罢。

现在虽然进入了新时代，但媒人仍然在婚姻中扮演着重要的角色。在以前"先结婚后恋爱"者居多，然现在一般为"先恋爱后结婚"。男女双方确定想结婚之后，双方父母都要托人到对方家里做媒，这个媒人可以是职业的媒人，但一般而言是由亲朋作为这桩婚姻的说媒者；抑或是双方家长见面吃饭，唠叨家常了解了解对方的家庭，或稍涉及两家联姻之事，并由男方家长向女方付见面礼。双方家长同意并由男女双方慎重思考后则会约定日期，由女方家长邀请重要的亲戚去男方家里"查家"，之后便是选定结婚迎娶的日子了。

至于迎亲那天（合兴村俗称"过门"或者"归门"），在以前则为男方家准备好迎亲的花轿，行"暖轿"之礼并负责挑去女方家敬祖的担子，挑头担的一般是本村结婚生育并有一定声望的男性，新郎则随同着迎亲队伍，一路伴随着爆竹声鼓乐声走向女方家。现在则是改成用车了，由婚车打头阵，后面跟随着几辆乘载亲戚的车来接亲。而到了新娘进门时也同样大有讲究：接亲队伍即将到达男方家里时则开始在门口点燃爆竹迎接，车停下来后新郎用公主抱或背在背上的方式把新娘迎进家，新娘前面挂着镜子以驱邪，并由牵新娘的人撑着伞。在门口的地上通常会放一堆烧着火的秸秆让新郎跨过，寓意烧去不吉利的东西，让以后日子过得红红火火平平安安。之后便是拜堂入洞房了，洞房是专门为新婚夫妇准备的新房，里面的家具几乎都是新的，衣柜窗户床头柜等处都贴有红色的喜字剪纸，新郎新娘在婚房里换上更轻便的衣服（一般新娘由白色婚纱换成红色礼服）便开始在伴郎伴娘的陪伴下向每桌的宾客敬酒。在合兴村，喜宴一般在自家房子的院子或客厅里摆设，而且宴席上，鸡鸭鱼肉是必不可少的，一般为九菜一汤。婚宴过后入夜就是闹洞房了。结婚的第三天上午，新郎会陪同新娘回到娘家，俗称"回门"（又称"回红"）。

还有个值得关注的特色便是哭嫁的传统。在合兴村，村民们认为女儿出嫁时和娘家人啼哭告别，嫁过去之后命会更好，人财两得，因此女儿出嫁是要哭的，会哭的新娘会得到亲友包来的红包，反之，如果不哭的话则会被说闲话，也会被新郎家派来接亲的人瞧不起。

这些婚姻的礼仪基本都在合兴村承袭下来了。在很早以前，合兴村也会有买童养媳的陈规陋习，也会存在先办酒席之后再补结婚证或者干脆不办结婚证的情况，因为在合兴村村民们眼里看来，行过礼办过酒席就算是结婚，没有结婚证也无妨。

3. 祝寿习俗

在合兴村，父母年满60岁之后便会由儿女祝寿了，不过这种风俗的排场现在已经缩小了很多，一般只是儿女从四处回到父母这儿，送给他们衣物、鞋子等，并以家宴的形式庆祝。

4. 丧葬习俗

丧葬之礼可以算是最复杂最繁琐的一种了。在合兴村，注重伦理孝道，人在病危时会赶紧把子孙亲人招来，让其守候在床前并在旁边服侍，弥留之际亲人需要跪在床前给人送终，且在人未断气前要注意不能放声大哭；去世后则会请人给死者梳洗并穿上寿衣，之后请风水师选定安葬方位和日期并向亲友报丧。即使出门远在千里之外，子女亲戚们也需赶回来送终（俗称为"奔丧"）。之后还需要设灵堂。在合兴村，村民们一般都把灵堂设在祠堂里，并在棺前摆香桌挂白布，在桌上放置遗像或灵位牌，子孙披麻戴孝，道士、吹鼓手在门旁奏哀乐陪着亲人们哭丧。出殡时则沿途散纸钱鸣爆竹，并在送殡当天的傍晚由女儿及媳妇提着斋饭，拿着火把到棺材前供奉，这样连续三次，在村里俗称"送火把"。

另外，人去世后的第七日到四十九日中，每七天有一祭，称作"做七"。第二年的春社日也要祭坟，俗称"挂社"，还有农历七月十五日的中元节，要在市场上买好纸糊的房、车、家用电器等，合着纸钱一起在傍晚时烧包给死者在地下享用，还要买好猪肉、鱼、鸡、面条、爆竹、蜡烛等进行敬神祭祀。如果是去年去世的则需要提前几天进行烧包。

在以前，合兴村还难以推广火葬，因此基本还是土葬，不过后来这种土葬习俗慢慢改变了，村里有人去世后会把遗体送到火葬场火化，再放到棺材里埋起来。

这些丧葬习俗也有特殊之处，即认为不满60岁死亡的是短命，不是死在家中者，如死在他乡或凶死等死亡的称为"野鬼"，其尸体不可抬入厅堂，不能进屋，只能安放于大门侧，搭一临时棚子停放，男左女右，头在里，脚在外，以免凶神恶鬼进屋，殃及家人，更有甚者不准进村。且这些客死他乡者，要请觋公招魂返家；非正常死亡的人，如溺死、吊死、服毒死者，为"不得好死"特别要注意延请僧道打醮念经，追荐亡魂，认为可为死去亲人的阴魂解脱罪孽苦厄；妇女分娩死则为"阴生鬼"，不能投胎转世。这些亡故一般都不会举行丧事仪式，而代替以草草埋葬[1]。

（四）民居

在之前的合兴村，村里较多为土坯房，坐北朝南，建房时还会参考风水先生所测算的风水。最常见的是"四扇三间"，即一厅和厅侧的室，除此之外也有一厅四房、一厅一巷三房的结构。会客聚餐大多在厅堂，厅堂的大门设了一条门槛，进门需要跨过，卧室的门后则一般会有一个尿桶。厅和屋一般有两层，但鉴于"寒热不登楼"的习俗，楼上一般会比楼下矮一些且不住

---

① 周红兵.客家大观[M].北京:中国文史出版社,2014:112-123.

人，上楼的楼梯和楼上的板子也均为木板，一般用来放置农具家具等杂物，或者用来作为储存稻米等的禾仓。

四扇三间的民居建筑比较方便，而且冬暖夏凉，具有较大的实用性，所以受到了较大的欢迎。而在屋外则会有一口水井，家里的生活用水都是从水井里抽上来的，这些井水甜甜的，冬暖夏凉，村里人一般都是直接喝井水。而村里的祠堂则又更高级一些，光是门槛就比普通民居要高些，且在厅中横着一个大坑用来排水，有着浓浓的赣南客家风味。

2012年，根据国务院出台的《关于支持赣南等原中央苏区振兴发展的若干意见》，合兴村开始慢慢进行着危旧土坯房的改造，并且随着村里人生活水平的提高，慢慢地村民们开始建造一栋栋用水泥红砖所砌的别墅式楼房，这种客家民居也就慢慢荒废甚至被拆毁了。在调研合兴村时也总能发现那些或紧闭或已倒塌部分的土坯房，与一旁新建的小洋房形成鲜明的对比。

现在村民们新建的楼房也同样有讲究，新房中各房间的门槛上都贴有楹联，且大都是一个房间的门上贴有三条，楹联内容依据房间用途而定，有身体健康、万事如意等各种美好祝愿。

（五）服饰习俗

在合兴村，现在留存下来的关于衣饰打扮方面最有特色的应该就是戴头巾了。已婚的妇女一年四季头上总是戴着头巾，这种头巾可以遮太阳、隔挡灰尘、保护头发、冬天还可以御风保暖。然而，除了村里一些年岁较大的老奶奶还保持着这个习俗，戴头巾的妇女已经很少再见到，只是在坐月子时为了防止头部受寒会裹上头帕而已。另外，在以前合兴村的孩子们还会在头上戴帽子，以寓意驱凶辟邪的狮头风帽为典型，不过现在也很少见了。

（六）饮食习俗

合兴村家家户户都喜欢自己腌制或晾晒食物，且都会为此准备一个醋坛作为腌制用的器具。常见的有把萝卜、豆角、黄瓜、芋荷、大青菜、菜梗等稍加晾晒后腌制成酸酸甜甜的小菜（腌制的大青菜在合兴村称为擦菜），还会用酒糟腌制番薯干，俗称"糟芋头"，把豆腐切块晾晒成半干后用酒等材料浸泡制成豆腐乳（俗称"霉豆腐"），还有剁红辣椒做辣椒酱。家家户户还喜欢晒花生、枣子、红辣椒、姜、瓜子等，并喜欢把晒干的红辣椒捣碎出辣椒籽作为烹饪调料。因此，每个村都会有不少用于晒农产品的晒场以供村民们晾晒。另外，还会自己炒红瓜子、炒烫皮、炸番薯片、炸芋头条等当作休闲时的零食。总之，在合兴村里很少见到从超市商店买来的包装的零食，相反，很多食物都是村里人自己制作的。

（七）客家方言

信丰城区在声调系统方面整体属于西南官话，且其中国韵母系统又有明显的客赣方言特点①。而信丰乡村居民例如合兴村所使用的方言则属于赣方言和客家方言的混合方言，不同乡村间的客家话在口音腔调等方面也有差异，大致可分为西南腔、西北腔、东乡腔、安虎腔、粤东腔、崇仙腔、李庄腔等，大同小异，其中西南腔以大塘埠镇为中心②，即合兴村的方言属于西南腔。

合兴村村民们交流几乎都用方言而少用普通话，所以村里许多人中知道的普通话并不多，大多只会一星半点，在访问中发现，村民们总是会不经意间说着说着普通话就跳回了方言，普通话也并不是很标准，对于卷舌音、鼻音、儿化音不能区分清楚，听别人说普通话时也会有些听不懂反应不过来。不过，由于普通话教育的普及发展，在合兴村的年轻人中有向普通话发展的趋势。

（八）民间艺术

在信丰大塘埠存留着流传数百年的民间器乐曲《三重云》（按一重三遍、三重九遍的程序演奏，故称名）。这种乐曲的演奏以唢呐吹奏为主，并由打击乐器鼓、锣、钹等配合演奏。全套共由14首不同的曲子串联而成，具有强烈的艺术表现力。在之前，《三重云》的演奏会在合兴村等各个乡村的婚庆、祝寿、丧葬、庙会、迁居、入学、欢送新兵、等红白喜事时演奏，家家户户都必会邀请，极为流行③。这首民间音乐曲牌具有较高的历史艺术和文化价值，成为赣州市非物质文化遗产保护项目之一。

然而，受到了现代的文化和媒体冲击，很少再有人家会在办红白喜事时

---

① 李蓝.西南官话的分区[J].方言,2009(1):72-87.

② 信丰县地方志编纂委员会.信丰县志(1986—2006)[M].西安:三秦出版社,2010:743.

③ 曾新方.赣州文化大观·信丰卷[M].北京:中国文史出版社,2016:265.

邀请演奏《三重云》，越来越少的人能够吹奏此曲，这些吹奏者年事稍高，没有弟子可以把这套曲子传承下去，《三重云》面临着失传的危险。

在清末时，合兴村（古地点为新圩高）也建有砖木结构的戏台，不过如今已毁①。

（九）俗信禁忌

在合兴村多多少少都会有信鬼神、信方术（例如看相、算命、测风水等）、信教等俗信。信的神佛主要则有财神、灶君、五谷神、阎王、菩萨、门神等；至于方术，则有相色、相形、相手足纹和额纹等，以此来测定吉凶，俗称"看相"；还会算命（即算八字），算每个人的五行所缺，有不少的孩子出生就是根据五行所缺之处来取名；测风水则很常见，村民们修建住宅或坟墓都会请风水先生来踏看风水，认为其风水的状况会影响居住者甚至子孙后代的祸福吉凶。

关于禁忌，有关于数目、颜色、言语等各方面，在合兴村比较忌讳四这个数字，认为其与"死"谐音故不太吉利；在颜色上则是办喜事包红包忌用白色、过年忌穿白鞋、父母健在时忌戴白帽、忌用皮筋发卡等白色的头饰，丧事忌颜色鲜艳，尤忌红色；过年期间及办喜事期间也忌不吉利的言语，往往需要改换词语或者读音，以此避凶求吉。过年期间还比较忌讳受伤，尤其是出血，还有从内裤下过会被认为是长不高等禁忌，这些禁忌虽然有些比较迷信落后，不过在合兴村村民的心理情感上起着极大的作用并且至今仍然保存着，即使在询问村民时村民们大多会回答说"现在都不信这个了"，但也许他们自己都不知道他们在做的事情就是一种迷信和禁忌，这些俗信禁忌已经在村民们的心中生根发芽成为一种固化的思想，有时候他们也不知道这些说法的理由凭据是什么，但他们知道这是从长辈就开始一直遵照的，所以他们自然而然地相信着，遵守着。

我的外婆，合兴村村民便是一个较为典型的例子，当我问她时，她答道："现在科学发展了，都不信这些了。"可是转而聊天的时候她会和我谈起她敬神的事，她告诉我说，前段时间有人告诉她她将有场大灾，如果平安度过这场灾以后就可以一帆风顺了，并告诉她要时常去拜神求佛祖保佑，这样也许就可以消灾了，外婆听后便经常会去拜神，还会带上贡品。这难道能说

① 朱近云.信丰县志(1985年)[M].南昌:江西人民出版社,2010:422.

不是一种俗信吗？显然是不能的。然而有趣的是，如果你对家长说："这不是迷信吗？"他们必会严肃地让你不要乱讲话。语言和实际这样充满矛盾，足以见得这些俗信禁忌已经根深蒂固到成为村民们不自知的思想习惯的程度。

二、教育落后但重视教育

清代时大塘就以坊堡设蒙馆进行私塾教育，约1951年才为村小取代①。民国31年（1942年）则在大塘的中心国民学校开设了一个幼稚班②。1977年冬，赣州地区确定于1956年创办的大塘中学为重点中学③。在1986年，信丰贯彻国务院提出的"一堵二扫三提高"的扫盲实施办法，加大扫盲工作力度，逐村逐户对青壮年文盲进行摸底排查，登记造册，建立完善扫盲工作档案④。2002年对大塘埠镇的小学进行五改六制改革，即增设六年级⑤。另外，在合兴村也设有围下小学、明德小学、阳明伏羲学校、大塘中学这几个学校，对于孩童的学习极为便利。

在调查访问时发现，村民们的文化水平基本在初高中，孩子们也都在读书，且不少村民们家中的墙壁上都贴有孩子们的奖状，还有幼儿的字母表、识字表等启蒙性的海报，村民们对孩子的教育也经常是以好好读书为口头禅，足见村民们对教育的重视。

然而，农村里的孩子由于父母都外出打工，成为留守儿童，而爷爷奶奶由于年纪大，对自身的监管也并不是那么严厉，在调研的时候发现，孩子们大多都是在玩闹或看电视，村民们也觉得习以为常，放任他们这样不管，如此放纵便很容易出现学习成绩不够好，甚至吊儿郎当不顾学业的情况，尤其是男孩子更难以管教，他们大多数被送进阳明伏羲学校（这是一所武校），在上学的也是成绩徘徊在下游，很多孩子读完初中就选择了外出打工或者去职业技术学校学习技术，只有少数孩子能考上县城的高中。在某种意义上

① 曾新方.赣州文化大观·信丰卷[M].北京:中国文史出版社,2016:161.
② 曾新方.赣州文化大观·信丰卷[M].北京:中国文史出版社,2016:162.
③ 朱近云.信丰县志(1985年)[M].南昌:江西人民出版社,2010:400-402.
④ 信丰县地方志编纂委员会.信丰县志(1986—2006)[M].西安:三秦出版社,2010:644.
⑤ 信丰县地方志编纂委员会.信丰县志(1986—2006)[M].西安:三秦出版社,2010:640.

说，村里人认为能上高中的孩子都很会读书并赞赏有加，而笔者在村里访问时发现，考上高中的女孩子比男孩子多一些，而且他们比较喜欢穿校服，尤其是那些考上信丰中学的学生（信丰中学是县里最好的高中），喜欢并常穿校服的原因固然可能有家里较贫困衣服不多的原因，但从心理的角度来看，在村里，村民们对于那些考上高中大学的孩子有赞赏的心理，而这种心理便会体现在他们的行动和语言上，时不时会竖起大拇指夸奖一番："这个孩子蛮会读书"，这种心理让孩子的家人引以为豪，也让这些孩子感到骄傲。

合兴村里考上大学的就更是大新闻了，这是一个很奇怪的现象，合兴村里人大多都不知道什么是一本二本三本，除了清华北大也基本不知道有哪些大学，但只要村里哪个人考上了大学，都会摆个或大或小的酒席，整个屋场里的人也全都会很快知晓这个消息，他们会欣喜地问你考了多少分，在哪个地方读书，读什么大学，接着夸你运气真好能考上大学，真会读书。很有趣的是，他们对考多少分没多大概念，不管你说的分数是多少，他们都会大加称赞："考了这么多分啊"，而你回答了你读书所在地之后他们大多数的直接反应是以那个城市命名的大学，而后便是考虑这个地方离家的远近。举个例子，假如你回答说在武汉，村民们会回道："武汉大学啊！离家好远哇，回家都不方便。"

别看合兴村教育虽然落后，却藏着一颗颗渴望孩子能读好书走出农村的向往，也许也正是因为教育太落后，合兴村民们在这片红土地上耕作了一辈子，在外地务工了那么多年，深切地体悟到了教育的重要意义，明白读好书对以后能过上好日子有大影响，所以才会把希望寄托在自己的下一代，寄托给自己的儿女，希望他们能出人头地，可以走出合兴村，找个好工作，过上好生活，所以才越发重视教育。

三、生活水平提高但"士气"未变

许多年过去，古老的合兴村随着国家的不断发展而变化着，村民的生活水平也有了较大程度的提高。

关于生活水平提高的证明，最为明显的要数楼房了。以前的合兴村是清一色的黑瓦土砖房，一排排异常整齐，而现在，越来越多的人拆掉了当初的土砖而转为用水泥红砖砌房，而且不像以前的四扇三间等传统模式。现在大家都自建成一栋栋的别墅楼房，一般为三四层楼再加上门前的院子，一座座又高又白的楼房拔地而起，现在的合兴村虽然还保留有部分土砖房和墙，但住有人家的已经屈指可数，几近荒废。土砖房和旁边的水泥小洋楼搭在一起，给人刺激的视觉感受。

而前文所说的晒场也同样几近荒废，甚至有些晒场上面已经长满了杂草，因为村民们的农产品已不再需要搬到晒场上晒，只需要晒在自己楼房顶上就很方便快捷了。

另外在交通工具方面，合兴村的变化也可以体现出来：从最初的走路、老式自行车、三轮车到慢慢开始出现摩托车，而现在，几乎家家户户都普及了摩托车，甚至在村内还能见到几辆汽车，这种交通工具的发展也可以说是合兴村生活水平提高的一个缩影。

关于厕所，合兴村的村民们小厕是在自己家中用尿桶解决，而大厕则是到家外专门修建的厕所解决，这种厕所的构造很独特，是人行走并蹲在木板上，木板之下是大片的粪便集中池。但现在已经没有人去了，独立的厕所年久失修木板不稳是一方面，更重要的是大家生活条件改善，几乎都在家中装上了便池，已不再需要去家外如厕了。

还有前文提到过的水井，现在也很多都荒废了，村民们在家中安装了更为便捷的水龙头，而用手动抽水的水井冷落下来。

厨房也一改土砖房中用柴烧火的方式，转用煤，到现在几乎都使用液化气。原本因容易生火而大受欢迎的松毛，现在也已经落到了即使铺满地面也无人捡拾的境地。

总之，这样生活条件改善的例子太多，村民们的生活也随之更加便捷，这归功于中国现代化的发展和党、政府的支持补助。

另外，为了建设智慧小镇振兴苏区以及打好扶贫攻坚战，这里成立了合兴社区。社区内都是一幢幢排列有序的三层白墙青瓦小洋楼，且地面是平整的水泥路，两旁是高耸的融风能与太阳能为一体的路灯，不像村里很多泥泞的小路，即使有水泥路也不太宽敞且没有路灯，绿化面积也很高，还配有监控和报警器等电子设备，并设立了老人活动室、儿童娱乐室、运动健身广场、社区书屋等，俨然是一副新农村面貌。

在这次调研过程中，最让我印象深刻的问题便是合兴村还处于物质生活水平提高但"土气"未变这样过渡性的发展阶段。

　　首先是人口，在调研合兴村时发现，村子里几乎见不到青壮年的男性，家里一般都是年老的一辈（以妇女为主）和小年纪的孩童，至少来说，这些都是年纪不符合外出打工条件的人。在访问村民时也发现，年老的村民们都有好几个儿女，然而儿女们都在外打工，也就是说只有老幼在村里而青壮年者则极少回村，把自己的儿女都撂给父母带，他们的子女成了所谓的"留守儿童"。老人们也同样让人心疼，他们一大把年纪了却没有享受到应有的闲适，还要独自忙活农田，有些还用着柴火的少数几户人家里的老人家要独自去拾松毛砍捡树枝。

　　可即使如此，他们也不愿意离开这个村子。

　　我的外婆便是这样一个例子，她一个人住在村里的土坯房里，儿子虽然也住在村里但不常走动，外婆因为年纪大了没有牙齿，每天几乎都是吃稀饭，偶尔才会煮点东西，而厨房并不像大部分人一样用液化气、空气能什么的，仍然还是像上世纪一样古老的方式——用松毛树枝等当作柴火来生火。外婆一个人的日子其实并不好过，有时候没有米了得走挺远的距离去圩上买米，有时候也会走到圩上买些别的东西，生火的柴没有了她也要一个人去旁边的山坡上捡拾，暑假回外婆家的时候看到她的双腿上有好些被树枝茅草划伤出血的伤口，她还轻松地说："现在大家都不用柴火了，掉在地上了都没人要，随随便便就可以捡到一大堆呢！"家里还养了一些鸡，外婆每天都很耐心地喂养它们，并把它们生出了的蛋留存好，等下次儿女来看她的时候带给她们，说学习工作好辛苦，要给自己的孙子孙女补补，自己却不怎么吃，有时候她甚至会把鸡提给自己的儿女。每年政府来看望她给她送棉被电饭煲等一些用品的时候，她总会原封不动地把它们给我的舅舅家，说她不需要；女儿们给她带来的牛奶水果等吃的，她也总会给自己的孙女吃——她把自己有的都大方地给了儿孙，却对自己那么吝啬。

　　外婆年纪大了每天都要吃药，身体也不好。各种疼痛不适，头晕膝盖痛对她来说是家常便饭，她已经八十多岁了，全身瘦到只有一把骨头，腰一直佝偻着腿也是弯着的，她一个人住在这么个又大又空的房子里，儿女只是偶尔来看看她，虽然邻居们几乎每天下午都会过来和她一起聊天，可她的内心仍是那么寂寞孤独。外婆很坚强，可她也会有脆弱的时候，夜深人静，只有她一个人在又黑又空的屋子里的时候，她也会难受无助，也会哭泣，有时候她也会忍不住拨通女儿的电话，然后在电话里不住地掉眼泪，诉说着自己一个人在村里的生活有多么艰苦。于是我们总会时而要把她接到县城里来住，可她又会拒绝，实在拗不过才答应我们，可住了一两天又会喊着要回去，每次问她为什么一个人在那里那么苦却还不肯到县城里住着，她说村里还有鸡等着她喂养，她说总在女儿家里待着别人会说闲话，还会说舅舅的不是，她说住县城里不太习惯，她说在县城里没有那些老人陪她说话没有伴……或许老人们都有深深的乡土情结，生于斯，长于斯，终老于斯，他们种了大半辈子的地，把光阴都奉献给了这片土地，他们对土地的热爱之深已不是我们这些年轻人能够想象的。

青壮年人口的不断流失，除了让老人们生活艰苦，生活中的一切只能依靠自己这层物质层面的消极影响外，其实更应引起重视的是老人们内心莫大的孤寂。青壮年的村民们常年在外地很少回家，对于赡养老人，也只是偶尔给些钱，买些吃的，其实老人们需要的并不是这个，活到这个年龄，身外之物对他们来说其实已经无足轻重了，他们最需要的是能和儿女在一起，有孙子孙女承欢膝下，他们的内心其实很孤独，他们渴望有人能陪他们聊聊天说说话。

每次我们回去看外婆时，她总是特别高兴，给我们端来各种吃的，然后跟我们聊天，分享她最近的经历，她一说就是很久，有时说着说着发现大家在用手机或干别的事情，好像没人听她说话时，她的脸上会浮上一层失落的神色，然后安静下来，过一会儿又开始聊起别的话题；她年纪大了听力不太好，却也会认真地倾听儿女们的谈话，然后偶尔插上一两句聊聊。她努力地在寻求心灵的陪伴，而寻求心灵陪伴的老人远远不止她一个人。在调研时也发现，合兴村的村民们在空闲时间所进行的一个共同活动就是到各处串门，和邻里聊天。这些聊天就是陪伴，看似平常，却是留守在合兴村的村民们内心最需要最渴望的。

村里的人口是零散的，又出现了不少空心房，虽然会有部分人赚钱后回到村里另盖新房，但在村外（镇上、县城甚至大城市）租房或买房的人也很多，而且他们即使在村里有新房也不一定会在村里住，有些村民们等在外生活稳定了便会把孩子一起接走。若任此趋势发展下去，合兴村的状况可想而知：越来越多的人脱离合兴村，而农耕地的主力——老一辈们也会有渐趋衰老甚至去世的那一天，那么渐渐地土地便会荒芜，村子也会越来越空。

环境方面，以村中的一条小溪为代表，在笔者小时候的记忆里，溪水是非常清澈的且毗邻着大片菜地，因此村民们经常会到溪边洗菜，孩子们也会跑来小溪里捉小鱼，互相泼水嬉戏，然而这条小溪上慢慢漂浮了很多垃圾，溪流的两岸也挂着各种垃圾，走进便能闻到阵阵恶臭，溪水也开始慢慢变黑变少，几处已经干涸。我想，这样的环境恶化与村内的生活发展不无关系，不仅是小溪，村里总能见到有垃圾集中的地方。而在进村的路旁看到的一座红砖厂同样也带来了一些小污染，砖厂周围的黄黑的土色和暗黄带青的草色都和其他地方的红壤绿草形成了鲜明对比。

还有是未脱离的农民习性。在调研合兴社区时这种感受最为震撼，走进社区便能感受到一股浓浓的现代化的气息，这个社区可以说一点都不像是坐落在村里的，而像是大城市里某个别墅小区的风貌，然而细看却还是为这些村民深入骨髓的习性所震撼。一座座小洋楼旁的一小块种有草木的赤裸红壤土地上，赫然种着秋葵、生姜、辣椒等各种农作物，这不是个例而是社区里的普遍现象，一块赤裸的土地都没被放过，在红壤上种植了各种农作物；而在设有各种健身器材的文体广场上、篮球场上、乒乓球桌上都是住户们晒的花生、红辣椒等农作物，几乎没有见到来锻炼放松的人。这种现代化的设施和还停留在农村的习性融合在一起，对比鲜明。当问到社区的居民们为什么还在房子周围种了这么多农作物时，他们说，看到旁边有土地就想着要种点东西，不然挺浪费的，而且以前一直都习惯吃些自家种的菜，自家种的菜不怎么洒农药，吃着更放心。在和社区服务中心的工作人员聊天时，他们也说在设计这个社区的时候特意留心这一点，住在这儿的大多是以前一直种地的农民，突然不种地了会有些不习惯。是啊，种地是合兴村民们一直以来的谋生手段，已经渐渐地成了一种习惯，既然是习惯，又怎么轻易说没就没呢？

另外，私以为村落的文化也需要得到保护，就正如被毁的于清末修建的戏台，这都是具有历史韵味的古迹，还有各种传统的工艺、风俗也应该被我们记住，作为具有客家文化和红色文化气息的村落，保护这些文化显得尤为重要。时代在发展，经济在飞跃，我们前进的过程中要守住初心，守住那些真实淳朴的本质，守住传统的农耕文化。历史应当被铭记，文化同样需要被镌刻于心。

江西赣南村落的宗族

邱季夏　葛金霏

　　本文作者于2017年暑期前往老家正平镇（位于江西赣州市信丰县），主要就农村宗族问题进行了走访调查。笔者对正平镇正坳村大岭进行了为期三天的实地调研。大岭位于整个村子的北边高地。之所以名为大岭，一方面指周围多山，另一方面指住房都在小山丘上。据原来村支书C回忆，在他两代以前，这一片尚且无人居住，后来一部分人为逃避宗族纠纷从村子以东的岗背塘（邻村）迁往此处。建基初期，四周都围着两米高的围墙（主要防范周边匪徒），大部分居住在以祠堂为中央的小山丘上。大约五十年代开始，周围的墙开始陆续被拆掉，现在已经看不到墙基了，剩下一个泥木构造的大门还面对着通来村子里面的小路。围在祠堂周围的老房子现在大都被风雨侵蚀，无人居住。据C回忆，村中人口鼎盛时期有五十余户，但我考察时，村中常住人口只有四户。其他家庭要么迁往镇上或者别地，要么离开本地在外谋生。我曾在回家过年（大岭为笔者家乡）的时候仔细清点了正坳村大岭小组的家庭数，总计有七户人家。大量人口外迁，导致农村萧条，大量田地荒芜。我六年前刚回到家乡的时候，当地大部分农田还在使用，当暑期回乡调研的时候，原有的大量优质田土基本荒芜，杂草丛生。当地的少数人口完全无法耕种大量的土地。而山里的土地基本无人耕种，鱼塘也无人管理，有外地的商人承包了一些土地进行脐橙种植和贩卖。

　　C是原负责大岭地区的村支书，职位相当于大队干部，今年六十六岁，算是村中辈分和年纪较大的一位居民。C居住的是传统的泥砖木结构老房子，中间一条过道，两边是仓库以及客厅，客厅旁边是厢房，一层结构，但有隔层作为存放东西的地方。C长年务农，偶尔承接一些水泥建筑工作，在村子里负责一定的事务，身体状况良好，从表面上看几乎看不出来他的实际年龄在六十之上。在我回去调研的时候，他已从村委的位置上退了下来，接替他的人员居住在山里，离祠堂有一段距离。尽管不在村子里居住，但C仍旧隔一段时间会回来一次，忙一些农活。（他的）家中有一儿一女，都已成家且有了自己的儿女，都安居在外地。C所受教育不高，初中之后便入伍参军，退役之后成了村中的一名教师，随后一直负责村中的公共事务。农忙的时候，C会回到大岭忙农活，闲暇时间的娱乐活动也十分单一。作为村中公共事务的负责者之一，他也会关注电视和杂志报纸的新闻内容，但读书占用的时间不多，多数是和人闲聊，或者在镇上的茶肆打打牌，参与小数额的赌博。C简单给我回顾了一下本地的宗族历史，大岭地区的邱氏是从岗背塘迁来的一个分支，但是祠堂的正名还在岗背塘，大岭只有祠堂的外壳，而不能立牌位等。祠堂在C退休前一年也即是去年在C的主持捐款捐工下进行了翻修，祠堂的外貌基本完善。除去村支书的身份，C还由于其辈分、能力等因素成为大岭宗族的一个负责人。十年前C还主持编修过本地的族谱，将更为完整的本地邱氏分谱汇入了丘氏总谱[①]。

　　C带我取下了放置在祠堂正厅梁上的大约十本族谱，有两个版本，分别为1996年《河南堂[②]丘氏六修族谱》五卷和2006年《中华丘氏大宗谱·江西信丰分谱》五册。祠堂大梁离地约有八米，上面两根房梁之间搭着一块老旧门板，门板上放着一堆族谱和一个将近散架的草垛龙头。族谱的记载基本验证了C对于当地人的宗族关系的描述。翻开族谱可以看到已经谱曲填词的中华丘氏宗谱宗亲联谊总会会歌《丘氏之歌》，歌词所言："太公望，河南堂，

[①] 据中华丘氏大宗谱信丰分谱编委会编《中华丘氏大宗谱·江西信丰分谱》："齐太公封于营丘，支孙以地名为姓，代居扶风"。古代北方少数民族丘敦氏改姓为丘，复姓左丘、丘林、梁邱等改单姓丘。清雍正年间，因尊孔避讳孔丘之名，雍正帝诏令改为邱。1912年民国参议员丘逢甲提议恢复"丘"，许多宗亲遂改回，但亦有人持不同意见。"丘"与"邱"基本可视为同一姓氏。

[②] 堂号最初是指各分支宗祠的专用名词、名号。许多堂号都直接取自郡号。绝大多数姓氏家族都有自己的郡号、堂号。一般题写于各姓宗祠及厅堂的匾额上，也可记在族谱、住宅门楣和日常用具上。也有豪门大族写在灯笼上以炫耀家世，又称灯号。郡望、郡姓、郡号：指历史上聚居于某郡的豪门大族，这些家族世代有人做官，社会地位显赫，在地方上为人们所尊重和仰望。魏晋堂号影响最大。明清以来演变为一些姓氏家族祖居地和发祥地的代名词。信丰丘氏为河南堂分支。

在我心中永不忘，在我心中永不忘。无论走到哪里，不管身在何方，尊祖敬宗，爱国爱乡，兴教育贤，时代流芳。……为中华争光！"《宗谱》记载，丘氏太始祖为姜太公；丘氏开姓始祖穆公，即姜太公三子，太公封于齐，穆公领镇营丘，卒谥穆。但丘作为一种姓氏在历史上有多重变化，对于中国丘姓人士的姓氏起源也有不同说法。主要看法有：①出自姜姓；②出自曹姓，为春秋邾国大夫丘弱之后；③古代少数民族改姓，南北朝北魏献帝七分国人，有丘敦氏，封临淮王，孝文帝迁都洛阳后，改为丘氏，融入汉族，发展成著名的望族"河南丘氏"；④随同入洛阳的丘林氏（匈奴族）改为丘、林、乔三姓，其中丘也成为河南丘氏的组成部分；⑤此外东汉的乌桓、十六国的西秦羌族都有丘氏；⑥围巾贯丘兴之子贯丘金后裔也改为丘姓；⑦出自姒姓，周有曾国，曾氏后分出一支为丘姓；⑧以地名为氏，左丘、宛丘。丘为当今中国第77大姓，主要分布在四川、湖南、广东、江西、湖北、台湾、福建、贵州等。此外，丘姓历史上最著名的郡望为扶风、吴兴、河南。河南丘氏主要来源于北魏鲜卑贵族，发祥地在今河南洛阳市。信丰丘氏房系：文清公、善遗公、仲乾公、庭细公、满四公、贤四郎公、振衍公、涵远公、付九公，都属穆公七十一世三五郎公之后裔。宗谱还记载了新修订（2004年）的家训十条：1.遵纪守法，依法纳税。2.孝敬双亲，尊长爱幼。3.严于律己，忠厚待人。4.助人为乐，克己奉公。5.凡事忍让，绝莫行凶。6.杜绝贪婪，力戒淫赌。7.节俭持家，勤务农工。8.严教子孙，科学育人。9.爱岗敬业，奋斗终生。10.缅怀先祖，造福子孙。

对比族谱上新旧两个版本的家训可以看出，家训的修改具有很强的时代色彩，新家训贴近新时代的精神和要求。

结束对C的走访之后，我来到了正平镇正坳村的村委会办公室，开始了对村委会主任D的走访。村委会主任兼党支部书记D是一位女性，接替上一位村委书记才一年，在此之前她长期参与村中公共事务，对村子的发展较为了解。D为我简要介绍了自己家庭的发展历史和村子的现状。D祖籍在正平镇正平村，定居于村委办公室门口已有二十余年，家中有八口人，除去自己和丈夫还有两个儿子，儿子们都已成家，且各有一个孩子。她本人教育程度为初中，但两个孩子均为大学毕业生，其中长子为华中科技大学的毕业生。长子在政府工作，次子在电器公司任职，均在外地生活，定居城市。丈夫为镇上大型商店的所有者。相比较村中大部分人来说，这个家庭富裕得比较早，其四层的楼房建于二十年前。

据她回忆，村子最令她印象深刻的是村子的居民不断外流，从早期出外打工到近期的定居镇上，居住在农村中的人口大量减少。在村委会办公室的后面有一排新修的农村养老院，一层水泥制，房屋总体完工，已经有一部分居民入住，但还是有一些空缺。村中过去大多数黄泥木质土房子，现在土房子几乎见不到了，大多水泥建筑。村委会在村中推行新农村建设和扶贫工作，但收效不大，农村居民的生活并没有得到根本的改变，仍旧有大量的人口流失，农村成为空村。

D说，尽管近年来的农村封建迷信日渐消弭，街上也看不到算命先生，但是不代表居民就会回到家庭进行文化学习。新建于正坳村长富迳的一个农家书屋，不到两个月完全荒废，重新成为空楼。电视、牌九、聚餐成为占据村民闲暇时间的重头戏。耕与读在这个村子几乎绝迹：人口流失导致天地荒芜，人口流走导致居民精神空虚。与此同时，村中的宗族多做表面工作，修祠堂，修族谱，但在公共事务之中作用不大。因此，以D为首的村委会几乎每天都要出外勤，下到乡村各地。上文提到的C也回忆了当初他极力促成大岭地区通自来水的经历，言语之中不无艰苦。而大岭至今没有通上水泥马路，基层政府缺乏可利用资金进行马路的修复，在马路的开始大多会有一个水泥制碑，镌刻着捐款者姓名：村中各地通马路基本上是当地的民众的自发捐款加上村支书以及村中德高望重之人的中间调停。

居民E三代以来都居住在大岭祠堂附近。他早年初中没有毕业即离家前往广州打工，再次回到家乡大概是2008年。家中有三个小孩，加上妻子一共五个人。E上学期间一直成绩优良，但限于家庭境况，不能完成学业，这使他在成家后极为重视对子女的教育问题。他有三个孩子，长子和次女在高等院校接受教育，三女也即将高三且成绩优异。这样一门三个大学生的成绩在村中是很少见的。但是，为了子女的教育，他的付出也是很大的。长子和次女的学费均倚靠政府的助学贷款，家中开始于2008年的在建房仍旧缺乏资金继续装修。不同于很多村中出去的打工者，他没有富裕也没有离开村子。当笔者问他为何不去镇上定居之时，他直言："落叶归根。我生长在这里，最后也应该在这里。"E身上带有一种挥之不去的传统知识分子思维和精神。他谈到，他的长子（现在大学就读历史系）自小阅读的是传统的"四大名著""四书五经"等古典著作。据他回忆，在长子初中之时，他便给几个孩子买下了三千元的书。花费三千元用于购买书，这在当时农村中是绝无仅有、无法理解的行为，而彼时他们一家还处于租房子的阶段。他和妻子在县里另外一个镇上工作，妻子是普通车间工人，自己是建筑民工。在广州当农民工十余年之后，在长子初三的时候，他回到了家乡，为了更多地与三个孩子待在一起。现在一年工资不过四五万元，除去生活的日常开销，其他大多用于三个孩子的教育。

E小女在县城读高中，E丈夫为她在县城租了一间房子，供她和妻子住宿。夫妻俩也基本居住在县城的临时住所，只是暑假回老家进行房子的修缮工作。E和妻女在县城的一间小房间中铺了两张床，中间用板隔开，小女儿的床四周堆满齐人高的书，除去考试用书，大多数是各类文化、文学名著。在大岭的家中主卧内也有一个四层书柜，同样布满了书，大儿子房中有一个他个人约两立方米的大箱子，同样装满了书。我去拜访他的时候，他的小女儿正好在楼上看书写作业，楼房外面是她的父亲在给外墙装修。房屋尚未完全修缮好，家中除去睡觉的床就是小女儿写作业的桌子了。

在谈到子女教育和他们的前程问题之上，E提到最多的几个字眼是"多读书"，对于他来说，挣钱固然很重要，但他不愿意自己的儿女和村里出去工作的其他年轻人一样——没有文化。E自其祖父开始，世代贫民，到了他这一代，家中有六个兄妹，无一例外成了建筑工。尽管生活水平有不同程度的改善，但都没有实现真正的富裕。E的二哥是六兄妹之中最为富裕的一户，但他学历还是小学。E是家中最小的孩子，也是"最没出息"的。六兄妹除他之外都早早在外地定居，有了自己的家庭和房子。而他在长子刚高中毕业不久又重新陷入了贫穷。他坦诚，在他心目中，子女的教育最为重要，为此，自己和全家人应当忍辱负重挨过三个子女上大学这几年。应当承认，来自社会和政府的资助为这个家庭的教育提供了很多帮助，但现在看来"教育为重"还是显得太重。E回忆，在早年，村中有了大学生，村子里会有一定的奖励，但随着时间流逝，大学生早已见怪不怪，奖励更加无从谈起。

他作为世代生活在祠堂旁边的宗族成员，在族谱上却没有他自祖父以来全家的姓名。我就此向C询问，他指出，修族谱之所以是编修，是要经费的，也就是说，任何一个人，只有给一定的捐款（赞助费用）才能够入谱。而E由于常年在外，回到家乡，已经在谱上找不到姓名，只能大约知道自己的祖父兄弟在邻村岗背塘。但我前往岗背塘查考的时候，其祖父兄弟早已去世十年。

他说，他不言放弃地培育了自己三个子女，自己这一生可以暂时停一停了，"族谱没有我不代表什么，我还生在这里、葬在这里；对于我来说，我读书不是为了挣钱，挣钱是为了读书；现在的日子很苦，我没办法有更大的改变，我唯一能做的就是尽全力让他们三个（孩子）读到书来"。

浙江回浦村调研报告

叶佳敏　李晶晶　施　琪

　　章安作为千年古郡，历史悠久，作为章安中心的回浦村自然也有其独到之处。回浦村屹立千年，从汉昭帝始元二年设回浦县于此，几经风雨，积淀出了独特的古朴气质。除了章安老街、章安桥、叶氏宗祠等古迹外，回浦村内仍存在一批难能可贵的坚守竹编、箍桶、铸锡、钉秤等非物质文化遗产的匠人。值得一提的是村内宗族文化盛行，极其重视宗祠的保护与族谱的修订。在节日风俗方面，除了重视祭祀等重大节日外，在具体习俗方面亦有所不同。今天的回浦也许不复当年繁华，但其厚重的底蕴依然值得我们挖掘。

　　叶佳敏是回浦村村民，深受当地文化影响，对回浦村了解颇深，在了解此次调研意图后，认为回浦村在诸多方面有自己的特色，富有调研意义。于2017年7月下旬邀请同学李晶晶、施琪至回浦村参与为期五天的调研。在调研期间至台州市图书馆查阅资料，并至回浦村叶氏宗祠、回浦老街、回浦桥、郡都小区、回浦村村委会等地进行实地调研，还对叶氏族谱管理者叶老先生、村委会相关人员、郡都小区村民进行了口述采访。

一、回浦村历史沿革及发展特点

（一）历史沿革

　　"回浦"作为一个地名，出现时间甚早。古时属瓯地，秦、西汉元封元年设置回浦乡，隶属于鄞县。汉昭帝始元二年（前85年）已在此地设置回浦县。旧时回浦地域辽阔。王先谦在《汉书补注》卷八中曾记载："《一统志》：今温州府永嘉、瑞安、乐清、平阳、秦顺五县，台州府临海，天台，黄岩，仙居，太平五县，处州府丽水，青田，缙云，龙泉，松阳，庆元，云和，宣平，景宁九县，并汉回浦地；象山半入回浦境。"

后于东汉章和元年（87年）改回浦县为章安县，后设置东部都尉。三国吴少帝太平二年至唐高祖武德八年的七百余年间，此地基本皆为郡县治所。尔后章安作为县治，其辖地相当于现今的黄岩、温岭、三门和临海四县的东部部分境域。章安古城据《台州地区志》记载应在章安桥（现以其区分回浦村与华景村）附近，共计面积约28万平方米。然而自唐武德八年将章安县并入临海，行政中心转移，章安日益衰弱，行政面积不断缩小，回浦村作为章安古城所在地亦日益衰弱，逐渐成为一个普通的村落，令人叹惋。

如今的回浦村地处椒江北岸，东与华景村相邻，西连建设村，南邻椒江，北接山前村。全村面积1 462亩，共1 350户，4 830人，86个村民小组，其中村民代表69人，党员196名，村委会成员13人。村民基本不从事农业，大部分靠水泥、木匠、油漆、裁缝等手艺谋生，一部分村民从事商业。近年来回浦村发展良好，相继实施了郡都小区、农民公园、省农房改建等重大工程，获得了省级村级体育俱乐部、省妇联基层组织建设示范村、省新农村建设示范村、省农房改造建设示范村等荣誉。

（二）发展特点

回浦作为章安村的发展主要有三个阶段的过程，并且在不同的时期有其各自经济及文化特色。

1.秦汉时期

因为其地理位置优越，拥有发达的港口业，秦汉时期章安的地位急剧上升。章安港曾经为南北海运的一大枢纽，和当时北方的成山（烟台）、海州（连云港）、南方明州（宁波）、番禺（广州）等并称为我国古代最早崛起的五大港区。因此，三国时期东吴大将卫温、诸葛直才会选择在章安率领万人船队，从"临海东"的"章安出海，远规台湾"。章安港到六朝时也是东南沿海重要的商业集散中心，是东部沿海食盐的转运中心。

在这一时期的章安港口优势明显，回浦村受此影响，村民的生活与港口联系密切。章安属古越之地，古代越人善于泛舟。随着手工业的逐渐兴起，陶瓷业、制砖业、盐业等也颇具规模，农业渔业生产也快速发展。章安古港逐渐成为浙江东南沿海的航运海港，形成极富特色的古港文化和商贸文化。

2.南宋时期

南宋时期章安的发展受到政治影响较大。

南宋建炎三年十二月，宋高宗赵构南渡逃亡，次年正月初二晚停泊于台州湾章安金鳌山下（金鳌山现属于与回浦村相邻的华景村，距离约两千米），在当地停留了十多天。为此，历代许多著名诗人李清照、文天祥等都于章安凭吊励志。因此时临安一跃为国都，台州与政治的联系也更为密切。在南宋150余年历史里，台州文教鼎盛，出了550多名进士，被世人誉为"小邹鲁"。

南宋时章安著名的教育家石敦，被誉为"台州大儒"。他在章安创建了观澜书院，亲自讲学，教授乡中子弟，对其文教事业的振兴起到了重要的作用。

章安回浦村等受此影响，读书风气盛行。许多名师曾在章安讲学，这使得民众对读书之风更为向往。

3.清末民国时期

第一次鸦片战争后，海门港开始活跃，成为交通经济中心，章安也持续它的经济中心地位。章安古街建于清朝，是章安辉煌历史的见证。

老街全长660米，呈东西走向，以回浦村内的章安桥为界，把整条老街分成东西两部分。章安桥东西横跨回浦，连接章安古街。章安桥始建于西汉，原为木桥，桥栏红漆，故又称赤柱桥。

清至民国的章安老街商贾众多，遍布着药店、典当、南北货号、酒坊染坊、刺绣竹木、水产、客栈等商店作坊。桥西街与桥东街店铺林立。药业的方万盛、方隆盛诸药号享有盛名。

从整个历史长河来看，回浦村商业贸易氛围十分浓厚，并且具有一定的文化底蕴，具有较高的研究价值。而且这点为日后回浦村民重视商业奠定了基础。

二、当今村民的生产生活

(一) 生产状况

现今回浦村务农村民人数并不多。据村民介绍，许多村民都选择将地转让承包出去，虽然价格比较低廉，一年大约二百元人民币一亩。整个村内务农的大概一百人，部分村民在自家自留地中种点新鲜果蔬，大部分人选择经商或者从事类似于水泥、油漆、打地基、裁缝之类的手艺，经济效益比较理想，以贴瓷砖的老匠人为例一日收入约三百元至四百元人民币。

回浦村最后一次分田是在2000年，每家每户以人口为依据，田和地合在一起一人三分九厘。据叶姓村民介绍，每二三十年会统一分一次地。除田地之外，地基的划分也是按照人口，一户人家四到七人可以分到两间地基，三人及以下一间地基。一间地基可以建三到四楼的房子，一个楼层约五十平方米。具体的地段，楼层数目要统一规划，地段由抽签决定。回浦村的农村自建房规划较好，例如回浦村的郡都小区。

回浦村村民的生活质量较为不错，部分村民认为相比商品房，他们更习惯于居住在自建房，邻里之间相互熟悉，相互帮忙，显得更有人情味。

(二) 精神生活

村民的精神生活也较为丰富。年轻人看电视、上网，过年的时候打麻将、打扑克等都较为常见。周末的时候乘车跨过椒江大桥，至市区游玩十分普遍。

老年人虽然很少上网，但是每家每户已普及电视。许多老人喜欢看戏剧频道，爱听越剧。如果附近村庄搭台唱越剧，他们可能会骑着三轮车或者用政府免费的公交车卡去该地听戏。在回浦村的章安小学对面，有老年活动中心，许多老人会在这里打发时间。也有一些老人喜欢在祠堂那里打打麻将，聊聊天。

中老年妇女喜欢在郡都小区的广场内跳舞。特别是夏天广场内不仅有跳舞的人群，还有一些小商贩贩卖孩子喜欢的玩具，让孩子画沙画，因此广场也是许多小孩比较喜欢的场所。当然，还会有当地名为凉菜糕、青草糊的夏季特色小吃。

由于地域因素,回浦村受天台宗的影响较大。虽然许多村民不一定是虔诚的佛教徒,但或多或少会受其感染。有些家庭会供奉观音像,每逢初一十五及观音诞辰定时供奉水果,点香烛。附近寺庙较多,有长加寺、下洋殿、盘松殿,还有历史较为久远的常乐寺、摄静寺。摄静寺是天台宗五祖章安尊者灌顶的出家处和讲经灵迹。下洋殿是土地庙,主要由枫叶航运公司于2010年出资修建,其余由村民筹钱捐款。许多村民都习惯到下洋殿祈求神灵保佑。

三、手工艺活动

(一)竹编

竹编制品以其广泛的实用性曾在椒北农村十分流行,但如今的竹编制品逐渐被许多其他批量生产的产品所代替,坚守这一行当的匠人也大幅度减少。回浦村的王人森老人在章安老街开了一间竹器店,在他的店里可以发现很多精致的可以与工艺品相媲美的竹编制品。他于16岁时就已拜师学艺,能够编制箩、筐、担篮等十余种器物。曾经收了很多弟子,但大多已经改行。

虽然目前对竹编制品的需求量有所减少,市场不断萎缩。但如果走进回浦村村民的屋内,尤其是老人家中,就会发现很多竹编制品的踪迹。这些竹编制品可用来放置年糕、菜肴,清明上坟的时候用扁担挑起就可以摆放祭品。它作为节日祭祀等礼节用品还是比较受到老年人的青睐,当然相应的,年轻人对其关注较少。

(二)箍桶

箍桶是一门传统手艺,指用箍将做桶的板捆在一起,既使其成为想要的形状又使其严密结实。回浦村的张祥喜师傅从事这一行业已有六十多年,作品丰富多彩,品种齐全,除了一般的生活用品外还有很多精致的婚庆用品,深受喜爱。现在生活中仍比较常见的是筒盘。在当地很多时候是作为女方的嫁妆带到男方家中的。筒盘形状多样,有寿桃、蝴蝶等多种样式,造型精美。在做年节、谢年之际,会作为摆放年糕、麻糍、水果等祭品的工具。现在大多村民家中仍然可以见到这一手工艺品。

（三）铸锡

铸锡是一项很精妙的工艺，回浦村的杨世源、叶宰雷等师傅皆传承了这份技艺，现在已经从业了几十年。杨世源师傅的锡制品不但精雕细琢而且在前人的基础上进行了改进，进一步发展了铸锡工艺。铸锡的水壶、酒壶、烛台等制品在回浦村的日常生活中已经没有那么普及，老人家用铸锡的水壶相对常见。但是每当祭祀祖先与天地的时候，村民们依旧用着这些手工制作的铸锡用品。村民对这项工艺或许了解不多，但是或多或少有所接触。

（四）钉秤

随着现代电子秤、弹簧秤的普及，用木杆秤的人已经日益稀少，会钉秤这门手艺的人亦不多见。制秤的制作十分精细，要经历多道工序，每道工序要求严格否则会影响杆秤的准确性。在电子秤普及之前，回浦村内的商贩大多使用的是木杆秤。不仅是商贩，普通人家也会备着那么一两杆的秤，以作为测量的工具，以斤、两为测量的单位。现在菜市场中一些老人家摆放小摊点仍会使用木杆秤。回浦村的金秋森老先生自幼学习这项手艺，制作了大大小小不同的木杆秤，即使现在市场萎缩也依然坚持着这份事业。

虽然老一辈的人还在坚持着这份事业，但是目前主要存在的问题在于受到经济效益低下、市场缩小等因素的影响，这些手工艺存在着后继无人的风险。

四、宗族文化

（一）宗祠

回浦村内姓氏以叶姓为多，村内建有叶氏祠堂，村民受宗族文化影响颇深。

在叶氏宗祠门口立有几块石碑，其中一块石碑背面写道："据《章安叶氏总谱记载》：宗祠始建甚早，清道光十年（1830 年），因旧有祠堂地势过低，嚣尘湫溢，由叶菁改建，拾原地增高基础，扩大规模，经营尽善。现建筑即为叶菁改建一四合院，坐北朝南，首先为照壁，依次为门厅，三开间重檐硬山接两旁厢房，向南开三门：进门为戏台，歇山顶四户柱，戏台为正厅，三开间硬山顶接两厢，东西两厢五间。门厅、正厅藻饰精美，工艺较好。"这部分记载展示了宗祠近两百年历史的整体情况。

在现在村民的记忆中，祠堂主要承担了两个功能。一个是作为举办丧事酒席的场所。人一旦过世，一般而言都会举办丧事，而这个时候也会有丧酒，吃这一酒席的地点就在祠堂。主人家的友人，未出五服的叔伯，妻子那方的亲眷，都会参与。

另一个是占借祠堂中的戏台。在许多传统佳节来临之际，叶氏族人筹钱请戏班子唱上好几天的戏，戏台上总是咿咿呀呀地唱着传统的越剧，戏台下的老人听着戏，孩子吃着当地的小吃和零食，好不热闹。但由于近年来，宗祠中的戏台狭小等原因，这一功能慢慢被临时搭建的戏台所代替。

据叶氏村民介绍，几十年以前的叶氏宗祠是置放叶氏祖先牌位的，但之后也就停止放置了。这几十年间，祠堂做过学校，开了几十年的酒厂，酒厂关闭后也办过老人协会。其实祠堂主要还是附近的老人打发时间的去处。祠堂离老街不远，住着许多年龄较大的阿公阿婆，祠堂中放置着多张桌子和自动麻将桌，搓搓麻将，时间也就这么过去了。

（二）族谱

族谱是维系一个姓氏的纽带。或许一个人在族谱上也就寥寥几笔，但对于族人而言，这是他们姓氏的根源，是他们的根系。

或许是受宗族文化影响，叶氏族人十分重视族谱。作为回浦村的大姓，至今为止，族谱的修缮已有八回。最近一回筹钱修谱的是丁酉年正月廿二日，祠堂内还贴有乐助名单，捐款数万的不在少数。最后摆酒庆贺，姓叶的人家每户出一个来免费吃酒席。如今管理族谱的是宗祠附近一个叶姓的退休老师，他的家就在祠堂不远处，族谱放置于祠堂二楼一厢房内。在与叶老师的对话中了解到，现存不同版本的族谱数目比较庞大，他目前的工作主要在编写"名人录"，并且简单地介绍了一下第八次修谱的工作状况，展示了一下修谱主要成员的照片。

族谱十分庞大，就外观而言保存的较为完善。旧有版本已有上百本，新编的族谱为《台州章安叶氏宗谱》字样，数量则更为庞大，内容十分丰富，并且制作较为精美，首页绘有先代族人的遗像。目前看到最久远的族谱记载的是宣统时期的族人，上面贴有宣统三房五至十七世的标签。

回浦村村内的学校目前只有章安小学及章安中学，但近年来受北岸开发的影响，在不久的将来或许会有所增加。就读书而言，叶氏族人或者说整个回浦村的村民都十分重视。这点从祠堂中张贴两大张满满的章安叶氏恩荣名人录中可见一斑。

这份"名人录"记载的名人多为民国至八十年代出生的读书人士，他们虽不甚有名、职业各异，却也说明了族内对知识的重视与尊重。在前言中写道："我族迁章安七百余年来，耕读为本，仁义传家，根深叶茂，农、工、商各业发展较好，为章安千年古镇兴旺繁荣做出了一定的历史性贡献。但科举进仕相对落后，族人多为隐德不显，系本族一大憾事。改革开放，高考恢复以来，众多子孙相继考取名校，取得博士、硕士、学士学位，在科研、教育、军队、行政以及实业、经商等诸多方面取得骄人成就，振兴了氏族。先摘录鸿名卷（近、现代人物）公布，一是告慰列祖列宗，更寄希望于后生者以族为荣，爱家爱族，见贤思齐，奋发向上，积极进取，实现自己的人生价值。"这是族内对后世子孙的谆谆教诲及希冀。

相比三四十年代出生的老人对祠堂的重视，现在的祠堂功能确实在不断弱化。祠堂里没有了牌位，不再承担祭祀功能。即使现在的祠堂在大多数时间中均被闲置，但是对村民而言，宗祠更多的是一种精神象征。许多年轻人虽然已经很少去宗祠，但是大多数知道其具体位置。老一辈的人往往沾亲带故，用辈分来称呼，交流密切，这种血缘宗族纽带仍可以在日常生活中显现。

五、风俗及节日文化

（一）红白喜事

婚丧嫁娶是人生大事，在时光的打磨下，回浦村也形成其特定的习俗，并且传承至今。

自古以来，婚姻便是结两姓之好。无论男女，皆是人生中极其重要的一个环节。在回浦村，早年没有婚纱的时候，新娘穿红鞋、着红衣，出门的时候新娘子带一顶雨伞，将象征着传承的红口袋传下去。男方从家人中择一位少女，在新娘嫁入的时候一直陪伴新娘。有一位男孩会提着一个小型袖珍的马桶，一位女孩给新娘捧着面盆水。当然，新娘是需要给这些男孩女孩们一份红包作为回馈的。在孩子满月的时候，做母亲的要吃姜汁补身体。这可能与当地姜文化的流行有关，当地的姜曾是御用供品。除此之外，要办满月的酒席，外公外婆需要给孩子买衣服。做阿姨的在小孩满月的时候，把打好的金手镯、戒指、项链等送给孩子。

至于丧事，也有其特定的流程。有血缘关系的亲人穿白衣是必要的，儿子需要穿草鞋，女儿穿白鞋便可。头戴白布，脖子上挂着蓑料的绳子。参加丧礼的宾客脖子上也要系着一条白色的绳子。举行丧事的时候需要有人吹号子，一路上吹吹打打，吹着哀乐。家境富裕的话可能还会打花鼓。孙女会一路捧着花篮，孙子则捧着遗像。当然，有这些任务的都是会赠送红包的。送丧的队伍走到儿子家门前，要烧千岁（纸制的丧葬用品），意思是过节日的时候过世的人还能找到这条路，到后代人家里，在清明节、七月半的时候到家里享用做好的饭食。

（二）节日风俗

生活在南方吴越之地的当地人对鬼神之说比较在意。一年之中，有三次祭祀祖先的时候，分别是清明、七月半和冬至。当地人将其称为过年节。

根据日历，村民会在清明、七月半和冬至前的几天选择黄道吉日或宜祭祀的日子，在涨潮的时候摆上桌子，做上六碗菜，有荤有素，撒上象征后世子孙聪明的葱。在桌子前放上几盏酒、几小碟的茶叶和米，点上香烛请过世的老太爷、老太婆享用。放鞭炮、烧千岁、烧元宝，一年三次皆是如此。在祭拜先人的同时要尊请家里的当家人——土地公公，保佑家中平安。晚上一家人会吃当地的特色吃食，食饼筒。当然清明上坟，冬至吃冬至圆这些习俗在当天还是要操办的。

当地在春节之前还有一个大日子，那就是谢年那一天。感谢这一年的日子并且期待新的一年。朝着南边摆上象征着吉利的菜肴，有荤有素。放上几盘水果，象征长寿的豆面，步步升高的年糕，象征着丰收的麻糍。点香烛，放鞭炮，烧千岁、元宝这些过程必定也是少不了的。家中的长辈带着孩子向南祭拜、祈祷、口中喃喃念着谢谢天地老爷爷……在过年当天，老一辈的人会摆陈茶，象征着干净、清洁，后生一辈对摆陈茶倒是较为陌生。

还有一个特殊一点的日子是元宵节，节日并不特殊。然而，当地的村民并不过正月十五的元宵节，正月十四晚上才是闹元宵的日子。具体的原因众说纷纭，可能是为了纪念戚继光抗倭。当天晚上小孩们提着灯笼，吃着当地特色的糟羹，有甜有咸，不亦乐乎。

六、问题及建议

（一）存在的问题

对于宗教神学，村民多抱有一份敬畏之心。七十年代及之前出生的许多村民的受教育程度并不是很高，他们很多时候宁可信其有，不可信其无，相信祖先的庇佑，相信菩萨的庇护，寻求心灵的安定。祭祀祖先对上了年纪的中年人、老年人而言都是比较重要的事。挑日子，选时辰，买供品。这是多年的传统，颇有些根深蒂固。像那些普通的农村一样，回浦村仍保有较强的迷信色彩，天台宗影响力较大，许多村民在嫁娶等大事面前仍会选择算命等方式，当然信与否另当别论。

千年古镇章安，而作为章安中心的回浦村目前在开发，保护等方面的状况并不尽如人意。章安老街年久失修，因电路老化在夏天易发生火灾。村民对文化保护意识不强，虽然知道一些相关的知识但是概念十分模糊。村民的收入来源以商业、手工业为主，文化产业亟待发展，相关的文化资源并没有加以利用，在这方面需要政府政策的引导。

有关村民认为基层管理还需改善，村官应该为村民服务。不管是村内选举还是村委会职责的划分与管理，都应该把关注点放在村民的切身利益中。村民也建议政府更多关注村民的实际生活，推行提高村民生活质量的相关政策。避免发生类似于十多年前因菜市场的去留而爆发冲突的事件。

虽同属于椒江，但位于北岸的回浦村也如其他椒北村庄一样在较长一段时间内受到忽略，开发力度小，与椒江城区差距十分明显。椒江区目前正在开展"一江两岸"规划，在挖掘章安古街等宝贵的文化资源基础上，梳理历史建筑风貌，打造章安古城。政府出资推进沿街的房屋有组织地进行装修，试图使房屋带些仿古色彩。

（二）相关的建议

对于政府而言，希望可以切实开放当地的文化资源，打造相应的文化符号。因地制宜，以"一江两岸"为指导，缩小城乡差距，做到有效的、准确的开发。积极宣传政府政策，使得村民知道今后的发展方针，提高村民参与的积极性。

村民也应该提高开发文化资源及保护现有文化资源的热情。部分年纪较大的村民受教育程度较低，对文化资源保护与开发的了解稀少，只知道被动地接受政府的有关规划，积极性与主动性较低。村民作为回浦村的一分子，需要积极协作，配合相关工作。村委会作为普通民众与政府对话的窗口，应该公开信息，并对村民加以宣传及指导。更加透明化的工作有利于村民了解政策，真正做到为村民办事。

七、结语

叶氏迁居章安七百年，繁衍生息，是回浦村内最大的姓氏。因历史、地域等因素影响，回浦村保留了一些特殊的节日习俗。村内宗族文化不断传播，并在许多风俗节日中展现了与其他地域不一样的特色。在这七百年间中，他们形成了自己的处事风格。老一辈的村民对村子里的人都十分熟悉，五服之内的叔伯联系更为亲密。村民之间有着辈分的差异，村民大多了然于心。

回浦村的"耕"更多体现在整个生产生活中。农业并不是他们主要的生产方式，上班、做生意、挣工钱，是他们主要的经济来源。他们用自己勤劳的双手，多劳多得，在农村中创造了自己的物质财富。

回浦村的"读"体现在村民以知识为荣与丰富的文化生活中。尊师重道，注重教育。村民努力为自家的孩子创造更好的学习环境，选择更好的学校接受教育。质朴的村民可以从古迹中感受到历史的熏陶，在与村民的交往中得到心灵的愉悦。抛开生活的负担，他们得精神得以放松。在文化意识愈来愈强的将来，希望回浦村能充分利用好已有的文化资源，传承耕读文化，拥有更加璀璨的明天。

浙江福德湾矿工村工业遗产调研报告

李晶晶　施　琪　叶佳敏

位于浙江省温州市苍南县矾山镇的福德湾矿工村于2016年获"联合国教科文组织（UNESCO）2016年度亚太地区文化遗产保护奖"，意味着这个已有六百余年历史的小山村在"古村落"与"工业遗产"的保护与开发方面的努力得到了国际认可。本调研小组成员李晶晶为苍南县人，此前已对该村落有所耳闻，且对具有工业遗产特色的古村落有很大兴趣，但发现目前学术界对这个村庄的研究并不多，并未完全揭示其价值，于是带领调研小组于2017年7月中旬到矾山镇福德湾矿工村进行实地调研。在走访矾山镇旅游办负责人罗田主任、福德湾矿工村村长以及一些当地居民及游客后，调研小组结合所见所闻及文献记录，浅析此地特色的"耕读文化"、工业遗产价值及保护开发现状的得失，力求为此地将来的发展提出可行建议，从而为其他同样具有工业遗产特色的古村落未来的保护与开发工作提供参考。

一、调研背景与方法

由国际工业遗产保护委员会（TICCIH）于2003年起草，联合国教科文组织确认通过的《下塔吉尔宪章》，对工业遗产概念阐释如下："工业遗产是指工业文明的遗存，它们具有历史的、科技的、社会的、建筑的或科学的价值。这些遗存包括建筑、机械、车间、工厂、选矿和冶炼的矿场和矿区、货栈仓库，能源生产、输送和利用的场所，运输及基础设施，以及与工业相关的社会活动场所，如住宅、宗教和教育设施等。"近年来，对工业遗产进行保护的呼声在国际上越来越高，工业遗产保护与开发相关问题在国内也引起了越来越多的关注。2006年，中国国家文物局、中国古迹遗址保护协会与江苏省无锡市人民政府在国际古迹遗址理事会（ICOMOS）古迹遗址日（命名为"工业遗产日"）举办了首届"中国工业遗产保护论坛"[1]，并通过《无锡建议》[2]，这标志着中国工业遗产保护工作正式提到议事日程。

对工业遗产的保护与开发，是对其潜在价值的重新发现与评估。工业遗产作为经过历史沉淀的人类工矿作业场所，具有历史价值、科学价值、艺术价值、景观价值等，亦具有经济、政治、教育等功用。对工业遗产的保护与开发可实现对此类文化遗产的保护工作，也符合近年来文化旅游市场日益兴盛的需要。

古村落又称传统村落，主要是指在民国前建村，至今仍保存有较为完整的建筑风貌、较丰富的历史景观及文化信息，且应予以保护的村落，主要以安徽皖南古村落为代表。皖南古村落以徽商"耕读文化"及徽派建筑扬名，而福德湾矿工村则以其数百年的工矿采炼历史及保存至今的工矿设施、场所等工业遗产而独具特色，其当前的保护与开发工作可圈可点。

自2006年首届"中国工业遗产保护论坛"在无锡召开后，中国的工业文化遗产保护与开发事业进入一个新的阶段。作为国内第一个获"联合国教科文组织（UNESCO）亚太地区文化遗产保护奖"奖项的工矿业遗产项目，作为历史悠久并且当前保护开发工作相对完善的工矿村，福德湾矿工村的"耕读文化"独具魅力，且在保护工业建筑遗产，彰显其历史文化价值方面做出了有目共睹的努力和贡献。本调研团队选取福德湾矿工村为调研对象，主要采取实地调研（包含深度入户访谈及街头游客随机采访）及文献分析方式的方法，得出此调研报告。

二、调研对象基本情况

（一）自然地理环境

福德湾矿工村位于浙江省温州市苍南县矾山镇。矾山镇位于浙江南部，

---

① 阙维民.世界遗产视野中的中国传统工业遗产[J].经济地理,2008(6):1 040-1 044.

② 中国古迹遗址保护协会.无锡建议——注重经济高速发展时期的工业遗产保护[J].建筑创作,2006(8):195-196.

平均海拔在280米左右，四周群山环抱，为东西走向的葫芦形盆地，因盛产明矾得名。此地已探明的明矾储量有2.4亿吨，占世界60%以上、中国80%以上，有"世界矾都"之称。

福德湾矿工村位于矾山镇，坐南朝北，村落沿鸡笼山自然山体而建。福德湾矿工村属浙南丘陵地区，地表沟壑纵横，有较多基岩裸露的山坡。村内因采炼矿石频繁，多处地表被矿井岩渣覆盖。福德湾矿工村除工业区外，其他高海拔区的南山坪、旗杆内、西坑植被覆盖率相对较高。在此登高远眺，眼前云海茫茫、绿树苍苍，景色宜人。

（二）生产生活

据福德湾矿工村村长介绍，福德湾矿工村现有居民524户，总人口数约为2 024。因此地工矿开发历史及缺乏耕地等原因，大部分居民没有土地，为居民户口。且当前大部分青壮年居民以外出打工、包矿为主要谋生手段。据矾山镇旅游办负责人罗田主任介绍，因为明矾的硬度很高，开采对技术的要求很高，所以矾山的矿工掌握了非常好的开采技术，甚至有"地老鼠"的称号。现在大量的矿工外出谋生，基本上哪里有有色金属矿，哪里就有矾山人。其余老年居民及少部分返乡居民的收入主要来源于该地的非物质文化遗产——矾山肉燕、矾塑，还有极少部分居民以经营小规模的商店、小吃店谋利。福德湾矿工村村长介绍道，该村在获得一些荣誉后，在当地的知名度有所提高，游客数量增加，居民收入亦增加不少。

罗田主任称，福德湾矿工村老街两边建筑均已有一两百年历史，建筑材料以废矿石为主，价格低廉且结实耐用，极具当地特色。在此地保护开发工作开始之前，福德湾矿工村房价仅为5 000元/间，这还是相对较高的政府收购价，民间买卖大多仅为1 000~2 000元。但在此次调研开始前不久，此地以39.8万元/间的价格完成了一笔房屋交易，目前房价仍在不断上涨。

（三）历史沿革

福德湾矿工村最早名为苦竹庵。相传村里石壁脚下，一处破落的庵堂周围有一亩苦竹，因此得名苦竹庵。至清代，此地已有三家明矾窑厂，分别俗称雷打窑、死人窑和苦竹庵窑，于是民间将其合称为"雷打死人苦竹庵"。罗田主任介绍，苦竹庵在闽南方言中又与苦竹坂、苦竹湾谐音。因忌讳

"苦"字，后民众将其雅化为福德垵。解放后，此地又被命名为矾山镇第九居民区。"文革"期间，为响应破四旧运动，此地一度被改名为幸福村，但本地群众仍习惯以苦德湾称之。至2000年后，此地地名才被雅化为福德湾。

宋末时期，此地已发现明矾矿，且有住人。至元朝，已有零星几户人家居住于此。据《明史食货志》和民国四十一年刊成的《平阳县志》记载：赤坪山（今苍南矾山）明矾石矿于明朝初年开采和提炼。明朝洪武年间至清末，此地明矾业大幅发展，吸引较多逃难者和以明矾业为生的工人散居于现福德湾矿工村境内。明朝中叶，永强（温州）屡遭倭寇侵扰，永强人朱、林、郑、王四姓逃难至此地，开始冶炼明矾，并开始在此生息繁衍。后随着明矾业的不断发展，其他行业也应运而生，火药制造、打铁、木工、布店、米行、打草鞋、裁缝店、豆腐店、饼店、箍桶等一系列衣食住行的行业都在此地发展起来，自此福德湾矿工村已初具雏形。与此同时，又有朱、郑、张、王等16个姓氏人家都在此地建房、生活、劳动、安家。福德湾矿工村见证了几代荣昌。在历经数代人辛勤劳作之后，福德湾矿工村逐渐形成了当前以老街为中心，西含西坑，东括旗杆内，北揽亭仔脚，南至南山坪的规模。

虽然明矾产业曾经为当地百姓带来了可观的收入，但粗放的生产模式，随意排放未得到有效处理的矾浆、矾渣、矾烟等"三废"，亦极大地破坏了当地的生态环境。森林资源因矿山长期的开采逐渐减少，空山日渐裸露。对福德湾矿工村人来说，尽管收入因矾而高，但逐渐恶劣的居住环境，以及日益增长的矽肺病也着实给当地老百姓的生活造成不小的困扰。

矾山产生的"矾污染"还对其下游的福建省福鼎市前岐镇造成不小影响，也让当地的老百姓抗议了三百多年之久[①]。于1670年，康熙皇帝为此专门下旨，平息两地纷争。调研小组在福德湾矿工村老街街口白马爷宫前仍能看到当年的圣旨碑，碑上刻：赤垟山炼矾，恩准弧贫渡食，矾浆水必汇入海。

解放后，此地的明矾产业也经历了几次起落。到20世纪90年代，矾业已经走向下坡路。很多矾山人慢慢意识到，仅依靠矾矿来发家致富的日子，已难以延续。在福德湾矿工村，除少数仍在矿上上班的居民和老人，其他年轻人都已经离开这片土地，另谋出路。尽管厂区的煅烧炉还在徐徐冒烟，但福德湾矿工村已不再繁华。

---

① 王星.福德湾矿工村：世界"矾都"活遗址[N].文汇报，2016-10-03(3).

但随着社会对工业文化遗产的关注度越来越高，福德湾矿工村开始焕发出与往日不同的生机。2012年6月2日，温州矾矿申遗促进会成立。而6月8日，为我国第7个文化遗产日，矾山镇镇政府亦正式开始矾矿申遗工作[1]。当天就有数万民众自发前来参加此次活动，支持矾矿申遗。也正是因为申遗，许多原本已经搬走的原住民回到这里。他们重新聚集到福德湾矿工村，为此地重新带来活力，他们从家乡历史的见证者逐渐成为家乡明天的缔造者。

（四）风土人情

罗田主任介绍，福德湾矿工村的特色节日主要有九月初六的"明矾节"、正月十五的"上元开山节"等。"明矾节"这个节日主要是为了纪念明矾始祖秦府。他本是四川难民，后来逃难到矾山发现此地有矾矿，并将矾取名为"清水珠"。矾山人民视其为此地明矾始祖，因为他的生日为九月初六，所以矾山人民就把九月初六作为明矾节。从1991年到2016年福德湾矿工村已举办过26届明矾节。在"明矾节"当天，当地人一般会祭祀、游行、采街，进行文艺表演、举办美食集市等活动。每年正月十五的"上元开山节"是具有当地特色的重大节日。因为每年正月十六福德湾矿工村的居民就要去外面包矿，所以这个节日叫做"上元开山节"。在这一天全家人会先吃一顿团圆饭，然后村里召开宗族大会，第二天有开矿技术的旷工就到世界的各个角落去开矿。

此外，福德湾矿工村代代的居民也有自己的故事。据罗主任讲述，福德湾老街126号的茶书院房主是嘉靖年间从温州搬至此地的。在上世纪五六十年代时留下两兄弟，房屋一人一半。为装修房屋，一个兄弟请了福鼎的木工，另一个兄弟不甘示弱则请了本地的木工。因两木工风格不同，所以房子一半是雕花的，一半是不雕花的，出现导致大厅时一边"高"一边"低"的情况，即一边装修繁复，一边简朴。为使整间房屋看起来更加平衡，两兄弟协商，让两边的木工把客厅的横梁一分为二，交换了一下，就形成了现在的茶书院这样一间房屋两边不同的建筑风貌。

还有历经七十多年、三代人不断免费为路人供应茶水的茶摊。当前茶摊的第三代传承人为郑秋燕，她向调研小组讲述，这茶摊是从她的祖辈开始的。当时矾矿并未衰落，挑矾古道十分热闹。以前矿里的工人是不好意思去

---

[1] 王约,蔡小真,卢亚妮.世界矾都踏上"申遗"路[N].温州日报,2012-06-04(9).

别人家里面要水的，而且也怕看到未出嫁的女子。郑秋燕的母亲是王宝贞，是茶摊第二代传人。最初王宝贞的婆婆为方便矿上的工人，就在家门口设立了免费茶水供应点，供往来工人、过客解渴。后来矾山衰落，过客渐稀，但王宝贞不忍心放弃上辈人的心血，不管有没有人喝都每天去挑水烧一桶茶。而且坚持茶不过夜，即使没人喝也不把昨天的茶留给今天的客人。传到郑秋燕手中，这茶摊已历经三代，现在此地热闹起来，多的时候每天要烧七八桶，但她仍坚持用柴火烧，用当地的水和老虎茶。

而在福德湾矿工村留守至今，现年已78岁的朱善贤老人说道，自16年前他就在家中打造微公园，并将其取名为"汪田小筑"。他的家庭微公园内不仅有各种造型的盆景，还有整整一屋子的自制电子工艺品，只要打开电源，各个劳作、休闲的小人便一下子活了起来。时光荏苒，朱善贤老人做的工艺品越来越多，慕名来免费参观的游客也越来越多。虽然朱善贤老人和他的老伴年纪越来越大，但他俩仍坚持每天从早上8点开门一直守到晚上，为游客一遍遍讲述自己和福德湾矿工村的故事。

三、调研结果分析

（一）福德湾矿工村价值

福德湾矿工村于2013年入选住房城乡建设部、文化部、财政部三部门发通知公示的"国家首批传统村落"名录；2014年入选第六批"中国历史文化名村"名录；2015年入选亚洲青年微电影展"最佳营地"名单；2016年获得"联合国教科文组织亚太地区文化遗产保护奖"；2017年获得浙江旅游总评榜的年度乡村旅游示范乡（镇）、村称号，纳入第一批国家工业遗产名单及第四批国家矿山公园资格名单

可以看出，福德湾矿工村的价值已经得到多方认可，而其与其他古村落最大的不同点在于其历时六百多年且保存至今的工业文化遗产。本调研小组在采访旅游办负责人、福德湾矿工村村长及部分居民、游客之后，亦认同工业遗产价值为福德湾矿工村特别之处。福德湾矿工村的工业遗产价值深刻体现在历史、经济、社会、科技、景观等多方面。

1.历史价值

工业遗产是工业文明的体现，是一定历史时期内人类工矿活动的产物，是记录着一个时代经济社会、工程技术、产业水平的载体①。而工业遗产作为一种符号系统，作为历史的见证，承载着诸多信息。早已有国外学者提出，工业遗产旅游的价值不在于遗产本身，而在于遗址所反映出的对社会变革的影响，及其历史价值。

福德湾矿工村不仅记载了新中国几十年的工业文明，更是中国数百年工矿业发展史的缩影，是中国的"工矿业窗口"。她的存在不仅是现代人了解过去工业文化的有效媒介，更是了解古人采掘、冶炼矾矿的最佳途径。罗田主任介绍，福德湾矿工村村民世代聚居留下了多处别具地域特色的人文景观和历史遗迹，如福德湾矿工村老街、人力挑矾古道、康熙下诏碑文、登山石步道、明矾始祖宫、矿工石头屋、矿主老宅院、工人大礼堂、工人运动遗址及一大批教堂寺观、祭祀宗庙、医院学校遗址等。

在鸡笼山上，这座小山村静静地诉说着宋末至今，这个村落因"矾"而盛，又因"矾"而衰的故事。她是历史长河的伟大见证，是人类文明不可忽视的片段，是历史文脉的传承。作为历史遗留的真实证据，福德湾矿工村凝聚了丰厚的历史底蕴。更为难得的是，福德湾矿工村当地的明矾生产仍在继续，这是一处十分珍贵的"活历史"。

2.经济价值

工业遗产作为一种文物，最先想到的应该是保护。但是近年来，对文物的保护与合理开发并行，已成为一种普遍的趋势。对工业遗产进行"原生态"保护，在不破坏其完整性及原真性的前提下，发掘其经济价值，不仅能使遗产内承载的传统文明更好地融入现代社会当中，更可使遗产的保护工作得到良性的持续发展。

当前的福德湾矿工村，其开矿、冶炼的经济效益已经逐渐降低，但通过开发工业旅游的方式，能够实现其经济价值的回归，使之从一个日渐荒芜的小山村转变为一座仍具有持久生命力的工业遗产地。正如福德湾矿工村村长介绍，对福德湾矿工村进行修缮之后，已经吸引了不少商家、非物质文化遗

---

① 张晶.工业遗产保护性旅游开发研究[D].上海：上海师范大学,2007:22.

产传承人入驻，当地居民收入也已有明显提高。在接下来的开发中，进一步拓宽、改变原有工业设施、民居的功用，与周边风景区共同打造旅游圈，发展旅游业，能进一步开发出其经济价值，形成工业遗产保护与开发的良性循环。

3. 社会价值

工业遗产记录了劳动群众的生产生活状况，有着广泛的社会认同感和归属感，对社会有不可忽视的影响。福德湾矿工村因受采矿业技术高危系数、风险性极大等影响，人民具有不畏艰辛的精神。当地居民介绍，朝不保夕的生活状态也使得矿工更加懂得享受生活，在矾头势好的时候"穿毛线衣"，坏的时候"像乞丐穿褴衣"，并常常以吃来犒劳自己，如在"七月半"（最原始为农历七月十五，后农历七月十三、七月十四都可过此节）"八月半"（八月十五）等节日，家人都会团聚吃饭等。

福德湾矿工村形象、直观地保留了工业生产的完整程序，具有较高的教育价值。欧美地区早已有将工业遗产作为教育基地的先例。而游客通过实地参观，甚至现场的参与式体验都可以获得比传统课堂更深刻的感受。通过对传统工业发展的切身了解，感受劳动群众在生产生活中取得的成就，更可以激发民众的爱国主义热情，因此此地可以作为爱国主义教育基地的范例。据福德湾矿工村村长介绍，此地也孕育出了九月初六"明矾节"、正月十五的"上元开山节"等特色节日。罗田主任提到福德湾矿工村还出过很多革命烈士，这个地方以前矿业发达，共产党很早就融入于此，至1939年时矾山就有3个支部。在1901年左右矾山成立了一个小学，名字叫温山小学，后来这个小学演变为红色根据地，居住过很多革命勇士，如朱成将军等。

福德湾矿工村作为有六百多年历史的工矿村，作为在中国工矿业史上留下浓墨重彩一笔的工业遗产地，更是具有一种精神纽带的价值。福德湾矿工村不仅对当地的旷工、居民来说具有浓厚的情感意义，对于其他游客来说，亦具有领悟认同的作用。

4. 科技价值

作为一处使用了上百年的工矿业生产地，福德湾矿工村见证了从农耕时代落后的矿石开采、冶炼技术，到工业时代生产工具、工艺流程的改进。此地的采矿技术从最原始简陋的"火烧采石法"到"手工凿岩黑药爆破法"，再到"机械凿岩炸药爆破法"；从土法挖掘地表、开掘巷井采矿对再到科学设计与规划，展现了中国古代工矿技术发展的轨迹。"矾"这一矿石的发现，也是人类对自然规律的一种发现。

目前福德湾矿工村仍保存着完整的采矿、运矿、冶炼等生产工具及道路，可以生动地复原出当时矿工工作的原貌，是中国工矿技术发展史的"活标本"，是一处世界工业史上罕见的"活遗迹"，对后世科学技术发展应有不少启迪。

5.景观价值

在全球化的浪潮当中，世界各地正掀起一股"趋同之势"。各地都是相似的拔地而起的高楼，城市景观变得大同小异，缺乏特色。

工业遗产在普通人眼里是丑陋、污染的刻板印象，但实际上工业遗产具有别样的"工业美学"价值及"技术美学"价值。如北京地区著名的"798创意园区"，就是因其建筑的"包豪斯风格"而受艺术家们的追捧，成为北京的文化地标。工业遗产不仅可再现工业技术和工业生产场景，也描绘了工人们生活、劳作等历史信息。福德湾矿工村内众多人文景观和历史遗迹，与浙南地区典型的自然风光相结合，展现出一幅人与自然和谐相处的完美画卷。

调研小组实地考察发现，在福德湾矿工村内不仅遗留下了矾山矾矿遗址这一较完整的上世纪50年代采炼生产、生活系统，也遗留下大量因生产、生活变迁需要而遍布村内各角落的矿硐（采空区）、石阶、古树、街巷、古井及大量的特色民居。福德湾矿工村独特的发展历程使其从山上到山下具有不同的时代特征，又具有一脉相承的工业村落民居风格，也逐步形成了当前从山上至山下依次为矿硐（采矿区）[①]—居住区—炼矾区的基本布局。此地展现了近现代工业遗产与乡土建筑的完美结合，具有极高的艺术欣赏价值。而在此地传承的非物质文化遗产——"矾塑"更是将工业美学发挥到极致。

在此地参观，不仅可以欣赏到工业文明的成果，亦可以与自然近距离接触。青石板路在上百年的古民居中蜿蜒，又在林荫掩映中曲曲折折。在福德湾矿工村高处眺望，城乡风景与郁郁葱葱的林木交错，莽莽云海在远处与碧

---

① 陈亦人.温州"矾都"炼矾历史和工艺考略[J].台州学院学报,2015(6):85-90.

天相接，人文景观与自然景观的叠加创造出了"1+1>2"的效果。尤其是众多本已搬离的民众回归，再次用双手改造、美化家乡，重现昔日福德湾矿工村盛景。

（二）保护与开发中的长处

福德湾矿工村在获"联合国教科文组织（UNESCO）2016年度亚太地区文化遗产保护奖"时，联合国教科文组织对其评语如下："福德湾矿工村的复兴项目以其一系列具有综合性和文化敏感性的保护和再利用工程值得赞扬。在当地村民、非政府组织和政府机构的共同努力下，大部分传统民居依据遗产保护原则得以成功保存，一些废弃的工业设施则作为公用或观光设施得以恢复。通过持续不断的维护管理和社区参与，这一项目为中国其他处于现代化的关键阶段，但又具有遗产保护价值的工业社区树立了典范。"由此可见，福德湾矿工村在保护和开发方面已有较大的可取之处并且获得了世界的认可。下文将分析政府、民众、社会等组织力量在福德湾矿工村的保护与开发工作中的可取之处。

1. 政府工作相对完善

近年来，矾山镇积极协调上级有关部门，邀请省、市、县各级文物专家多次进入福德湾矿工村开展了一系列的调查、保护、管理工作，完成了《苍南矾山矾矿旧址保护规划》和"四有"记录档案的编制工作，完成福德湾矿工村古街区等数个专项规划编制；通过实施福德湾矿工村老街传统民居建筑修缮等系列工程，抢救性维修濒临倒塌的古民居；以申报非物质文化遗产为平台，深入挖掘、保护当地独特的文化遗存。2012年启动温州矾矿申报世界工业文化遗产，成立"温州矾矿申报世界工业遗产研究促进会"。2014年，《温州矾矿矿业遗产申报世界遗产的前期调研》由北京大学与温州市政府联合完成。同年5月，国际工业文化遗产保护协会主席马丁到福德湾矿工村矾矿考察，做出如下评价：所有遗存元素中，工业文化遗留物和遗址所在自然村落——福德湾矿工村的保护都相当完好。温州矾矿遗址传统工艺与现代技术的结合是非常有序的，遗址保存的完好程度也令人印象深刻[①]。2015年5月，英国伯明翰大学国际铁桥文化遗产研究院迈克·罗宾森院长到福德湾矿

---

① 沙默,邱新福.中国文化遗产日温州矾矿申遗有新进展[N].温州日报,2014-06-16(1).

工村考察后建议，要充分挖掘矾矿遗址的潜力和价值，尽可能地保护和恢复遗产完整性，建立保护区。

同时，政府以多样的开发模式开发福德湾矿工村。首先，在不破坏原真性和完整性的情况下，对工业设施进行了"原生态"保护，并修建了"矾矿奇石馆"，可为大众普及矿石相关知识。对民居也进行不同方面的开发利用，有用做非物质文化遗产传承的"为唐公肉燕展示中心"，亦有茶书院、主题邮局、古道民宿、音乐酒吧、柴锅土灶、家庭微公园等多种形式。矾山镇围绕"文化立镇旅游兴镇"战略，按照中国历史文化名村的标准要求，启动历史文化名村提升工程，未来将实施古民居三期修缮、老街文化休闲区旅游开发等项目，进一步打响福德湾矿工村历史文化名村的品牌。在调研过程中亦有剧组到此地取景、拍摄，还有不少高校学子到此地调研学习，将福德湾矿工村的魅力以不同形式扩散出去，可见丰富多样的开发模式为福德湾矿工村带来了不同的生机与活力。

2.民众广泛参与

福德湾矿工村申遗促进会不仅获得了外界的广泛关注，也迎来了大批原住民的回归。

温州市非物质文化遗产矾山肉燕的传承人朱师勤投资45万元，重新改建位于福德湾村的"为唐公"肉燕店铺，将"矾山肉燕"这项非物质文化遗产于20世纪80年代与此地阔别后，重新带回。朱师勤师傅还将将店名取为"为唐公肉燕展示中心"，他不仅想让游客在此处尝到地道的手工肉燕，更希望游客可以一睹正宗的非物质文化遗产——"打肉燕"的全过程。

而坐拥150年历史祖宅的朱为俊亦将自己的老宅打造为苍南首家主题邮局。他和自己的儿子还不断从各种渠道收集有关矾山的文物摆放在店内，力求让每个游客都能对矾山历史多一分了解。很早"卖掉"祖屋的孔令雄还花了很长时间创作了40多幅采矿炼矾手绘连环画。双休日只要有空，他都会来到村里的陈列室里，对着墙上自己依据矿上生活画出的一幕幕"采炼"场景，热心地给参观者讲讲当年在矿厂的工作生活。还有坚守70年"爱心免费茶摊"的郑秋燕、"汪田小筑"的朱善贤等众多福德湾矿工村人，一直续写着福德湾矿工村的故事。

自2012年至今，福德湾矿工村相继迎来了一期、二期两次较大规模的修缮。主要对老旧的建筑主体进行修复，并且实施了石板路改造、室内电力线路和白蚁防治等配套工程。在修缮经费这一方面，福德湾矿工村与其他地方"政府买单"或"官民扯皮"的状况不同，修缮经费由政府和当地百姓共同承担。很多村民们以无比高涨的热情参与修缮过程中来。可以说没有民众的广泛参与，福德湾矿工村的保护与利用工作难以取得今天的成果。

3.公益组织力量突出

福德湾矿工村荣获"联合国教科文组织（UNESCO）2016年度亚太地区文化遗产保护奖"，很大程度上也有温州矾矿申遗促进会的功劳。

当国际工业遗产委员会中国代表、北京大学世界遗产研究中心副主任阙维民教授带着他的博士研究生来到此地进行实地考察后，他们向以苍南县政协主席、温州矾矿申遗促进会副主席张传君为代表的矾山人指出了一条温州矾矿由衰转盛的新路——申报世界文化遗产。自2012年温州矾矿申遗促进会成立后短短几个月，就吸纳有军政界、文艺界、企业界的，在职的、退休的，国内外150多位会员。这些会员拥有一致目标——尽全力推动温州矾矿申请世界文化遗产。而作为曾经温州矾矿的老职工，张传君也始终为这一事业奔波。

温州作为中国民营经济的先锋地，走出了许多成功的商人，福德湾矿工村亦不例外。在矾矿日渐衰落时，有不少有识之士走出家乡，去外地谋生，或经商或依旧包矿、采矿，有不少人经商有成。在国内外工作的多位成功人士发出的成立温州矾矿申遗研究促进会的倡议，得到当地居民广泛响应，不过数月，该促进会人数就已过百，筹得资金过百万。强有力的经济基础加上民众赤诚的爱家之心，使得福德湾矿工村的保护开发工作能有有效、持续进行。而这次福德湾矿工村矿工村之所以能够"击败"亚太地区30多个对手，获得联合国教科文组织的这一荣誉，与这几年矾矿申遗工作有着密不可分的联系。

（三）保护与开发中存在的问题

虽然福德湾矿工村的保护与开发工作已经取得了不少成绩，但还是有不少需要完善之处。从调研经历中可知，当前福德湾矿工村的开发并未牢牢把握住"工业遗产"这一最大特色，可见其对本身特有的"耕读文化"特点认识不深，且对未来发展认识并不太足。下文将结合调研小组所见及采访，指出其当前开发存在的一些问题。

1.开发模式不具特色

当前的文化遗产开发与利用为时代的热门，但是有较多遗产地没有准确把握定位，未抓住本地特色，只走千篇一律的开发模式。在对游客的采访中，也有不少人对福德湾矿工村发出了类似的担忧。福德湾矿工村以工业特色为大众瞩目，但在当前的开发中并未很好运用这个元素。"博物馆+参观"的传统模式难以对游客形成持久不断的吸引力。而古民居也仅用于商业店铺使用，未真正开发其效益，展现其历史价值。"民宿+酒吧"的组合不禁让人联想起"丽江模式"，而缺乏本地特色。甚至"矾塑"等当地独有的非物质文化遗产也很少运用到开发之中。如此下去，福德湾矿工村最大的"工业特色"会逐渐被其他元素取代，实在令人惋惜。

2.非物质文化遗产传承问题

矾山肉燕和矾塑作为极具代表性的当地非物质文化遗产，近年来不仅在福德湾矿工村遭到"冷落"，在整个矾山镇乃至温州市内都遇到非物质文化遗产的传承瓶颈。而非物质遗产的传承问题也是普遍性的难题。温州市非物质文化遗产矾山肉燕的传承人朱师勤也曾坦言，在经济效益不高、又苦又累等种种原因之下，现在已经很难找到合适的传承人来接他的手艺了。而矾塑传承人刘肇宝亦直言："年轻人都不喜欢了，矾塑虽然材料投入很低，但是时间耗费太多了，单纯依靠矾塑来生活是不太可能的，只能形成大规模批量生产。但是，批量生产的前提是有销量和市场。现在矾塑的市场基本没有打开，以前知道矾塑的人很多，但现在的年轻人已经没有几个知道了。""我倒是想过找几个徒弟，只要条件好、愿意学，我可以免费教，可现在哪里还有人来学这门手艺啊！"

福德湾矿工村正是因为物质与非物质文化遗产的结合，使其在工业遗产中更具特色，倘若非物质文化遗产无法传承，恐怕其魅力值会大大降低。若仅仅是冷冰冰的建筑遗留在这，没有"活"的遗产在此诉说福德湾矿工村的故事，福德湾矿工村的魅力将无法充分展现，而"工业特色"及"历史文脉"的传承更将无从说起。

3.商业化程度过高趋势

在对多位游客的采访中发现，福德湾矿工村开发的时间不长，但已出现商业化程度过高的趋势。而在获得联合国教科文组织的保护奖后，此地更是名声大噪，不仅吸引了大量的游客过来参观，还吸引了大量的商家入驻。但入驻的商家质量参差不齐，有特色的不多，甚至部分商家只是想以"遗产"的噱头大赚一笔。此地的民居被用于商业开发后，商业色彩日渐浓郁，民居虽有多种利用方式，但主要以商业盈利为主，只怕日后会掩盖原有的历史特色。在调研当中，免费茶摊主人郑秋燕也表达了对政府未能统一规划，在利益影响下此地开发会走向过度商业开发，丧失特色的担忧。

4."空心化"问题

早在多年前，由于矾矿的经济效益下降，已有大部分年轻人外出谋生。在矾矿申遗促进会号召下，虽有不少福德湾矿工村人重回故地，但仍以老年人为主。从上文可见，坚守在此处的多为已退休或上了年纪的老人，他们对福德湾矿工村有着难以割舍的情感。但大多数福德湾矿工村年轻人归属感不强，在难以有较大经济回报的情况下，福德湾矿工村的空心化趋势越来越明显，年轻力量的流失会导致福德湾矿工村建设力量的下降，那如何可持续发展将成为一个不小难题。

5.宣传工作不足

调研团队成员中李晶晶虽为苍南县人，可第一次听说福德湾矿工村却是在2016年该村获联合国保护奖之时。作为一处拥有数百年历史的工业遗产，福德湾矿工村的故事实在是鲜有人知。虽2012年就创办了申遗促进会，可是其影响力局限于矾山地区，未走出苍南县，未走出温州市。而在获奖之后，虽有一部分人已经知道了此地，但大多为苍南县人，鲜有其他地区人知道，更不用说其国际知名度问题。作为一处获得世界级遗产保护奖的工业遗产地，其价值与其当前知名度严重不符，可见宣传工作仍有很大进步的空间。

四、建议

综合考虑福德湾矿工村的开发与利用现状，调研团队认为福德湾矿工村可在保持遗产的"原真性"与"完整性"前提下，发挥优势、弥补不足的目的下，在以下几个方面做出改进。

1.着重打造"工业特色"

当前国内的工业遗产旅游尚未兴盛，而国内也鲜有工业遗产吸引大众关注。德国的鲁尔工业区在煤炭业衰落后，保存大量富有历史价值的器械和设备、博物馆、艺术画廊甚至学校等，彰显着这个在德国经济发展过程具有举足轻重的工业区的历史魅力。北京"798"以特色工业建筑的"包豪斯"风格吸引艺术家入驻，并迎合市场文化产业发展需要，大获成功。福德湾矿工村也应该把握住机会，利用其突出的"工业特色"，来满足当前游客旅游需求多样化的市场情况。社会公众具有怀旧情感，福德湾矿工村在可此基础上，表演旷工题材的不同时期情景剧，如古代和近代不同时期的采矿生活等，让游客切身体验，满足其对古代的好奇与对近代工业文明的告别心态，而不是只让游客参观没有温度的静态的工业遗存。或者可在建造民宿时，以"工业"为主题，装饰以工业文明特色。

2.解决非物质文化遗产传承问题

非物质文化遗产的传承问题乃为未来保护与开发的重中之重。政府可以采取增加补贴力度的方法，解决非物质文化遗产传承人的经济问题；并应该加大对非物质文化遗产的宣传，增加其知名度，打开市场，如拍摄非物质文化遗产动画短片，并在各媒体上播放；开展非物质文化遗产文化进校园等活动，让孩子们有机会亲身体验到非物质文化遗产的魅力，培养孩子们对非物质文化遗产的兴趣。打造非物质文化遗产传承的完整链条，需要非物质文化遗产传承人和社会各界的努力，只要让非物质文化遗产传承人能从中受益不至于生计难以为继，并提高公众对其的了解程度，解决非物质文化遗产传承问题应不是难题。同时政府也应该及时做好非物质文化遗产的数字存档工作。

3. 吸引年轻人回归

在一个地方，若仅有老年人生活，是难以有持续旺盛生命力的，而吸引年轻人回归，不仅可使福德湾矿工村的精神文化得以传承，也可以为当地的保护与开发工作注入新鲜的想法、新鲜的血液，使得工作得以持续下去。一方面，在精神方面应该竭力唤醒年轻人的归属感及自豪感；另一方面，应在物质方面给予一定的奖励，若年轻人尤其是大学生愿意回归，政府应给予一定的支持和补贴。另外，应该着重"传承"精神，形成"老、中、青"三代模式，避免精神文化断层。

4. 注重"体验式参观"

在旅游过程中，单方面、单向传输的旅游体验并不美好，交互性的旅游方式才能对游客形成强有力且持续的吸引力。因此福德湾矿工村在开发中要把握"体验式参观"方式，使游客与遗产能有一种互动。如可在工业设施参观中加入体验活动，让游客可亲自参与采矿及冶炼的过程，满足其好奇心理；在参观"为唐公肉燕展示中心"时，能够参与"肉燕"的制作；在参观家庭微景观公园时，能与创作者有良好沟通，了解其16年的创作历程，亦能直接体验矾塑的创作过程。总而言之，遗产的保护与开发不能是"死"的，她既需要一种"活"态传承，亦需要"活"态体验。仅停留在冰冷的建筑中、安静的博物馆中的历史，难以激发游客的旅游兴趣亦难以提升其旅游体验，惟有让历史"活起来"，让参观者参与其中，才能保持长盛不衰的吸引力。

5. 增加文创工作

福德湾矿工村是在鸡笼山上，是游客难以带走的，但福德湾矿工村有关的文创产品却是游客可以带走且可以提升其旅游体验的。虽然福德湾矿工村当前已有矾山主题邮局，但并未实现很强的文创效益。可利用当地特色，举办摄影大赛、学生写生活动、微电影大赛、动画大赛等，或以矾塑等非物质文化遗产为媒介开发工艺品等。这样既可以让参与者深入挖掘福德湾矿工村的文化内涵，又可扩大其影响力。

6.运用高新技术

一个老的文化遗产要吸引游客,不仅需要有历史气息,更需要与现代文明进行融合。当前的 VR、AR 技术正在中国市场兴起,若在体验中加入此种高科技元素必能更加吸引年轻游客。如在朱善贤的家庭微公园中,就可运用虚拟现实技术,将其中的人物编成一个故事,让游客看到电子工艺产品在电源驱动下动起来,更增添真实感、趣味性。也可将非物质文化遗产的创作过程制作成 VR、AR 有关产品,或者直接将整个福德湾矿工村参观路线借用 VR 技术(可参考国外博物馆的 3D 旅游)发布到网络上,让更多人不用到福德湾矿工村就能感受此处的魅力,亦能增加此地的知名度。

7.改善周边环境

便捷完善的基础设施应是一个旅游景区的必备条件,可在解决停车问题或增加旅游班车等方面做进一步的努力。福德湾矿工村吸引游客的不仅是工业遗产的魅力,其优美秀丽的自然风光也是一大亮点。政府有关部门应做好交通、环境保护工作,进一步解决采矿、冶炼遗留的环境问题,并利用自然环境打造"生态旅游"等,让此处蓝天更蓝、青山更青。

据以上调研结果可见,作为具有工业文化遗产特色的古村落,福德湾矿工村具有一定的特殊性,但当前也面临着众多工业文化遗产旅游区及古村落保护保护与开发中存在的共性问题。已有六百余年工矿采炼历史的福德湾矿工村,在经历多次起起落落之后,逐渐迎来新一次的辉煌。但要如何进一步发展福德湾矿工村"工矿村"的特色,维持其生命力,将是政府、当地居民以及社会各界都需思考的问题。福德湾矿工村所在的矾山镇不久前已加入中国工业文化遗产联盟,进入第一批国家工业遗产名单,且当前正在准备申报国家 AAA 级景区工作。福德湾矿工村将来能否成为同类型古村落保护的典范,将取决于能否克服当前保护与开发中面临的问题,取决于各方力量的共同努力。

重庆石联村、东岩古寨、上祠村 调研报告

陈　霄　万　幸　黄建华

重庆市周边村落耕读文化调研主要集中于渝东北的石联村、东岩村、上祠村三个村子，分别代表本地最特色村落、古代防御性村落、名人文化村落等村落类型，主要集中于有关于耕读文化的本地教育、文化开发、文化传承三个方面，以及族域文化交流、南北文化的一些对比、区域间文化对比以及耕读文明与后世工业文明对比，以求寻找当地耕读文化的特征，解读耕读文化，传承耕读文化，并了解当下文化特征，寻找文化视野下的长江上游渝东北地区现状。

一、忠义之地的文化脉络、文化现状与文化重建

忠县，长江边上的一个人口百万的县，是重庆唯——一个没有通火车的县城，曾经因三峡大坝而被淹没半个县城，现发展为较现代化的小县城，全县在表面看来，十分具有活力。忠县历史可追溯到春秋战国时期，巴国巴蔓子故乡即在忠县①，而忠县也因后世纪念巴蔓子以及三国名将严颜而得名②。之后有白居易、秦良玉等人在忠州留下的文化印记以及民国时期几位将军以及著名作家马识途等文化名人。

而忠县现在的文化定位是"半城山水满城橘"，从西方进口的橘树种满

---

① 巴蔓子是古代巴国忠州(今重庆市忠县)人,东周末期(约战国中期)的巴国将军,巴民族之魂。土家族史料记载巴蔓子为土家族人祖先。

② 参见雷学军《忠县"忠"文化的起源与演变》(《区域文化与文学研究集刊》2016年第271-289页)。我们认为忠州得名应该与巴蔓子和严颜都有关。

了农村地区，与当地山水强制地结合，似乎毫无文化内涵。最近在长江边上打造烽烟三国水上实景演出还有一定的效果，相伴的却是在建设全国唯一的"电竞城"，这对于一个库区里文化底蕴不是很深厚的县来说似乎说得过去，但仍然觉得还有太多有待开发的文化符号没有去利用开发。

忠县分为前乡与后乡，而拔山镇属于后乡中最大的镇，取自项羽"力拔山兮气盖世"（传说项羽贴身护卫在项羽自刎后骑着乌骓马逃到此地，见远山环抱，古柏参天，气势雄伟，为纪念项羽，便在此建寺祭拜项羽），后建拔山寺（蜀中名胜记记载拔山寺建于东汉），明初设集，清曾设新化县于此，后设拔山乡。但这个县以及这个远近闻名的镇，除开忙碌的人群，居然找不到任何的文化氛围，这个有着美好传说的镇子，真正的经济腾飞了，但在它的唯一书店里，除了教辅资料还是教辅资料。

忠县的文化重建在巴渝文化圈指导下进行，但是在一个农业大县，与农耕更为契合的耕读文化很少出现在政府的扶持文件与发展计划中。恰逢忠县获得"全国文明城市"称号，特有的县名配合较为突出的文脉似乎在里面起了很大的作用。下面所选的这三个村落模型能够说明这个县域的与众不同，也说明了它的普通。

二、渝东北地区传统典型村落

石联村，由原石门、苏家、太平三村合成的大行政村，人口上万，属于典型的农田保护区。按照地理方位，这个行政村应该是龙兴寺所在地，但现不可考证。石联村原得名于一处年代未知的孤立在大片农田之中的石头门。

堰塘湾（实际考察重点）属于石联村的一个自然组中的一个自然村落，一共48户人家，以陈姓为主，世代农耕。

具体调研：堰塘湾能留在人们记忆里的最早的事儿也就只是近两百年的事儿，村里没有留下更多的文字材料。

物质：村落受重庆直辖以来国家的大力扶持，不仅走出了以前的贫苦景象，并成为地区新农村建设的标杆，农田水利工程，广泛种植水稻、玉米、小麦、大豆、花生、油菜等作物以及西瓜、梨、李等水果，特别是西南方特有的堰塘，使本地渔业得以发展，甚至有独到的养殖户在饲养娃娃鱼、蛇类等。而"物质文化"方面，大概包括如下方面：农业技能的传承，堰塘湾在五六年前还处于纯农耕时期，以牛犁田，以锄耕地，"耕"字更能体现在挖坑的深度、每一棵作物的间距、作物栽培的深度以及时令季节……这些最普通，在中国广大农村都有的东西。典型的南方汉族村落，除开春节、端午、中秋三大节外，完全找不到农业社会留在此处的文化影子。在这个角度来看，他们是绝对纯粹的农民，和千百年来所有未被文字、未被史书记载的农民一样。

精神："只敬祖宗不敬神"，全村除开稀稀落落几家修有别墅的摆放有财神，堂屋不见神龛，平时不烧香拜佛，除开丧事，平时看不到任何相关的宗教活动。村民似乎都只有两个任务：为父母养老送终，为儿女赚钱养家，完成任务后则是闲暇时光，但"死生亦大矣"，婚丧嫁娶、孩子出世、升学宴、生日宴，都大摆酒席，尤其是年节，平时默默无闻的乡村土乐队开始出现，残存的道士（村子里还剩下最后一个会做法事的道士，去年已患肝硬化）开始出现，看地脉看坟茔的风水先生开始出现。

制度：目前能在村民口中得到的关于过去，就是文革时期的公社制度（我印象里还有一块老旧木牌上写着石门社第六生产大队）、红卫兵制度以及民兵制度。现村委会按照一般大型村子规格，有村党支部以及村委会。村干部七人，堰塘湾属于村小组第三小组管辖。几十户人家里面没有从古以来的富户也没有近代以来的类似于"长老"的角色，村中大小事务都由村民大会和村干部解决（当然村干部的作用更大一些），村民除开保有农民特有的淳朴以外，更多的是趋利主义促使他们去决断每一件事情，除开国家法律法规，似乎没有什么村规民约去约束他们。

行为：在调研过程中，我印象最深刻的就是他们对教育的重视程度，这个年代是村里孩子最多的年代（村子近百年以十年为单位，十年新增人口多，十年新增人口少），每家每户似乎是受够了没有文化的苦，有孩子的家庭都宁愿把自己的大部分收入用去供孩子上学，近些年小小的四十八户里出了20个大学生。

学校教育现状：村子有一所村小学，是建在悬崖边的一个五层建筑，现已经废弃，村子里70后、80后、90后都在那里上过学，小学简陋，现已破败不堪。调研期间，唯一还冒着青翠叶子的梅树给我留下了最大的印象。像这样的村小学，除开像大凉山那样的偏远地区，几乎已经在川渝地区绝迹，多数都集中办学，在镇上设立小学，那些承载了几代人的启蒙地再也不会出现（这种小学可以说是上世纪扫除文盲、普及教育的绝好载体，但在新时期它们已经完成历史任务，即将退出历史舞台，这种村小学给我最后一个印象是停办一年后镇中心小学拉了几车孩子过来在教室里坐了一天，在市教育局下来检查时，凭着"贫困的情况"拿到了一笔足以新盖一栋教学楼的资金），然后村小学被转手卖给了养猪场，成了牲畜聚集的地方。

村附近有一所著名的中学，1926年由县人张序初兄弟在朝阳寺的基础上创办，名行知中学，1941年香港著名实业家沈芷人扩建为大道中学，1959年改名为拔山中学，是上世纪川东地区最好的中学，曾经出过四川省的文科状元。

随着农民工的入城，留守儿童老人的增多，这里的教育不可避免地与许多西南偏远地区的现状有一定的相似性，在著名的农村重点中学之下，还有一大批没有上过中学或者中途辍学的青年，没有得到也没有想得到更进一步的学校教育。（调研拔山中学2017年初三一个班以及2014年高二一个班显示，前者一年流失了三位学生，全班六十人，一所学校初中生平均每年有10%的学生直接进入社会；后者有三名学生在高中阶段流入社会，平均每年有5%学生辍学。）

医疗卫生以及村医：在中国大地上特有的赤脚医生制度，自从20世纪50年代以来就盛行于此，虽然近些年随着交通的发达，赤脚医生也在逐渐消亡。现村子附近还有四位赤脚医生，两位中年人，两位老人，按照村人的说法，"还在为那些半截身子入土的续命"。村医在村子里就是有文化的人，他们坐诊，背着药箱出诊，给村民宣传卫生知识。他们的家也是一个文化聚集场所，常常是话家常的好地方，当然也是村民中藏书最多的地方。这些半知识分子平时务农，兼做医生，代表着那一代人最高的文化水平。（他们的一生就是一个村子的"近代史"，可惜我到的时候正是感冒多发的时候，未能采访到他们。）

陈氏家族与王氏家族：陈氏是村子里传承下来的大姓，但却不是土著土家族，现有族谱（因为充满了商业化气息以及错误，实在无法将其名目引出）记载来自义门陈氏，经江陵进巫山，最终到达本村，王氏则没有族谱，不可考证。堰塘湾则刚好是陈姓地主（据说是全县后乡最大的地主，血脉后裔还留在堰塘湾居住）的寨子所在地，上了年岁的十里八乡的人都知道这个地名。两大姓都来自一个祠堂，辈分参照都一样。

无人区：村子西边以及向东北方向有两条大沟，据《忠县乡土志》记载，这两条"大沟"属于县内山川的腹地（脉源），里面有一条古道，在沟底，但近十几年来，随着人口流失迁移以及农田的荒废，已经无路。山涧中草木林立，以前绝迹的野猪、蟒蛇等又活跃起来，这是村子的禁区。

老故事记录如下：

关于打虎的故事——陈百娥（我的祖父）的祖父，也就是我的曾曾祖父，"曾经打死过老虎"，这是在我那去世的奶奶口里经常念叨的事儿。据她说我的曾曾祖父在一日中午（时间具体不可考）农活后回家，一日疲劳，家里人又都外出赶集未归，曾曾祖父径直进了厨房找吃的，却听到一声吼叫，等他出后门一看，居然是一只半大的老虎，老屋的后院就是一片悬崖，老虎上不去，被困在了这里。这时看到了我的曾曾祖父，便龇着牙，扑了上来，曾曾祖父在院子了转圈躲避，不幸还是被咬到肩膀。情势危急，他在挣脱后，看到了一根刚砍下来的小柏树，就顺势拿起，朝老虎的嘴里捅去，老虎也不躲避，就径直从嘴里捅了进去。等到家人回来，看到了伤势严重的曾曾祖父和死了的老虎。这件事在当时引起了轰动，据说附近几个镇的人都赶来看热闹。至于虎，肉就分给了乡里以及家人吃掉，虎皮等有用的东西就被卖了钱，用来治疗曾曾祖父的伤，据说曾曾祖父不几年后也因病去世了。我不知道我的曾曾祖父是不是真的打死了一只老虎，我也不知道那只老虎是不是就是"最后一只华南虎"，但曾曾祖父的故事还在村里流传着。

关于笔者祖父母的故事：祖父名陈百娥，于1999年去世，祖母名王光杰，于2014年去世。对于祖父的印象，村里人都只还记得是个非常能干的人，年轻时去采石场担过石头，去附近煤矿挖过煤，后在家务农，年轻时从未出川，也从未当过兵（村里有好几位去世的老人曾经参加过抗美援朝战争），祖父是篾匠，兼带烧窑等手艺。72岁时因肺结核去世，我在祖父入棺后打开棺木看了祖父最后一眼，至今无法忘记祖父躺着里面的样子，这是我人生第一次见证死亡。祖母是从小养育我的，留在村子里的全部记忆是她告诉我而这次考察又从其他人口中得到证实的。祖母是一个比较刻薄的人，但对自己家人极好，尤其对我，她保留了一个20年代生人的所有故事，是我在这个村子的调研报告中主要的故事载体。祖母去世的时候，已经神志不清，但她一直叫着我的名字，我没能在家陪伴其最后的岁月。

关于疯四的故事——疯四家是住在离村子最远的地方（堰塘湾对面山

上），他大概四十岁，以前是个大学生，毕业后被人骗光了手上的三千块钱，就得了精神疾病，此后一直随父母居住。父亲在2006年去世，母亲在2010年去世，都埋在他家隔壁的空地上。疯四自从疯了后，发过两次"狂"，一次是把自己家鸡全剁了，一次是把自己家房子点了。平时路过的时候他安安静静，还会主动问好。后来村子里的人怕他闹事，花了三千块钱，把他送进了精神病院，五年没有消息。（转述自村民）

关于范仁的故事——范仁是一位退休的中学教师，他活了九十几岁，他的夫人至今仍在，刚满七十，是范仁的学生。范仁其实并不叫作范仁，在上世纪，地主打倒后，堰塘湾几乎都是贫下中农，范仁却是一个有文化、有知识的体面人物。大家都认为他位居人前，就叫他"范人"，后来逐渐改成了"范仁"，他是一个幽默风趣的人，喜欢打桥牌，可惜未能为我的报告留下一言半语。他的儿女多半已经走出农村到了城市，孙女一代和我年龄相当，是过气的"杀马特、异次元"的代表。

关于超生的故事——上世纪末及本世纪初的计划生育政策，真的催生了很多像"超生游击队"的例子，在农村地区更是普遍。一位五十多岁的村民说，生孩子多不是为了想要一个男孩，纯粹是为了养老，他们的想法很单纯，"苦二十年多养几个孩子，以后日子好过"，再加之那个时候孩子抚养、教育投入不大，超生问题确实很严重。我家赶上了超生时代最后的末班车，于是在九十年代后期生下了我，母亲在外怀胎九月才不得不回家，夜晚悄悄回了家，在凌晨又悄悄生了我。（那个时代是非常苛刻的，特别是在川渝大地上，遇到怀孕的妇女，是要被抓，强制流产，强制结扎的。我有一兄长，是双胞胎，胞兄不幸早夭，所以母亲后来决定生下我。）

关于地主的故事——堰塘湾是附近最大地主的寨子，（现在尚存的只有半面围墙，几个石墩），地主家的后代以前仍居住在他祖辈居住的地方，他叫陈斌，已经在前几年搬离这里，住到了城里女儿家，他家以前藏书丰厚，小时候大一点的孩子都去他家偷过书。"地主的后代"非常和蔼，从来没有大骂过人，看起来他更像是以前贫苦出生的农民。村子里都知道关于他的往事，但是大多不愿提及。

关于咸丰的故事——咸丰是村子里的"小霸王"，十年前因为两包盐（因为没有油盐了，去邻村偷东西，只找到两包盐，却被屋主发现，情急下以他为首的三人将屋主背部连砍两刀，造成重伤）入狱三年。出狱后不久又因盗窃入狱。现在在工厂上班。他的父亲在下海大潮后从来没有回过家，在外另外成家并生儿育女，最近听说已经癌症晚期去世，五十几岁左右；他的母亲为了养活儿女，漂泊不定，靠诈骗为生，也有人说当过"鸡婆"，对于她，村里人还记得九年前她被一伙人堵在家里，后翻窗逃跑，躲过一劫。

关于观音庙的故事——这是庙也是一眼泉水，说它是庙，因为这是一块岩壁，上面凿出了很多龛，却没有神偶，但前几年仍有很多黄纸烧在这里，瓷碗里的鸡蛋供在这里。它也是一口泉，无论天有多干旱都不会干涸，这口泉水也成了当地村民以前没有自来水、没有井水时候的救命水。据三爷陈百孝说"这里以前是装饰很好的，不仅修有小庙，常年有人上香"，泉水的洞口叫作盘龙洞，里面在雨后常常传来低吼声，像传说中的"龙吟"，现有两户人家直接把抽水器插进了洞口，再也听不见这样的声音。

关于坟墓的故事——川东的坟墓修得都非常阔大，但是里面以及棺木却很小，仅仅能容下棺材的土容量（不知道去世的老人舒不舒服），但是外表修得极为阔大，甚至会贴上瓷砖，栽上柏树，再修个小庭院样式的围墙，至少在世的亲人在外人面前是体面了。堰塘湾的祖坟在屋后的山上，真的就像守护神一样俯瞰着村子。

关于四眼洞的故事——四眼洞在村子的西边山上，也是冰川遗迹，很多块巨大的圆石垒成了山，在巨大的山石上突兀地多出了几个洞，但只有两个洞口联通，互相都没有联通。村民认为"那是以前打仗用的防空洞或者说是用来放粮食的"，我观察其与前不久在临县发现的洞穴类似，重庆文物保护协会的专家认为这是巴蜀独特崖葬的墓穴，但是里面没有棺木的痕迹。

关于鬼怪——堰塘湾的人不太信教，也不太信鬼怪，只是在家里出了变故、生了大病才会去做场法事，用碗装着烧过的纸和鸡蛋，凌晨拿去放到路边，希望有人踢到，把霉运和病带走，近几年已经完全没有出现过。关于鬼怪，丁贵强妻子梨伟这样讲述"大致在十五年前，夜晚十一点钟后，我起床去厕所（本地农村厕所都在厨房后面），突然听到房顶有怪叫，屋瓦到处四溅，有一个类似老鹰的一人高的东西掉了下来，又忽地飞走。不久我就触电，落下残疾"。

关于文革——我的伯母为我讲述了她文革的经历，"文革"的时候她是一名红卫兵，做事公正，认真监督着村里的粮食发放，但还是有一户人家认为她"整了他"，这件事伯母念叨了几十年。她也像我描述了毛泽东领袖去世时的场景，她们从大队广播中得知毛主席去世，都大为吃惊，大家都惶惶不安，民兵连都在小学旁集结起来，当时正逢大晴天，突然天降大雨，大家在操场上都不敢动。

关于婚礼——这里的汉族似乎已经忘记了那些繁琐的婚礼旧俗，在残存的婚礼仪式上加上了许多中国大地上近代产生的元素，西装、婚纱配上马车、花轿的组合也时常出现。婚礼也喜欢大操大办，仿佛没有一辆豪车去接亲就是丢了自家的面子，泥泞的路配上宝马香槟又成了一种景观。但是必要的拜堂和回门还是必不可少的

关于葬制——披麻戴孝自然不用多说，但是守夜得多说，土著的司仪会根据生辰八字以及民间所理解的《周易》上的吉凶来确定入土为安的日子，其间每晚都要守孝，这个在腊月就十分麻烦，因为老人多在这个时候去世，而适合埋葬的日子只有临近过年前那两天，年三十与大年初一初二是绝对不能葬的，这就苦了孝子孝孙们。幸而还有坐堂唢呐在陪着众人，但是随着这批人慢慢去世，不知道这种留下来的传统还能走多久。

关于麻将与赌博——盛行的娱乐，虽然不至于倾家荡产，但可以说风靡农村各地，几乎在十一二岁就都学会了打麻将。老一辈就喜欢玩"四十张"的一种棋牌。这几乎成了年节最大的娱乐方式。

关于偷情——地主家后代的妻子与村里一个爷爷辈的男人走到了一块，这是最为村民所不齿的，也是他们茶余饭后最大的谈资。偷情似乎在这里成了最大的玩笑，没有人说它不符礼制，也没有人说有伤风化，他们只知道男人的孙子溺亡，这就是悲剧。

三、文化发掘：古城寨的崛起

调研地，重庆市忠县花桥镇东岩村东岩古寨是清代未旅游开发古寨，保存较完整，有瞭望塔、护城墙、城门楼、钟楼。东岩村是重庆传统文化村落，东岩古寨是村子的中心。古寨位于东岩村后山顶上，地势险要，东西北三面绝崖，南面居高临下。沿着一条宽阔的大路走到寨门口，只见高高的寨墙将整个院落围成一个独立的城堡，犹如一座气势雄伟的宫殿。

寨门是古老的石拱门，门边一棵古老的树，盘根错节，将原本细密规则的寨门石拱得凸凹不平，裂缝丛生，横七竖八的通道，连接着院落里依势而

建的房屋。沿着寨边的通道走一圈，可见古老的寨石、莲花池、花台、水晶凉亭遗址、碉楼。四合院的房屋错落有致，登上高高的碉楼，远近百里的田园风光尽收眼底。寨内花园里如脸盆口般大的柏树树干高高托举起如伞的树冠，古老的竹林则以密不透风的长势和历经岁月的气势低语着古寨的往昔。

现存的东岩古寨建于清朝末年，有12个四合院，占地近50亩。寨内原有4个水晶凉亭，2个红白碉楼，2个戏楼，1个莲花水池，7个炮台，2个寨门，还有安乐池等。东岩古寨仍保留有两道寨门、两座碉楼、7个炮台，其建筑规模、建筑艺术、构景造园、安全防御等，都极具代表性地反映了当时汉民族的农业文明和生产力水平。

到达东岩村的时候正是中午，天气燥热，只采访到一位村民，但路上三十多千米的颠簸途中，当地的摩托师傅已经将东岩村的情况介绍得十分详细。寨门附近老伯给我们介绍了怎么去看这个寨子，至于寨子的历史他自己也不能说得很清楚。寨中宗祠里面有几尊雕像以及一口画着《西游记》人物雕像的大水缸似乎能够说明它的年代。环寨一圈，寨子不是很大，十五分钟左右即可走完。寨子里还有许多人家居住，这群"原住民"对寨子的了解并不深，政府在前几年开发热潮时曾把宽阔的路修到了寨门口，在里面增设了一些景观介绍的牌子，这几年就再也没有动静。

东岩古寨来源考察如下：

无疑在史料上是找不到这个村寨的，地方志也未有提及这个清朝遗存的村寨。只有在当地刘家祠堂的"传说"上尚能找到一些痕迹："刘家的先祖，最早是个挑担的行走商人，从广东沿途叫卖，历经艰辛，来到本地，安家定居。后在余家沟一地主家当长工，煮酒为生，凭着勤劳和聪明才智，学到了收益，在寨上办起了酒厂，从此发家致富。"另外一个版本："刘家发了横财，刘家妻子在割猪草途中，在母猪石发现了七背篓银子，从此发家致富。"最终在东岩的山上建了这个寨子。

当然这些说法是不可信的，但是可信的是这个寨子一定是当时的大户或者整体家族所建，围寨的条石明显附近是没有的。在当地也一直流传着几十年前在采石场的一些故事，寨上的石头一定需要大量的人力。东岩古寨又是与刘家祠堂连在一起，类似于微缩的"王家大院"。

这里有一个大胆的设想，这是汉族家族为了抵御当地土匪或者外地人入侵的防御工事，是坞堡在后世的遗存建筑或者说是类似于客家土楼的形式。

而这种出现的防御性居住区也肯定受到了附近土家族文化的影响。

东岩古寨见于公众的，更多的是在忠县范围内，没有在文化圈子或者旅游开发圈子中引起多大波澜。但从其历史建筑以及传承在当地民众中的一些故事倒是能非常清晰地读出当地近两百年来的文化发展，其耕读文化线索更加明显。东岩古寨这个汉族村寨本身所展示的就有极浓厚的文化氛围。聚族而居而有古寨，其必定产生社会、家族关系，才有寨内各种房屋结构、大小的不同。寨内的祠堂以及刻字烧香石槽也从心理层面说明了当地民众之间的农耕文化气息。

重庆市忠县洋渡镇上祠村秦家祠地区是明末著名女将领秦良玉故乡，重庆本地学者研究较多，地理位置较好，但开发不够，相较于黄陂以花木兰为主题的开发热潮，秦良玉故乡几乎没有开发。上祠村也是重庆传统村落。

笔者对秦良玉印象并不深刻，只知道是明朝女将军，郭沫若曾经称赞过，拍过关于她的电视。《明史》有传（此处从略）。村里的祠堂有一块修建祠堂碑，乾隆年间所立，碑文残缺，其文模糊，有缺失。上祠村几乎都是秦家后人，秦良玉家乡不能得到很好的重视，没有像黄陂那样做成一整套的木兰旅游文化区，自然当地村民对秦良玉的了解也并不深。

四、调研后的思考

忠县这三个村子是调研的重点，都有深厚的文化底蕴，有自己的宗祠，有自己的代表性人物或者建筑，它们都享受着库区福利带来的好处。随着沿江的一大批村落被淹没，古老的家族、宗族文化观念伴随着移民文化、改革以后带来的农村"新思潮"以及当代经济发展，村子、村民已经发生了极其重大的改变，渐渐开始出现只会说普通话的下一代，古老的传说再也不能被人所记起，谁还会知道"力拔山兮"的故事，又有多少能记起秦良玉将军？哪怕是研究历史的学者，也更加重视"巴档"，临近从垫江、长寿过来的巴东地区，这个最源远流长的中心，却没有多少学者去发掘。渝东北地区还有很多具有代表性的村子，属于旧重庆府与夔州府管辖的渝东北地区，曾经是古巴国的核心地区，是土家族后裔的活动中心之一，也是元明清时土司统治与州县统治的结合地带，十分适合作为田野考察的地点，同时原始的汉民族农耕文化与少数民族文化的遗存（当地至今保留汉民族节日习俗，却又有土家族苗族等一些民族的习俗与食物），加之"湖广填四川"带来的移民家族文化（当地大姓家谱几乎都追溯到从湖北湖南迁徙过来的过程，"陈姓""张姓""李姓""许姓"）。交杂在一起的，使之没有东边（相对于西南地区）文化的底蕴丰厚，所能见到的就是历史遗迹留存以及近两百年保留下来的习俗、习惯。居民且耕不且读，却在当代文化教育影响下普遍重视下一代教育，这是中国农村的普遍现象。是最具有代表性的中国农村场景。

同时在这一地区还有一些现代工业与农业文明的集合体（三线建设以及国防军事核工业发展的后遗症），涪陵白涛镇是三线建设的产物，在旁边就是著名的816核工业洞[①]，以前在地图上是找不到白涛镇的。2010年4月份，被称为"世界第一大人工洞体"的重庆涪陵816军工洞体，首次作为旅游景点对外开放。而作为留下来的工人后代以及为核工洞的建设从未走出过大山的麦子坪村人来说，生活没有多大改变。随着核工洞的被抛弃，抛下的还有这批老工人，在这个地方去提村落农耕文明不太合适。但这是一个文化凋零的例子，当一个地方失去了它的文化根基，这里的所有一切都将老去。移植的工业文明并不能长久地让白涛镇活下去。

村落文化，异变撕裂中的未来？长江中上游，江汉平原以及巫山西部的广大山地丘陵上的几个村子，即使是非常普通的村子，也有许多文化内涵可以挖。但是都处在异变中，不论是传统的文化保留、现代文明的重新洗礼，抑或发展过程中的文化大发现（东岩村）、现代工业文明的冲击（麦子坪村），都在极大地改变着这批村落的文化格局。但在对现代文明的反应中，村落文明的应对是将其异变，在夹杂着各种文化因素的前提下，产生了当代的村落耕读文化。大机器与硬化水泥地的农田中，一条条插入农村心脏的高速公路，西式化的别墅下古老的村寨、斑驳的碑铭仍然存在，村人不知道社会与文化到底是什么，但他们所代表的几千年的"野人"与农人的传统还留有印记，我们不能阻挡这种异变，我们只有守住暂存的文化。

---

① "816工程"，全名为"三线建设进洞的原子能反应堆及化学后处理工程"，坐落在重庆涪陵区白涛镇的深山里，是1966年9月周恩来总理亲自批准修建的中国第二个核原料工业基地。因为当时是一项隐秘的工程，所以只有编号。该工程1967年开工，前期由工程兵进行开凿打洞，前前后后共用人力6万多人。该洞是世界上最大人工洞体，被誉为"人工奇迹"。

甘肃省胡家大庄调研报告

安　娜　撒　杨　张兆佩

2017年8月，我与两位兰州的同学撒杨、张兆佩一起赴甘肃省天水市新阳镇胡家大庄进行了为期4天的调研。调研期间，我们主要就胡家大庄的耕读文化展开了调查走访，以下是我在调研所得基础上形成的调研报告。

甘肃省天水市胡家大庄村是第一批传统村落和第六批中国历史文化名村，有着悠久的历史。胡氏一族是这里的大族，自胡氏祖先胡添秩于明成化二年携家眷由安徽绩溪迁徙至此，已有五百多年历史。胡家大庄家家户户门前都挂有匾额，匾额内容多为"耕读第""第耕读"等，是当地耕读文化的一个最直观的体现。此外，胡家大庄浓厚的人文气息、热情质朴的村民也为这里增添了更多光彩。

一、胡家大庄的历史

据《天水县志》记载，胡家大庄在先秦属邽戎地，西汉时为上邽辖地，东汉前后期作为官府与羌人作战要地。东汉末、魏晋初，因与羌人作战需要，朝廷设立新阳县（县址即今胡家大庄所在地区），新阳县城先后保存60余年，是魏晋官府与羌人作战的军事要地。南北朝时，此地发展为汉、羌、氐多民族杂居地，隋唐时又改为上邽辖地，唐后期为汉、吐蕃族杂居地，五代北宋初为城纪县辖地。北宋建隆二年（961年），尚书左丞高防在本村辖地（原魏古新阳县城）设立定西寨，驻扎1 500余名马兵、步兵和弓箭手，以同吐蕃族争夺渭河上游的河运权。北宋中后期，胡家大庄为秦凤道管辖，元朝改为恐昌道，并在牛乳山修建了一座道教圣地——牛乳观，于元末明初毁于战乱，现今仍有遗址存在。元朝，天灾人祸接踵不息，胡家大庄人口锐减，住户多为吐蕃人。明朝胡家大庄改为恐昌府所辖，为保卫西北边疆，朝廷组织从南方向西北移民。

据《新阳胡氏家谱》记载，明成化二年（1466年），胡氏祖先胡添秩携四子从安徽绩溪经山西洪洞大槐树来新阳，途中第四子病故，幸存兄弟三人，后繁衍为胡氏三个房头。

初来新阳时，胡氏先祖选择在渭河滩龙王庙一带建庄造宅，开荒造田，营造了胡家第一处庄园。明朝中期，因凤凰山关门沟一带连年水患，村人难以安居。经三房头主事人商议，决定进行搬迁，一部分人搬到现居住地建庄，大部分人仍在龙王庙周边居住。光绪年间，由于渭河频发水患，经报秦州府同意，胡家大庄整体搬迁，一部分人去了温家集、王家坡、赵胡、西山、温家坪及省内其他各县落户，剩下的大部分住户则迁于现址总门北侧，逐步发展到东至小十字，西至西门，形成两纵四横的村落布局，进一步完善为以东门、西门、总门、北门为总出入口，兼具防御、排水功能的堡寨式村庄。

随着社会的发展，地区间的交流日益频繁，胡家大庄与外部取得了更为亲密的往来，历年来通过联姻、投靠、雇工、佃户等形式，吸引了诸多其他姓氏来胡大落户（现在的胡大有大约20个外来姓氏），逐渐形成了以胡姓为主、多姓和睦相处的胡家大庄。

二、胡家大庄的耕读文化

胡家大庄的耕读文化有着悠久的历史，自胡氏先祖迁徙至此，胡家大庄日渐繁荣，耕读文化也被融入人们的日常生活之中，我们可以从以下几个方面窥探胡家大庄的耕读文化。

（一）丰富的"匾额文化"

在胡家大庄，几乎家家户户门口都挂有匾额，上书"耕读第""祥和瑞""平为福""迎紫气""中和居""祔德第""暎南极"等字样，其中的"耕读第"就是指家要维持生活，靠"耕"来维持生活，靠"读"来学习文化。"挹清风"一般为官宦人家所用，"挹"即盛、取之意，"清风"谓两袖清风，表达了为官清廉的追求。虽然匾额的内容丰富多样，但主要还是以"耕读第"为主。村民门口的匾额如同家中的家规，既是一种浓厚文化氛围的外在体现，也表达了主人家对于"耕读传家远"的信守与对美好生活的追求。

胡家大庄居民门前所悬挂的匾额主要有以下几个作用（目的）：

①表达对家族和睦、衣食无忧的美好生活的期盼；

②表达对家族荣耀（如文人考取功名等）与高雅的文化生活的追求；

③表达主人的职业操守（如"挹清风"）与道德规范；

④可以看做是一个家庭的家风之外显，是一个家庭文化修养的体现，也是外人了解这个家庭的第一面"镜子"；

⑤胡家大庄几乎家家户户门前都悬挂匾额，形成了内涵丰富的"匾额文化"，且内容多与耕读文化有关，极大地促进了当地耕读文化的形成与发展。

新时期内，胡家大庄的耕读文化也有了新的发展。当地的老师（姓名不详）介绍说，农耕文明所讲的"耕"，可以理解为事稼穑，丰五谷，养家糊口，以立性命。现代社会的"耕"可以理解为在自己从事的领域，干好自己的工作，"读"指读圣人之书，学为人之道，耕读传家要求后人既学做人，又学谋生，像耕田一样勤奋读书，如读书般踏实工作。

胡家大庄村民家还有一块上书"宾贤"的大匾，落款为"光绪十二年岁次丙戌荣授乡饮正宾"。"乡饮"是古代一种庆祝丰收、尊老敬老的宴乐活动，一般选德高望重者数人为"乡饮宾"，与当地官吏一起主持此项活动。"乡饮宾"又有"大宾"（亦称"正宾"）及"僎宾""介宾""三宾""众宾"等名号，统称"乡饮宾"，其中"大宾"档次最高，由皇帝钦命授予。"乡饮"习俗，在当时的社会中起到了敦亲睦族、止恶扬善的作用，既可视为耕读文化繁荣发展的结果，也是推动耕读文化进一步发展的重要因素。

（二）强调勤俭的家训

以下是胡勤真老人整理的胡家大庄胡氏家训：

> 立家要有训，治国纲为先。制家有格言，长者先垂范。
> 言传与身教，立文做编撰。代代相传承，家风成自然。
> 人无德不立，家无训不严。家以和为贵，子以孝为先。
> 媳以贤为正，婆以爱为贤。妻贤夫祸少，子孝父心宽。

邻里互尊重，妯娌和为先。男耕女纺织，教子学圣言。
立家勤为首，持家俭为先。清白好做人，切莫奢贪婪。
实在好做事，莫夸莫虚谈。仁义礼智信，五常记心间。
三纲与五常，治国治家严。国泰天兴顺，官清民自安。
家和万事兴，政通人称赞。万民齐欢唱，歌颂太平年。

在上面的家训中，有这样几句："男耕女纺织，教子学圣言。立家勤为首，持家俭为先。"首先，"男耕女纺织"即是对"耕"重视，而"教子学圣言"一句，"圣言"即指孔圣人的言论，也就是指要教导子孙后代学习儒家文化，是对"读"的重视。其次，"立家勤为首，持家俭为先"强调的"勤""俭"是古代耕读文化所十分重视的，也是儒家与道家所提倡的。《论语》中，孔子说"敏而好学，不耻下问"（《公冶长》），这是学之勤。"子路问政，子曰：'先之，劳之。'请益。曰：'无倦。'"（《子路》）这是为政之勤。老子说："上士闻道，勤而行之。"（《老子》四十一章）这是老子主张行道要勤。老子又说："我有三宝，持而保之，一曰慈，二曰俭，三曰不敢为天下先。慈，故能勇；俭，故能广（王弼注：'节俭爱费，天下不匮，故能广也'）；不敢为天下先，故能成器长。今舍慈且勇，舍俭且广，舍后且先，死矣！"（《老子》六十七章）老子把"俭"视为"三宝"之一，他说"舍俭且广"（舍弃了节俭而只求物用的广足）就会"死"，这尤其值得警诫。可见，儒、道两家都重视"勤""俭"①。勤俭是中华民族的传统美德，更是耕读文化所强调和提倡的美好品德，胡氏家训中对勤俭之强调，是对传统耕读文化之强调，是胡氏家族对耕读文化的传承与发展。

（三）重视纲常伦理的传统

中国自古就是一个农业大国，农民聚族而居，自然十分重视宗族家庭与伦理秩序，尤其在后来儒家思想的影响下，宗族与伦理观念更是根深蒂固。在胡氏家训中，我们看到"仁义礼智信，五常记心间。三纲与五常，治国治家严"，"三纲五常"便是对重视宗族家庭与伦理秩序的最好体现。

此次调研期间，胡开义老人（曾主持编纂《新阳胡氏家谱》）在接受我们采访时，说到编写家谱时的经历，老人透露在此期间遇到的最大的困难就

---

① 李存山.中华民族的耕读传统及其现代意义[J].中国社会科学院研究生院学报，2017（1）：21-25.

是难以得知祖父一辈的姓名，因为其父认为小辈不能直呼长辈名讳，因此对长辈名讳闭口不谈，这可以说是长幼有序的一个较为极端的例子，但也是那个"旧时代"再普通不过的例子。此外，胡开义老人还说以前村子里女性是不可以和男性坐在一起吃饭的，更不能从男性面前走过，须绕道而行，这也是早期男女尊卑的一大体现。

综上，无论是仁义道德，或是纲常伦理，都是中华农业文明衍生出来的重要文化，是耕读文化的一个重要方面。胡家大庄作为一个历史悠久的村落，继承了前人的训导教诫，也继承了流传千百年的耕读文化。

（四）胡家大庄历史名人

胡家大庄历史上出过不少名人，著名的如清朝武进士胡连科，是清同治四年该科陕甘唯一武进士。胡连科任过青海某知府武官，家有匾额"望重干城"，功名为"钦甲蓝翎六品军功"，其长子和二子都是武举出身，因晚清科举制度废除而终老家中。另有清朝翰林院翰林胡清未，他于咸丰九年入翰林院。光绪二十四年由其子胡慷、胡恂、胡愉续立"太史第"匾额。胡清未后代家中收藏当时由翰林院印注"翰林院"字样的盒子灯、明朝官簿，均流传至今。

胡开义老人是村子里的老支书，为胡家大庄的发展做出了卓越贡献，根据《新阳镇胡氏家谱》的记载，在他担任胡大小学校长期间，不仅要求学生搞好学业，还鼓励学生在完成学业之余主动参与农业劳动，正是对前人耕读文化的传承与发展。

三、胡家大庄的耕读现状

（一）胡家大庄的"耕"

随着社会经济的发展，加之胡大土地不足（原来人均约一亩地，后由于修宝兰铁路占据了不少土地，现在人均只有几分地），且经营农业投资大、风险高、收益小，因此胡大多数人选择外出进城务工。目前胡大村民的收入主要来自外出务工，较之务农一年所得的几千元，务工所得几万元无疑有更大优势。而在农耕方面，同样由于收益过低，小麦、高粱等种植很少，作物主要以葡萄、苹果、梨等果品为主。此外，由于养殖业风险较大，外来货源充足，市场竞争激烈，因而从业人员也很少，目前胡大养猪的只有一户，养鸡的有三大户。但是随着近年来胡家大庄一方面有意发展旅游产业，政府不断加大投资，而一方面建设资金仍然短缺，许多工程进行到一半又被迫停工，这种情形致使很多年轻人持"观望"态度。他们既想留在家乡，又对胡家大庄的发展前景感到迷茫。总体而言，当前胡大村民耕种的意识比较淡薄，经营农业的艰辛与收益之微薄使年轻人不愿意在家务农，而是外出寻求致富之路，但同时他们对于家乡的建设又充满了期待。

（二）胡家大庄的"读"

目前在胡家大庄，八十岁以上的老人约有五十个，但业余活动以下棋、打牌等娱乐活动为主，喜爱看书的仅有几个人，年轻人多外出务工，平时读书学习的主要是青少年以及一些对文化知识有浓厚兴趣的人，如我们此次采访的胡勤真老人，每次去探访时他都在看书。据村委会的工作人员介绍，胡勤真老人已坚持在村委会任职四十余年，勤勤恳恳，深受村民爱戴。而另一位采访对象——胡开义老人，为我们亲自花一周时间誊抄了"官簿"，他家中挂满了各类字画，多是友人赠与。可想而知，胡开义老人背后的这些"友人"应该也是书香子弟。

无论是在古代还是现代，胡家大庄的村民都十分重视教育，据胡开义老人回忆，早期村子里就有由当时德高望重的读书人兴办的学堂，主要教授四书五经，后逐渐发展起村学（一两个老师教授几个班，全校只有数十人），解放初期胡家大庄建立了正规的胡大小学，此后愈发完善。随着文化教育不断发展，村民的文化素质也逐渐提高，当前的胡家大庄，村民们都十分重视孩子的教育问题。以胡勤真老人为例，过去因生活贫穷没有完成学业，但如今孙子辈的都学业有成，一个于兰州理工大学毕业，一个于四川邮电大学毕业之后读研究生，还有一个孙女在北京读研究生，这样的情况也正是大多数胡大村民的家庭现状。

四、胡家大庄耕读文化的来源

(一) 安徽绩溪长江流域耕读文化

安徽绩溪是胡家大庄胡氏先祖的原住地,绩溪县位于安徽省南部,乃徽州六县之一,是长江流域的徽州文化重要的发源地之一。徽州文化除了著名的徽商文化之外,楹联文化也是徽州文化的重要代表之一。

徽州的楹联历史悠久,自明代兴起,盛行于清。清代徽州地区的方志中《古迹志》《杂闻志》等部分对此均有涉及。徽州楹联反映了丰富的徽州文化,耕读文化便是其一。

此外,古徽州虽以"经商为第一生业",但其与其他传统商业地域不同之处,在于徽州地区的文化并没有表现出重商主义的特征,反而在新安理学的熏陶和影响下,耕读文化显得尤为厚重。儒家思想的忠孝节廉、轻利重德、尊老爱幼、三纲五常、劝学为善、克制欲望、遵守礼节等内容和农耕文化注重土地、重视农业的特征在民居楹联中都有潜移默化的体现。

耕读传家的思想对当时作为绩溪大族的胡氏宗族产生了深刻的影响,邹德秀在其《中国的"耕读文化"》一书中提出中国古代奉行耕读生活的知识分子主要有三类:一是读过书的农庄主、较富裕的自耕农;二是隐士,有文化而不做官或不能做官;三是政府官员。胡氏一族作为当时绩溪县的望族,自然十分看重耕读传家,绩溪县城东街的金紫胡氏便十分注重诗书礼仪,有清代胡匡衷、胡秉虔、胡培翚被称为"礼学三胡",三人同出一门,潜心经学,尤精《周礼》《仪礼》《礼记》,引证浩博,考据精审,自成一家。此外,绩溪胡氏名人还有抗倭英雄胡宗宪、徽墨创始人胡天柱、红顶商人胡雪岩等,可谓人才辈出。

作为一个人才济济的大族,绩溪胡氏自然拥有浓厚的耕读家风,"耕读传家"的思想随着胡氏先祖来到黄河流域,对胡家大庄的耕读文化自然会产生深刻的影响,或许可以说安徽绩溪是胡家大庄耕读文化的发源地。

(二) 甘肃天水黄河流域耕读文化

天水市位于甘肃省东南部,是国家历史文化名城,秦长城从其西北横亘而过，境内有国家和省、市级重点保护文物169处，代表遗迹有大地湾遗址、天水伏羲庙和麦积山石窟等。天水是华夏文明和中华民族的重要发源地，相传是人文始祖伏羲和女娲的出生地，素有"羲皇故里"之称。

天水市属温带季风气候，城区附近属温带半湿润气候，东南部（苏城—立远一线以南）属于北亚热带，气候宜人，物产丰富。适宜多种粮食作物、经济作物和林果瓜菜生长。中国南北气候分界秦岭穿过天水，北部是黄河流域，渭河及其众多附属支流向东经陕西关中平原并入黄河；南部西汉水（亦名犀牛江）为嘉陵江西源，携众多支流滔滔南下，经陇南下四川，并入长江。因此，天水被人称为"陇上江南""西北小江南"，优良的地理优势为耕读文化的发展铺垫了良好的环境条件。

由上可知，地处天水市西北的胡家大庄，其先辈从安徽绩溪带来了长江流域的耕读文化，并将其与长城毗邻的天水文化和谐地融合在一起，创造出了具有胡家大庄特色的耕读文化，并延续至今。过去认为耕读文化主要聚集在长江以南的地区，而胡家大庄耕读文化的发现则将其延伸至将近塞外（笔者认为若将长城作为关内关外的分界线，则陇东天水无疑属于关内。但由于古代甘肃省多次作为汉王朝与少数民族作战的地区，相当于一个军事堡垒地带，其性质难以准确界定）的地区，足见中国耕读文化发展的繁荣与普遍。

五、胡家大庄耕读文化的困境与出路

（一）胡家大庄耕读文化面临的问题

现在的胡家大庄，传统的耕作农业基本上已经退出人们的生活，农业生产以利润可观的果品种植为主，且大多数年轻人都外出务工，发展得好一些的基本上也都定居在城市，留在村子里的多是老弱妇孺。同时，由于政府资金不到位，村子里的古民居难以得到有效保护，基础设施建设存在困难，旅游产业发展艰难。我们在调研期间看到几户古代民居院墙坍塌，有些院内长满杂草，甚至有被辟为羊圈的，这些拥有重要历史价值的古建筑就这样暴露在风雨之中，或颓或坍。此外，虽然村民普遍重视后代的教育问题，即重视后代的"读"，但对于"耕"，除了家境一般必须务农的家庭，家境好的家庭已经几乎脱离了农业生产。古人重耕读之"耕"，不仅是为生存所需，亦有锤炼意志或爱好所致，而现今的人们，则少有这些情趣。

综上，青壮年劳动力的外流、建设资金的短缺、对后代"耕"的教育缺失是当前胡家大庄面临的两个最为主要的问题。

（二）胡家大庄耕读文化的出路

从胡家大庄耕读文化面临的问题出发，我们认为或可通过以下几个途径促进胡家大庄耕读文化的发展：

1.立足农业基础，发展优势旅游农业

胡家大庄作为中国传统历史文化名村，农业是其不可或缺的产业，目前胡家大庄已经建设起初具规模的果品种植，且质量很高，深受周边城市的欢迎。胡家大庄可以在农业发展的基础上建设旅游项目，如现在流行的农事体验、果品采摘、度假休闲等项目，在获取经济收益的同时扩大村子的吸引力。

2.开展相关活动，宣传耕读文化

村委会或村子里的教育机构可以以胡家大庄的耕读文化为主题，开展相关宣传教育活动，促进耕读文化的传播，形成良好的文化氛围，从而唤起村民心中的耕读情结，激起青少年学习耕读文化的兴趣，让村民人人都有参与机会，切身体会耕读文化，从而促进新形势下耕读文化的宣传与发展。

3.增设耕读课程，发展创新耕读文化

借助教育机构力量，在学校中开设"耕读文化"相关课程，或在村里的"文化活动中心"定期举行耕读讲座，由村委会及学校共同选荐村子里有学问的人进行讲授，以此对学生及有需要的人进行耕读文化教育，在发展耕读文化教育的同时形成新的特色教育文化。

附录1　胡家大庄调研记

8月8日

准备好需要的资料，一大早我们就出发了。

首先乘动车至天水南站，吃过午饭之后却错过了每日去往新阳镇的唯一的一趟火车，最终在热心网友的建议与帮助下，我们乘坐了北道——新阳的班车，终于在傍晚时分到达新阳镇。

下车之后，天空下起了蒙蒙细雨，泥泞了新阳镇本就坑洼不平的道路。冒着细雨，我们开始寻找居所，在新阳镇的巷道里穿梭来回，终于发现了一小块闪着白光的"住宿"字样的牌子，进去乃是一处民宿，老板十分热情，房屋看起来也算整洁，便决定就此住下。

安顿好之后，我们对新阳镇进行了新一番查阅，获得资料如下：

新阳镇地处西北黄土高原南部，隶属于甘肃省天水市麦积区。西毗甘谷，北临秦安，南接秦州，渭河、陇海铁路横贯全境，地理位置十分重要。行政面积86.6平方千米，下辖24个行政村，人口3.4万人（我们当时所在是新阳镇政府驻地——温集村）。新阳镇古称"沿河城"，自古为商贾云集之地，文化发达，贸易繁荣。2013年，新阳镇被授予甘肃省十大魅力乡镇称号。

新阳镇商贸活跃，以新阳综合农贸市场为主体的商贸业日益繁荣，年成交额已突破821万元大关，市场上百货齐全，物美价廉，深受周围乡镇及邻县群众的青睐。境内陇海线、宝兰线设新阳镇车站，渭河上架有铁索钢板吊桥和新阳渭河公路大桥，横跨南北，镇村道路纵横交错，交通非常便利，发往兰州、天水、甘谷、秦安的客车全天候营用。通讯事业发展迅速。全镇24个行政村都通电、通邮。

简单一番搜索之后，我们的肚子却是饿得不行了，于是我们商量借着吃饭顺便看看周边环境。

大概不到半个小时，我们便把新阳镇政府周边相对繁华的地区转了一圈。这里除了一些街边的小店，主要就是一家华联超市和综合农贸市场，镇子北边有一个市场，我们去的时候却都关着门（后来在第三天我们从胡家大庄结束上午的调研返回住处的时候，这些店铺全都开门了，街上也比平日热闹许多，似乎是在过什么节）。新阳镇每户人家门口都悬挂着匾额，上有"耕读第""祥和瑞""紫气来"等字，多为黑色楷书。看到这"耕读第"，正好对应着我们此行的主要目的——"耕读文化"，这正是耕读文化的一种鲜明的体现。

新阳镇政府设在温集村的西南边，正对一家中国农业银行，周边较为荒凉。我们经过的时候正好遇到两个人赶着一群猪往镇子里走去，猪粪的味道瞬间充入鼻腔，遇到他们的人们都笑着一边捂着嘴鼻一边开着赶猪人的玩笑。等他们离开之后，我们吃过饭便也回到住所休息了，计划第二天一早去胡家大庄村。

8月9日上午

早上七点按时起床，收拾好之后已经接近八点，在房东先生的帮助下，我们往胡家大庄赶去。

胡家大庄位于新阳镇的西北方向，一路上又经过许多葡萄田，八九点的太阳却是十分强烈，照在我们身上，也照在这一大片的葡萄地里，想必这葡萄成熟了一定香甜得很。

大约走了十几分钟，便见一座道观，上前瞻望，正是"清池观"，观前塑有哼哈二将，威严肃穆。我们本想进入观内，无奈看到关门上锁，只得作罢，继续往胡家大庄村委会走去。

不料走了不到五分钟，便又看到清池观，观门处有村民正在施工，询问才知此处乃正门，村民非常和善，邀请我们进观参观。

进入观内，正是一派绿意盎然，绿树掩映着大殿，大殿内供奉着真武大帝与四大帅神（马胜元帅、赵玄坛元帅、温琼元帅、岳飞元帅），另有九座配殿，分别是财神庙、魁星、山神庙、家神庙、三霄圣母殿、山门楼与王灵官、白马大王庙、文昌帝君庙及龙王庙。

后来我们在胡开义老人主编的《清池观志》记中看到对于清池观的描述：

清池观位于新阳镇之乾方，牛乳山下，对峙凤凰山，于寺咀山庆寿寺相对应，地势险要。清池观占地面积2 600多平方米，其中建筑面积700多平方米，活动场所500多平方米，绿化面积1 600多平方米。祖先把格局按"义"字排列，其意是让子孙后代以"仁义、信义、忠义"为做人准则。

从观里出来之后，我们在村民的帮助下来到了胡家大庄村委会，恰逢村长不在，我们便采访起办公室里的一位老先生，从谈话中我们得知老先生名胡勤真，任现胡大村村委会副主任、助理文书。胡勤真老人今年已是82岁高龄，他从1978年3月开始就担任胡大村村干部，先后担任村委会专业会计、村文书、副主任、文书助理等工作，兢兢业业，为人和善，为胡大村做出了突出贡献。2017年2月，胡勤真被选为"奉献天水、十大人物"的光荣称号；同年5月，入选"中国好人榜"敬业奉献人物。

胡勤真老人是那种一眼看过去就觉得朴实、和善的人物，戴一副老花眼镜，操一口乡音浓重的普通话。这是我们第一次进行人物采访，过程中有些紊乱，但幸好胡勤真老人对村务了解详细，因此提供了很多资料。以下是我们第一天采访胡勤真老人所整理的资料：

1.胡家大庄的起源

胡氏一族于明朝洪武间从安徽绩溪迁徙至甘肃天水，这是朝廷组织的移民。

胡家大庄的第一代先人胡添秩夫妇带领四个儿子来到天水渭河河湾地区的龙王庙，途中四儿中途夭折，剩下的弟兄三人繁衍为胡家大庄的三个房头即大房、中房、小房，这就是胡家大庄建庄的开始。后来渭河以及凤凰山的关门沟连年水患，使村民不得安居乐业，经过各房头商议之后决定举行搬迁，最终搬迁到塬地（较之前河湾地区高五六米）以避开水灾，并形成依山傍河（靠渭河、牛乳山）、一纵一北的形势。开始胡家大庄住户只有几十户，约几百号人，后来吴家山庄并入胡大，2005年霍家坪村并入胡大，发展至今胡大已经成为三个自然村，大约有八百户，合计三千多人。由于当佃户、投靠、通婚等种种原因，现在的胡大村由原来的胡氏一姓发展为现在的二十多姓（约26姓），形成多姓繁荣、和睦相处的局面。

2.胡大当前的产业发展状况

随着社会经济的发展，加之胡大土地不足（原来人均约一亩地，后由于修宝兰铁路占据了不少土地，现在人均只有几分地），且经营农业投资大、风险高、收益小，因此胡大多数人选择外出进城务工。目前胡大村民的收入主要来自外出务工，较之务农一年所得的几千块，务工所得几万块无疑有更大优势。而在农耕方面，同样由于收益过低，小麦、高粱等种植很少，作物主要以葡萄、苹果、梨等果品为主。此外，养殖业风险较大，外来货源充足，市场竞争激烈，因而从业人员也很少，目前胡大养猪的只有一户，养鸡的有三大户。总之，当前胡大村民耕种的意识比较淡薄，年轻人也不愿意在家务农，基本上都外出务工。

3.胡大旅游业的发展现状

2012年胡大入围为全国第一批传统村落，2014年胡大被列入第六批全国历史文化名村。现在的胡大，道路宽敞、交通便利，为日后发展旅游业奠定了较好的道路交通基础。2014年国家拨款300万元，2015年开始了传统村落的环境治理，公路安置了排污管，河堤建立了排污站，垃圾车、垃圾桶都已经建立。但传统村落保护的公益事业现在尚未完成，因为现在保障手续太繁琐，层层机关互相推诿，使这一部分的资金现在仍不能到位，目前只建立了一个垃圾填埋场。此外，政府利用废地建立了一个小型的公园，公园设施有水池、亭子、水车、走廊等。另外对清池观门外的建筑进行了改造，从山东定做了牌坊门、九龙壁、栏杆等等，希望依靠胡大的古建筑来发展旅游产业，强村富民，然而由于缺乏资金难以实现。资金主要来源于国家拨款，2017年国家通过胡大建设"美丽宜居村庄"款项，但这些资金目前都放着不敢动，怕建筑工程一开始后续资金无法到位。

4.胡家大庄的村规

胡家大庄中房胡族治家格言

乡有乡规，庄有民约，国有国法，家有家训。
一句家训，铭记在心，言传身教，行之有文，
代代相传，有好家风，持家有道，教子有方。
五更即起，洒扫院庭，男子耕读，女人职工。
尊敬长辈，端茶倒水，嘘寒问暖，孝道致尚。
媳妇下厨，手脸洁净，烧羹煮饭，琢磨食性。
柴米油盐，按需量用，清茶淡饭，粗布衣衫。
衣为遮体，食为三餐，为人处世，诚信为先。
生财有道，教子必严，尊德守礼，孝道在前。
不义之财，不可取之，不义之事，不可为之。
助人为乐，理得心安，善行义举，人人称赞。
坐要好邻，行要好伴，邻里和睦，不侵不犯。
尊老爱幼，扶弱助残，与人交谈，和悦喜颜。
祸从口出，谨语慎言，人生在世，又平又淡。
犹如登山，又如河边。能上能下，有山有川。
上山打材，过河乘船，入乡随乡，民俗应便。
和气生财，谦虚赚钱，平淡为福，切记贪婪。
家庭和睦，幸福百年，天下太平，万民称赞。

胡家大庄村公民公约
第一，忠诚为爱国之本。

第二，廉洁为理政之本。

第三，礼仪为待人之本。

第四，守信为交往之本。

第五，正义为立德之本。

第六，诚实为做人之本。

第七，助人为善行之本。

第八，谦和为生财之本。

第九，勤俭为持家之本。

第十，孝道为报恩之本。

第十一，贤惠为妇道之本。

第十二，知耻为图强之本。

（摘自胡勤真老人主编《胡家大庄村志》）

5.胡大村民的信仰

道教是胡家大庄村民主要信奉的宗教，在胡大，几乎家家都信仰家神、财神、山神、土地及各种灵怪等，另有十几户信仰基督教，过去还有几个人信仰佛教，但现在大多年事已高。

6.胡大的节庆习俗

正月十五元宵节：原来胡大村民没有吃元宵的习惯，近几年内来吃元宵的习俗逐渐由城市流入农村，现在元宵节村民有拿元宵做礼物走亲访友的习俗。

二月初二中和节：这一天胡大村家家户户要炒"炒物"吃，原来以炒大豆（本地称黄豆）、蚕豆（本地称大豌豆）为主，现今大部分农户都不炒"炒物"，直接从市面上买现成的黄豆、蚕豆或其他豆类做礼品，除与家人一同享用之外也以其作为礼品走亲访友。

三月初三上祀节、单衣节：这一天按照传统是要给去世未满三年的亡人焚送单衣，另外三月三也是胡大村清池观无量祖师的诞辰。

四月初八麦秋节，这一天也要给去世未过三年的人焚送纸钱。

五月初五端阳节，这一天村民要在门楣上悬挂柳枝、戴柳枝帽，还要给新订婚的女方送粽子、顾君（一种用手工烙制有花纹的圆形面点）。家家户户还要煮甜粕、戴手工缝纫的荷包和五色彩线编织的手绳。

六月初六天贶节：传说这一天是太阳最热的一天，这天晒的衣物能够防止虫蛀，又传这一天去世的人是没有做好事的人，民间骂人时有"把你死在六月六，不得好死的话"。

七月初七乞巧节：农历七月七日或七月六日夜，胡大村民有观看天河星和妇女在庭院向织女星乞求的习惯。

八月十五中秋节：村里会给家神唱大戏，新接的婚姻男方要给女方送月饼，夜晚在月亮出现之时要献（接）月亮，即在院中摆设香案，供奉月饼、瓜果等各类美食，有些地方还会盛一盆清水在几案之上，月亮在水中投射出倒影，即是"接"到了月亮。

九月初九重阳节：本地无明显的民俗活动。

十月初一寒衣节：有给去世未过三年的亡人焚送寒衣、纸钱的民俗。

十一月冬至节：本地没有明显的民俗活动。

十二月藏冰节、腊八节：家家户户会到河道上把结冻的厚冰块运回家中收藏，胡大村民认为从冰块形成的冰纹中可以看出来年糜谷、小麦、高粱、豆类等五谷收成的好坏。这一天家家户户还要吃米饭，据老人的话说吃米饭能够把心糊住，就可以糊里糊涂的过大年。

腊月二十三，这一天是相传灶君上天的一天，家家户户要买灶糖、吃搅团（用面粉和土豆等淀粉含量丰富的食品搅拌而成），并献给灶君吃，还要为灶君贴上一副对联曰："上天言好事，回宫降吉祥"。

（摘自胡勤真主编《胡家大庄村志》初稿）

7.关于《胡家大庄村志》

《胡家大庄村志》由胡勤真老人主持编写，于2002年开始编写，到2015年完成初稿，预计在一两年内完成出版。本书主要介绍了胡家大庄的地理地貌、历史起源、重要人物、节庆习俗等，内容翔实，是了解胡家大庄重要的书面材料之一。

8月9日下午

午饭之后，我们在住处对早上采访所得资料进行了一个简单的整理，由于感觉早上采访时提问的问题有些零乱，缺乏系统性，因此我们对下午的采访做了一些简要的计划，详细明确了各人分工，将准备提问的问题列了一个提纲出来。

这天下午我们要采访的是主持编纂《新阳胡氏家谱》的胡家大庄村民胡开义，胡开义老人今年73岁，曾担任胡家大庄村委会文书、会计、大队党支部书记、清池观管理委员会主任及胡大小学校长等职务。在担任大队党支部书记的十一年里，胡开义带领群众大搞农田基本建设和水利建设，发展果园，增加村民收入。在教育方面，胡开义结合学校（胡大小学，当时为胡大附中），多次物色人才补充师资，并多方筹集资金建设学校，同时不定期举办各种活动，对学生进行法制教育和传统道德教育，鼓励学生在不影响学业的前提下积极参与集体劳动和家庭劳动。几十年来，胡开义老人为胡家大庄做了许多实事，受到了村里人的尊敬。

由于胡开义老人是编写《新阳胡氏家谱》的主要人员之一，因此我们对他的采访主要是关于家谱编写等方面的，同时也有一些其他内容。

1.关于《新阳胡氏家谱——胡大村大房头西门南巷道只支系》

《新阳胡氏家谱》由胡开义老人主编并出资出版，第一版于2007年6月份出版，整部书的编写历时两年有余，第二版于2016年11月出版，自2014年决议定案至复制出版历时两年有余。较第一版，第二版收录了大量照片，更为形象直观。

在编写家谱时，胡开义老人主要遇到了下面几个困难：

a.胡开义的父亲是老教师出身，接受的是传统教育，文革时期曾收到批斗，他性格固执，对长幼尊卑之序十分重视，认为小辈不能称呼长辈名讳。每当胡开义向父亲问起祖父名字时，总是一无所获，因此在编写家谱时祖父一辈的姓名都难以得知，对此，胡开义等人便只好以"某氏"代替或直接替其"编"一个名字出来。

b.编写家谱所耗费几万元钱，均由胡开义老人一人承担。

c.最初编写家谱时，此事并未在村内引起很大反响，后来由村委会和胡开义等人召集全村代表召开相关会议，就编写家谱一事进行相关说明和商议，最终获得了全村人的支持，为后续调查等工作做好了铺垫。

《新阳胡氏家谱》（大房西门南巷道支系）共十三个部分，五万余字，全书章节主要如下：序；前言；重修家谱说明；胡姓人文探索；寻根问祖追溯祖先渊源；胡氏始祖胡公满；先祖敕封锁喉参将胡志坚；胡家大庄第一代开拓者胡添秩；族系表图；族内辈分概述；后六倍的情况概述（从第四辈起各房头的详细情况记载）；族内各方面的发展变化情况和部分人文概况；各类照片（第一部分至第四部分）；回顾族内约定俗成的聚集活动；附记：族内人口发展变化情况（约从1820年至2016年）；族人受文化教育程度变化情况；族人居住情况简述；族人生活发展过程中经过的大体年代记载；先人埋葬坟地大体情况记载；附注事项；后记。

与传统家谱相比，《新阳胡氏家谱》（大房西门南巷道支系）最大的不同是将女子与入赘到胡大村的男子一并列入家谱之中，这是新时代男女平等与民主观念的深刻体现。

提到以前胡大没有家谱的原因，胡开义老人认为旧时代读书的人不多，村民文化程度普遍较低，日常农活繁忙，再加上编写家谱需要时间、精力以及兴趣、动力，因此无法编出家谱。现在随着社会的发展人们的思想得到了解放，教育事业日渐促进，国家对于传统文化也越来越重视，这是一件好事。

2.官簿

胡家大庄籍明朝翰林院学士曾从朝廷带来朝廷官簿，上面详细记载着明代官，现已在村里传承300余年，作为民间《升官》游戏使用。胡开义老人花一周时间亲自誊抄了一份，差不多一平方米的纸张上面写满了字，却没有一处错误，可见心思之沉静。

胡开义老人为我们展示完他自己抄写的官簿之后，领我们到院子里摘了一串自家种的葡萄，吃着酸甜可口的葡萄，我站在宁静清凉的院子里，看着一串串青绿的葡萄挂在枝头，十分繁茂，下午的阳光透过葡萄架洒落下来，斑驳满地。

8月10日上午

第二天上午，我们觉得主要就村庄规划再去胡家大庄村委会了解一些情况。

第三次去自然是熟络了不少，问起关于胡大的规划，村委会的工作人员拿了一本《天水新阳胡大——名村协调区规划》给我们，里面的内容已是十分详细，一边翻看规划书，一边又问起胡勤真老人对于胡大未来建设的想法。

胡勤真希望能够利用传统村落所蕴含的丰富历史文化的优势，大力发展旅游产业。目前村里主要的景点就是清池观，未来将对村子进行绿化，完善基础建设，对陈旧老屋进行保护，对部分文革时期受到破坏的建筑进行修复，再新建一些景点，最终达到靠旅游产业来强存富民的目标。目前在实施中遇到的最大困难就是资金不足，申请国家相关基金程序繁琐，且具有不确定性。2014年胡大村得到国家住建部、文化部、财政部拨款300万元的建设资金，其中的 150 多万用于传统村落的环境治理，100 万元用于传统村落的保护的公益事业，2017 年"美丽宜居乡村建设"拨款几百万元。2017 年新阳镇向世界发展银行贷款两亿多元，胡大申报了几千万元的项目资金。

对未来的展望是我们的最后一个问题，这个问题回答完毕也意味着我们这次调研活动的结束。

在胡大居委会和各位乡亲的帮助下，我们的调研进行得比较顺利。走进胡大村的这三天，让我们三人感触最深的是胡大村民的热心、质朴，不管是村委会的工作人员、我们采访的胡勤真、胡开义两位爷爷，还是寻路途中遇到带着孙女的婆婆、清池观外施工的叔姨，都让我们对胡家大庄致以深深地感恩与祝福。

附录 2　胡开义老人的信

下面这篇文章是胡开义老人在 9 月 23 日给我回复的信息，内容主要是老人对于胡家大庄耕读文化的看法。胡开义，现年 73 岁，系甘肃省天水市麦积区新阳镇胡家大庄村人。

安娜同学：

你好，抱歉，由于近来较忙，没顾上看短信，故而回复较迟，请谅解。

关于你所提出的问题，这是按我村的实际情况和我领悟的涵义作以答复，请做参考。

一、我们胡大居民门前所刻的匾额有多种多样，例如："积善第""暎南极""树德第""抱清风""耕读第""瞻志苑""安之居""祯祥第""雅安君""忠厚居""和顺第""和为贵""平为福""德荣轩"等各有寓意，其中以"耕读第"为最普遍。究其涵义而言：耕者农也，读者学也，连起来为既种地务农，又上学读书的农户门第。潜在的含义，长辈希望子孙后代能很好地读书，多学些知识和本领，待走进社会能出头地，为国家和民族多做贡献，并达到光宗耀祖，改变门庭的目的。孩子们都为这一目标而努力奋斗着，大人们不辞辛劳，常年日出而出，日落而归，按规律进行生产劳动，担负着全家人的所有度用，支撑着孩子的上学费用（甚至不惜贷款）也要保证孩子完成学业。

二、我们胡大的历史和现实的确也符合"耕读第"的说法，历史上村子里曾出过再虞公太学生，贡生，胡连科是清朝的武进士（出任过青海省将军）其长子和二子都是武举出身，因晚清停止科举制度终老家中。胡想父祖太爷是清朝的翰林，曾做太子的老师。中华人民共和国成立后，胡自多（进士的曾孙，地下党员）当县长书记几十年；胡学义（自多堂弟、进士曾孙）曾任过原天水县县委组织部长多年，1959年市县合并时担任代书记九个多月；胡爱祖，少将军衔，曾任过国防大学副教育长等职务；胡安福任过天水百货站（二级站）科长，天水市商业局长、商委书记，按县级退休。

目下，我们胡氏宗族从政者处级现处级甚多，从军的师团级数名。上过大学、研究生、博士生的数不胜数，他们进入社会之后，当学者的、搞科技的、当教授的、当医师的、搞经济管理等各方面的人才辈出。现在全村基本没有文盲，文化程度普遍都在初中以上，是个名副其实的"历史文化名村"。

据记载我们胡氏宗族起源很早，始祖曾是周朝敕封的诸侯国（陈胡国）国君，后人辗转全国数省，明成化二年（公元1466年）先祖胡添秩由山西洪洞大槐移民点，受朝指派顺渭河西上来至沿河城（现新阳镇）胡家大庄扎根落户，数百年来由全家父子等数人发展为如今的六七百户，约三千八百人。因受传统教育深层影响，不管那一代宗人始终遵循着先人的模式做人做事，对文化教育事业代代都尤为重视。

早期村里就有儒书房（德高望重的老读书人在私人家里办的教学场所），当时主要学的是"四书五经"之类的老书。经过时间的推移和社会的发展，逐步办起了村学（一两个老师代几个班的课程，全校只有数十人），我们小时候上学（解放后）已成为正规的胡大小学（初小），有校长、有教育主任、班主任，教育制度完善，有幼儿班（继后改为学前班，现变为幼儿园（有公办的、有民办的）镇上有学校（高小）小学以上为六年制，一度变为五年一贯制，后又恢复六年制。人民公社化时期，贫下中农管理校时，我村小学已办过多年附中，当时师资力量不够，便村里社会青年中挑选了一些人被聘民办老师和社请教师，这些教师每月记三十个工分，每月补助十元左右现金，这些资金和维修等其他费用都由大队（现在村委会）筹集支出，为此也曾向银行和信用社贷过款。这种现象一直延续到改革开放时期，邓小平大抓教育现代化，尊师重教，发展文化教育事业，为了保证教学质量，村学附中裁撤专稿小学教育，中学班集在温集小学和新阳中学开办。在国家重视教育的大好形势下，个人也在不断加大教育投资，目前每年考上大学的人数逐年增加，为了高考，条件较好的家庭，大人跟上娃娃进城租房陪读者极多，条件差户在城里租房，边务工挣钱边陪娃上学，一心要让孩子考上比较理想的学府继续深造，事实证明，越来越多的学子功成名就，进入社会为人民服务，也实现了家人的梦想。

　　胡写了一点，望选择参考，错误之处请查阅有关资料处理吧。

二〇一七年九月

宁夏红寺堡区杨柳村调研报告

何 娅 胡正午 朱 玄 排则莱提·艾尼瓦尔

  红寺堡区是全国最大的生态移民区，农耕经济是其发展的重要支柱，农耕文化则是其文化发展的主体。本文从农业发展现状、政策补贴状况、就业状况、教育现状、村落布局情况等几个方面来表现红寺堡区农耕经济、农耕文化发展的现状，从而得出红寺堡区农耕文化正处于一个发展的过渡期。

  此次调研活动是依托华中师范大学圣兵爱心社的爱心之旅展开的。圣兵爱心社是华中师范大学隶属于校团委的一个大学生爱心公益社团组织。作为华中师范大学暑期"三下乡"活动之一的爱心之旅，开展的活动主要是走访和支教。在走访的过程中，我们拉近了与老乡的距离，获得调研所需要的材料与信息。在支教活动中，我们融入学生们的生活，和孩子们打成一片，与当地教育的零距离接触使得我们能够更直接地了解当地教育状况。

  活动从7月9日开始，到7月25日结束，一共历时16天。我们以红寺堡区新庄集乡杨柳村为基点，向周边扩散进行调研活动。走访调研的村庄主要位于新庄集乡，包括杨柳村、西川村、南川村、南源村、白墩村、东川村、向阳村、康庄村、红阳村、新台村、西源村、马渠村、沙草墩村、菊花台村、洪沟滩村、杨柳台村和新集村等共17个村庄，村民都是从同心、海原、西吉、隆德、泾源等贫困偏远地区搬迁而来。有的村庄已经搬迁居住时长超过10年，有的却只有两三年。在17个村庄中，有6个属于汉族区，5个属于回民区，6个属于回汉混杂区。在不同的民族村庄里，能够感受到不一样的农耕文化氛围。此外，我们还去了宁夏移民博物馆，对当地的移民文化和农耕文化的发展历史做了更深层次的了解。

  宁夏吴忠市红寺堡区前身为红寺堡开发区，是宁夏回族自治区吴忠市第二个市辖区。它是国家大型水利枢纽工程——宁夏扶贫扬黄灌溉工程（"1236"工程）的主战场，是全国最大的生态移民集中区[1]，同时也是国家精准扶贫的一个战斗区。它处于整个宁夏的地理中心，连接东西南北，其民是从宁夏周边生活环境更为恶劣的地区搬迁而来。它属于典型的温带大陆性气候，常年干旱少雨，昼夜温差大，地理环境荒漠半荒漠化突出。天然的气候因素再加上黄河水的灌溉，瓜果业和畜牧业比较发达，这为红寺堡区成为"中国葡萄酒第一镇"奠定了良好的自然基础，同时为"宁夏五宝"之一的枸杞的生长提供了优越的条件。因此，酒葡萄和枸杞成了如今红寺堡地区农业发展的两大作物支柱，再加上政策的支持，该地正朝着农业的现代化和专业化方向发展，然而，发展起来的只是少部分，许多农民其实还处于现代化的边缘。红寺堡区农耕经济的发展已经走到了一个转折点，进入了发展的过渡期，农耕文化的发展也如出一辙。如何摆脱传统思维的束缚，却又没有忘记农耕文化的源头，这是一个值得商榷的问题。

一、农业发展的过渡性

首先是生产专业化的过渡性。

红寺堡区作为"中国葡萄酒第一镇"，大量的土地被用来种植酒葡萄，包括政府征收土地进行集体种植、个体户承包土地种植与小农户自行种植，种植各方都寻求生产向专业化方向发展。由于政策的鼓励，有很多农户种植了酒葡萄。在政策颁布初期，政府给农户提供种植技术培训和种植补贴，并进行统一收购，于是一些村落开始大量种植酒葡萄。但由于灌溉用水水费不断上涨，种植技术得不到提高，政策补贴发放不到位，很多农户损失惨重，久而久之，种植的农户越来越少。杨柳村的一位老伯说，之前全村都是种满了酒葡萄的，但是由于技术掌握得不好，大部分时候全凭经验种植，酒葡萄的达标量太低，工厂不收购，自己难以找到销路，很多采摘下来的葡萄放坏了也没有办法处理，再加上灌溉水费在不断上涨，亏本也越来越严重，种植的人逐渐减少，现在村子里仍在种植的个体户只剩两户了。

红寺堡区也是枸杞的重要产地，杨柳村、新台村、菊花台村、马渠村等

---

[1] 吴忠市红寺堡区人民政府网.红寺堡区基本概况[EB/OL].[2017-09-25]. http://www.hongsibu.gov.cn/zjhsb/hsbgk/hsbjj/201709/t20170925_494748.html.

多个村子都种植枸杞。政府同样进行政策补贴以及统一收购，农户也可以自行销售。但是由于农户的经验不足，再加上文化水平较低，辨别能力较弱，很多农户经常买到假苗。假苗枸杞生长不好，收入损失大，并且大部分农户都是贷款购苗，严重的亏损打击了他们种植的积极性。马渠村是一个比较特殊的枸杞种植地，村民们搬迁于此地大约只有三年，土地被政府承包给老板种植枸杞，农户实际没有被分配到土地，之前承诺过给一些补贴费以及土地承包费，但是没有真正落到农户的手中。农户没有土地进行农业生产，只能在枸杞种植地里打零工，平均下来每天只能有十多元的收入，而且并不是每个人每天都有活干。农业发展的专业化使得农民与土地之间的距离在逐渐拉远。

新台村是"紫花苜蓿示范基地"，农户种植之后，进行自主销售，政府每年给600元至800元的补贴，并打出了"调整结构，培育产业，种草养畜，强村富民"的口号，2017年是第一年种植，正处于试验阶段。调查结果显示，大部分农户都乐意种植苜蓿，但是他们也有所担心：种植技术得不到保障，除了政府统一收购之外，难以找到其他销路。农业正向集中化生产、专业化管理过渡，如果操之过急，再加上政策保障落实不到位，农民将会很难适应现代的生产方式，进而产生反感的心理。

其次是生产工具的过渡性。

人背牛拉马驮是中国传统的运输方式，受到现代交通运输方式的影响，在红寺堡地区三轮车成为最受欢迎也是最为实际的运输工具。红寺堡区每村村里村外都修建了水泥路，这为三轮车的行驶提供了最基本的保障。三轮车造价不高，大部分农户能够负担得起，且除了进行基本的货物运输之外，还是出行常用的交通工具。走在红寺堡区的每一条公路上，或者是农田周边，都能够看到三轮车的影子。

红寺堡区地形属于山间盆地，地势起伏小，在农业种植区本适合机械化生产，但是农户们习惯于传统的生产工具，机械化农具使用得比较少。不习惯使用是一个因素，更多的是他们认为没有使用机械化生产的必要。

化肥在农业生产中是必不可少的。农户们在进行作物种植时，没有提前对土壤的酸碱度进行测算，直接根据经验进行化肥的配用，并且使用的多少根据经济情况来进行量定，有钱就多施用，没钱就少施点儿，并没有进行专业化的评估。

然后是灌溉的过渡性。

水是生命之源，黄河水是红寺堡区农业发展的命脉，村里村外以及农田周边都修建了很多引水渠，它们纵横交错，为农业的发展提供了保证，但是水费却越来越贵，农民"灌溉难"问题逐渐凸显。由于黄河含沙量比较严重，水渠在使用一段时间后，会在底部沉积大量泥沙，然而很少有人主动去清理泥沙，就任其变干被风吹散，这会直接增加空气中的含沙量。另外，有的人家会直接把生活废水倒入黄河水渠里，这在一定程度上加剧了黄河水的污染度，同时不利于灌溉作物的健康生长。

最后是农产品输出的过渡性。

自给自足的小农生产经营方式显然早已被淘汰，21世纪的农业发展必然是外向型的，在网络化的助推下，农产品应该更多的走出国门，走向国际市场。9月8日，2017年中国—阿拉伯博览会农业合作高端论坛在银川举办，此届博览会旨在推进中国与"一带一路"沿线国家的农业科技交流与合作，农业展分为现代园艺展、农业信息化和农机装备展、农业特色优质品牌展、葡萄酒展、枸杞展五大展区，并且特别展出宁夏优质特色产品供中外嘉宾观赏品尝。这给宁夏农业的发展提供了契机，但大部分农民是难以捕捉商业气息的，他们热衷于一亩三分地，作物的销路又仅限于生活的周边。物联网正在高速发展，并且也慢慢地渗入农村地区。能够利用互联网把作物销售出去，打造特色农业，现在似乎也只有少部分农民能做到。红寺堡大部分农民受到科学文化水平的限制，欲立而难为，因此发展需要一个过程。

生产力决定生产关系，生产关系又对生产力具有反作用。红寺堡区农业的发展拥有较好的环境，但是传统农耕文化赋予农民的农耕思维有时是不适应现代农业发展的，这二者的矛盾正是过渡性的一个鲜明体现。

二、政策补贴的过渡性

经济基础决定上层建筑，红寺堡区属于国家精准扶贫的重要地区，各种扶贫政策不断滋润着当地居民。但是政策扶贫也同样有起承转合之态，当前红寺堡区的扶贫政策的发展也正处于一个转变时期。

首先，红寺堡区扶贫政策可谓是五花八门。新台村的危房改造政策是每户补贴12 000元，可以借贷款，如果家庭属于建档立卡户，还可以免息。几乎每村都有安装太阳能的政策补贴，家庭只需花费100元左右，就能够安装一个太阳能。农作物种植补贴是补贴中覆盖面比较广的一项，种植枸杞、酒葡萄、苜蓿、黄花菜等农作物都会有政策补贴，种植的玉米、采集的野生苦草等政府也会进行统一收购。畜牧方面也有补贴，政策规定每家养殖一头牛和六只羊就会得到补贴。其他传统的政策补贴也有很多，医疗保障制度方面的补贴，水利扬黄政策的扶持，等等。

杨柳村鼓励村民进行自主创业，开办了"妇女创业贷款示范基地"。村中的妇女申请贷款进行作物的专业化种植，主要是进行大棚培育，目前一共有40棚，作物主要是西红柿、油桃、辣椒、毛桃等蔬菜和水果。种植之初，专门人士会对农户进行技术培训指导，并在之后的种植过程中，不断进行视察。韩女士，贷款金额为3万元，培育棚数为5个，她说，大棚种植每月只需浇灌一次自来水，总体不需要耗费多少劳力，她一个人就能够应付棚子里的事，且每年平均下来会有10万元的收入。农户们除了在棚内种植，还利用棚外的土地额外种植一些其他农产品进行售卖，以增加收入。此外，示范基地也被用来发展旅游农业、观光农业。今年劳动节，杨柳村举办了"新庄集乡杨柳村首届油桃采摘暨踏青采风书法摄影活动"，这在当地反响很大。在政策的带动下，红寺堡区农业发展的形式愈加多样化，文化与经济、政治的相互促进作用顺势彰显出来。

菊花台村号称为"慈善产业发祥地"，2010年政府提出了"打造'黄河善谷'，发展慈善产业"的思路，2011年5月建成了菊花台村残疾人照料中心和幼儿园。照料中心内部办公、住宿、活动、医疗、餐饮、洗浴、康复等服务设施配套齐全，能够满足智障人员生活康复需求。幼儿园能够满足120名儿童的基本教学需求，并附带有医疗、办公、休息等基础服务功能。整个园区由生活学习康复区、生活基地区和居住区三部分构成，让被照料者有"家"的感觉，并且建筑也体现出"阴阳之枢纽，人伦之轨模"的人居环境特点。这是政策扶持贯彻"以人为本"理念的重要体现，是红寺堡农耕区人们思想的一个飞跃。

2016年，中央一号文件明确提出促进农村电子商务加快发展，支持种养大户、家庭农场、农民专业合作社等对接电商平台，重点推动电商平台开设农业电商专区、降低平台使用费用和提供互联网金融服务等，实现"三标一新""名特优新""一村一品"农产品网上销售，鼓励新型农业经营主体与城市邮政局、快递网点和社区直接对接，开展生鲜农产品"基地+社区直供"电子商务业务。"电商扶贫"现今成了一个热点词汇，红寺堡区也正着手于电商扶贫，追赶现代化的步伐。政府在村里开设了"农村电商服务站"，它隶属于"宁夏千村电商扶贫工程"，包括便民服务、快递配送、网络代购、手机宽带、翼支付等多种功能。这是农村向着"互联网+"方向发展的一个重要体现，同时开阔了农村居民的视野，生活方式也得到了一定的优化。另外，菊花台村还在村里开设了一个"便民金融服务点"，其隶属于"黄河农村商业银行系统"，主要对村民们的社保卡、银行卡进行小额取款、转账汇款、用信还款、代理缴费、余额查询等方面进行服务，这又拉近了村民们与现代理财的距离。这些方面是把城里的生活方式镶嵌在农村的发展中，有利于进一步缩小城乡差距。

政策补贴同时存在一些局限性。

政策补贴落实不到位是一个弊病，在很多方面都有所体现。杨柳村的酒葡萄种植补贴发放初期准确到位，但是随着种植时间的延长，越来越少的人收到补贴费用。马渠村土地还没划分就直接被政府承包给老板，但是村民从来没有收到过承包费。一些村落养殖牛羊有养殖补贴，可是养殖了却没有人来视察，更没有补贴款到户，这导致养殖的农户丧失了养殖的积极性，甚至有的农户因为大量养殖而技术不够、经营不当导致破产。补贴款没有真正下放到农户手中，一方面挫伤了农户生产积极性，另一方面也会滋生腐败。并且，政策的落实与否还与搬迁时间的长短有关，搬迁时间长的村落村委会建设机制比较完善，对民生民情有更好的把握，搬迁时间短的村落机制建设不完善，没有形成系统的管理方式，比较混乱。形成对比的管理方式会加深村落与村落之间的贫富差距，不利于生态移民区的平衡发展。

红寺堡区强大的政策补贴在提高农民生活的同时，也助长了农民的惰性思维。有一部分农民缺乏进取精神，眼睛一直盯着政策，这使得生产的创造性减弱。有的家庭把多个劳动力扎根在数量不多的土地上，不仅没有得到相应的收入，反而浪费了劳动力，拉低了整体的收入水平。

政策补贴具有引导性，红寺堡区的政策补贴也不断突破传统，向新的方向发展，但是实际操作过程中受到各种因素的制约，在制度方面会有一定的缺陷，这是过渡期的常见的反应，需要不断地进行完善。

三、就业的过渡性

就业是民生之本，就业状况除了能够反映一个地区的经济发展状况之外，还能够体现当地人们的生活水平。亘古以来，中国农民都是以土地为依托，男耕女织，日出而作日落而息。小农经营是中国传统的农业发展模式，也是农民生活的真实写照。显而易见地，在21世纪，土地已经远远不能满足人们对生活的需求，更多的农民把眼光放向了土地之外，或外出打工，或发展副业，传统的农耕生活已经一去不复返了。

农业发展的优惠性政策牵住了一部分乡民，但绝大部分是家庭妇女。她们有的贷款进行自主创业，培育简单的农作物进行自主销售，有的则在村落里打零工，在个体承包户经营的农业区里工作，摘枸杞、摘西瓜、在建筑工地上进行苦力劳动等。她们几乎每天早晨四点钟起床，把家里的事务安排好之后，就开始往工作点出发，晚上大约十点钟才能回家，回家之后还要给孩子做饭，给牲畜喂食。她们的工作时间每年主要集中在5月、6月、7月三个月，每天能赚40~50元。此外，市里开展了"巾帼巧手脱贫"项目，对适龄妇女进行手工刺绣、手工制品、剪纸培训。这不仅充分利用了妇女们的琐碎时间，还为脱贫致富找到了新路径，在开发的同时也传承了非物质文化遗产，村里的妇女们也都乐于此项工作。

家中的男性大部分选择外出打工，打工地点主要集中在银川、内蒙古包头等城市。有的男子不敢离家太远，要经常回家看望父母妻子儿女，帮助做农活，但是在附近又不能挣到很多钱。村里大部分年轻人都选择逃离土地，进城务工，留下孩子和老人在家。部分家庭孩子在县市里读书，家长为了陪伴孩子便选择在孩子的城市里安身。新台村现在处于危房改造阶段，村里人大部分正月里出门，赚了钱之后在八月份回家修建房屋。然而，也有部分男性选择留在家中，学习建筑，抓住危房改造的政策，帮助乡民建筑房屋，每天都会有200~300元的收入。

有的家庭选择开小卖部，自主经营，售卖的东西主要是馒头、花卷、饼子等面类食品，以及一些常见蔬菜和垃圾小零食。学校附近的小卖部里大部分商品都是垃圾食品，过期的、冒牌的特别多，方便面、口香糖、辣条等，进价不高，售价也只是0.5元、1元、2元，利润低，但是每天都需要花费大量时间来经营，投入与产出不成正比。

农村地区的现代化建设需要注入新鲜活力，而青年大学生无疑是最佳人选。大学生村官一直是热议的话题，红寺堡区确实也有一些大学生村官，但似乎是矛盾重重的，浑身热血的青年和稳重老成的村干部价值观差异大，利益不一样，发生冲突是常有的事。农村电子商务的发展需要培养一批带头人和实用型人才，以返乡高校毕业生、返乡青年、大学生村官为重点，可能由于这是一个新兴的产业，参与的大学生并不多，而且调研发现，村里的干部对此也是了解甚少，关注度不高。

经济化、网络化、全球化的时代，土地已经难以再束缚住农民了，更多的人选择异向发展。但是发展方向的选择是需要甄别的，把眼光看远，抓住机遇，这却是我们农民所缺乏的。

四、教育的过渡性

耕读文化的"耕"指农耕，作为农民生活之源；"读"即读书，作为传统士人立命之本。新式农耕文化在"读"方面更多是向普及化方向发展，即走教育平民化路线。在农村人的眼中，读书、接受教育是孩子们走出农村，成就一番事业的必经之路。农村的社会保障制度是发展不完善的，加上"养儿防老"思想的影响，子成龙、女成凤更加成了村民们的期待。农村地区中年这一代基本上处于半文盲状态，在信息化的时代里，大部分人感受到了知识贫乏的不利，所以他们迫切地希望自己的子女能够依靠教育走出一条路来。教育是一个长久性的投资，见效慢，但是意义非凡，我们的科教兴国战略从来都是备受关注的。红寺堡区的教育受到各方高度关注，从政府的政策到乡民们的意识，都有所体现。

首先是精准扶贫政策对红寺堡教育的支持。教育精准扶贫工作开展以来，红寺堡区结合实际，紧紧围绕"均衡促发展，教育扶贫促脱贫"这一目标，采取"346"举措①，着力做好教育精准扶贫各项工作。经统计，红寺堡区共有建档立卡家庭贫困学生4 465人。其中，学前幼儿1 760名，高中生1 108名，中职生378名，高职生521名，本科生698名。非建档立卡本科生178名。建档立卡户学前三年幼儿每人每年1 000元生活费补助，高中生每

① "346"举措：建立三大保障机制，创新四项资助模式，实施六项提升计划。

人每年1 000元生活费补助，中职生每人每年5 000元生活费补助，高职生每人每年6 000元生活费补助，本科生每人每年7 000元生活费补助全覆盖；建档立卡户家庭经济困难的二本以上大学新生每人每年给予生活费1 000元。优越的政策条件为红寺堡区孩子们接受教育提供了基本的保障。

红寺堡区从小学、初中到高中学校的硬件设施都是比较完善的，教学器材、楼栋建设等都是较为先进的，课桌椅子有部分是宁夏银行、燕宝基金等机构捐赠的。在杨柳小学，教室里有一些科普读物，学生们经常借阅。学校里建有基本的运动场所，包括两个篮球架，一个羽毛球网。其他先进的运动器材学校里也有较少，但是都只是放在器材室里，并没有真正地用在教学上。一些社会上的公益组织也常常筹集教育物资，一批批地输入到红寺堡区学校里。

在各种教育补贴政策的帮助下，红寺堡区的孩子们接受教育是不需要家长花费太多钱的，这给家长们减轻了很多负担，激发了他们督促孩子接受教育的热忱。新台村一位六十多岁的爷爷，家中唯一的孙子今年中考，爷爷说只要孙子考上市里的重点中学，他就用自己打工辛苦赚来的钱给孙子买一部苹果手机作为奖励。爷爷还经常花钱给孙子补课，一个科目是400元，孙子假期已经花了1 600元的补课费了，爷爷说不希望自己的孙子落后于其他孩子。村里的学生补课已经蔚然成风。杨柳村村里开设有小学生补课机构，初高中学生一般都是到红寺堡镇上去补，部分学生甚至假期为了补课，不回家，在学校外面找房子租住。家长们对孩子的教育是很支持的，有的家长甚至为了孩子的学习，主动到孩子上学的地方打零工来陪伴孩子。

一个正在发展中的地区教育也必定是存在缺陷的，红寺堡区教育受到政策的大力支持，学校的硬件设施比较完善，但是师资力量是薄弱的，特别是小学。大部分教师属于支教老师，来了又走，走了又来，常常变换的教学方法给学生们的学习造成了诸多不便。而且不是每一个村子都会有小学，菊花台村的小学生上学就必须到相隔一千米的邻村学校去。按照规定，孩子上下学家长应该接送，但实际情况却并非如此，家长们没有时间接送孩子，孩子们都是上下学成群结队，自己上学回家。此外，学生们的偏科现象严重。杨柳小学的学生数学是弱科，询其缘由，得到的回答是学生们之前遇到了一个水平较低的数学老师，以致学生们都起了懈怠心理，全校大部分学生的数学都差。

红寺堡区与中国大部分农村地区一样，家长外出打工，孩子在家读书的现象较为普遍，这给孩子接受教育甚至成长带来很多不良影响。红寺堡区孩子们大部分都拥有自己的手机，这是外出的家长和孩子联系的重要工具，但是除此之外，初高中孩子喜欢用手机打游戏，小学生则喜欢用手机聊QQ和微信。在和当地小孩子的聊天中，可以明显地发现他们接触的信息是前卫的，他们知道时下流行的歌曲，知道最近热播的网剧，但是他们对一些基本文化常识的认知却是缺乏的。五年级的学生，他们知道自己的家是在红寺堡区，却不知道自己的家也隶属于吴忠市，更不清楚"宁夏回族自治区"是什么，对县区、省份、国家等基本常识的认知是模糊的。

农耕地区的发展和耕读文化的延续离不开教育，红寺堡区乡民的好学向上和知识的渐趋信息化推动着教育的发展，但是师资缺乏、家长管理的欠缺等一些因素又使得教育发展是不平衡的。

五、村落建设的过渡性

生活中的点点滴滴都属于文化现象，农村地区的村落建设从各个方面都体现着农耕文化的气息。红寺堡区是一个移民文化和农耕文化、传统农业文化和现代新兴文化相互交融的地区，各种文化的碰撞形成了红寺堡区的文化现状。交融性和矛盾性共存，这正是其文化发展过渡性的一个明显表现，而红寺堡区村落建设正是从细节处体现着这种文化的特性。

红寺堡区的房屋都是政府统一建筑之后再进行分配的，房屋排列布局整齐划一，房屋建设的规格样式一致，村落大的还划分为A区、B区、C区、D区等，例如马渠村。搬迁时间长的村落，房屋大部分都是经过翻新修盖的，黄砖黄瓦银门白瓷砖。有的家庭常年在外，屋子破损不堪，庭外黄沙遍地，杂草丛生。马渠村大概建造了两千户房屋，但是实际搬迁过来的只有八百户左右，所以大部分屋子是没有人居住的，再加上缺乏修缮管理，很多房屋破损严重，瓷砖掉落，门窗坏乱。放眼一望很大的村子，走进去之后，人烟稀少，在黄沙和荒草的映衬下，整个村子显得很萧条，仿佛是一座"空城"。

每一户人家有一个院落，家庭屋顶上装有太阳能，院子里有一个太阳灶。院落外面都有一个花坛，里面种满了蜀葵。回民村里，乡民们会在院子前后种满向日葵。路边人家的墙上都是政府画上去的宣传标语，有尊重男女平等的，有孝敬老人的，有优生优育的，有防煤气中毒的，等等。村边的路都修建成了水泥路，路边几乎都有灌溉引水渠。路的两旁种满了树木，有花槐、白杨、柳树。公路上时常有三轮车驶过，有的拉满了西瓜，有的装满了生产农具，但是大部分三轮车上是坐满了人的。在红寺堡区，三轮车是重要的出行工具。这个在荒漠上建立起来的红寺堡区，其子民在上面不卑不亢地生活着，自然而安静。

红寺堡区乡民们有一个特点，喜欢养花。大部分人家都是有花的，客厅中，房檐下，窗户上，都摆满了花。经济条件好的，经济条件略差的，家中都有，家里的花草和屋外路边的蜀葵与红寺堡区整体的干旱荒漠景观形成对比，可以看出生活在这里的人们是热爱生活的，自然环境的恶劣使得他们更加顽强。

乡民们的家中布局也都大同小异。他们喜欢把孩子所得奖状都粘贴在正厅墙壁上，这是一个家庭的荣誉，除了向外人展示之外，还可以使家中形成一种尚学的氛围来鼓励孩子们继续努力。除了奖状，墙壁上还会粘贴风景画、"福"字，以及伟人画像，但是回族乡民的家中布局更多的是体现宗教信仰气息，他们的房屋构造及室内布局都有浓重的伊斯兰色彩。此外，刺绣、十字绣也是家中比较普遍的东西，大部分女子都会绣，一幅幅装裱起来的十字绣挂在家中，不仅装饰了房屋，还体现了女主人的心灵手巧，这是"男耕女织"中的"织"的一个文化传承。中国人是讲究生活的，除了能够满足基本的生存需求之外，更多追求的是一种精神上的享受，生活发展的需求要得到满足，必须付出努力，这又促使中国人民勤勉务实。生活在第一生产线上的农民们除了土地没有任何依靠，所以中国农民本身就带有勤勤恳恳的特性，红寺堡区乡民们的种种生活情趣正是建立在其劳动之上的。

乡村地区除了给人田园风光的享受之外，卫生状况同时令人担忧，家畜粪便满地，废水横流，秸秆遍地。然而，卫生事业的发展是新农村建设的一个重要方面，它要求农村地区调整其原有的生活方式，这对农民原有的意识产生一定的冲击，同时推动农耕区卫生文化事业的发展。

红寺堡区各个村里路边每隔50米左右就会有一个垃圾箱，每个村子差不多都修建有垃圾池，方便垃圾的统一处理，但是好像作用不太大。垃圾箱里没有多少垃圾，有的村落垃圾池并没有运用起来，路边垃圾随处可见，地埂上、公路边、沟渠里都有很多塑料垃圾。在新台村的一片荒地里，看到了很多的生活垃圾，废铜烂铁、破衣烂衫，暴露在天际，并没有进行处理。有的家庭养殖牛羊，于是把秸秆与粪草随意堆放在院落里，特别杂乱，小蚊子与苍蝇到处乱飞。公路上见到牛羊的粪便是常有的事，没有人去打扫，大家都只是各扫门前雪罢了。土路与水泥路的差别，除了雨天更泥泞之外，还有吸附能力和自净能力更强，不需要乡民们额外管理。现在村村通的水泥路与"不管理"的思维意识发生了冲突，道路脏、乱、杂，这是乡村现代化发展的一个必经路口，双方需要时间来磨合。

农闲时刻，农民们得以在长久的忙碌中得到短暂的休息，庄稼人是享受这些时光的。但是，农村地区并没有多少娱乐的地方，于是串门、拉家常成了一种休闲方式，一直延续下来。红寺堡区村民们放松的方式也同样如此。大部分村子都在村委会搭建有舞台，常常组织一些文艺汇演，宣扬中华传统美德、爱国情怀等，乡民们的参与率很高。另外，菊花台村每年春节过后，村委会都会请人来唱秦腔，那时候村里比较热闹，一般持续四五天。但更多时候是乡民们坐在树荫、房檐下休憩，一群群，一簇簇。女子们常常是拉家常的，谈论的大部分是哪家出了什么事、哪个孩子又长高了一截等琐碎事情，用来解除乏闷。一些中年男子和老人们则是聚在一起打打纸牌，下下棋。孩子们常常围在大人们身边，静静地听着大人聊天，但是大部分孩子现已经是离不开手机了的，他们常常邀约着在村头村尾打游戏。乡民们的笑容时常挂在脸上，村里的氛围是和谐的，睦邻友好的。白天是热闹的，晚上则是另一番景象，他们很少出去串门，大家都各自在屋里，睡得比较早，这又与其早睡早起相联系。红寺堡区乡民们每天早上四五点就起床，他们早早地把家里的事情安顿好之后，就去出工，早起已经成了一种习惯，这就是我们农民的务实勤劳。

淳朴是乡民的一个特性。他们没有华丽的辞藻，不善于表达，但时常微笑着。走在各个村庄的公路上，有车经过，只要把手一挥，乡民们就会把三轮车停下，搭载一程，他们话不多，确是和善的。每到一个乡民家中，他们都会切上满满的一盘西瓜，不停地叫吃。他们表达感情是直接的，不喜欢拐弯抹角。敦厚质朴的品德在红寺堡区乡民中的性格体现中是特别明显的。

红寺堡区在继承了中华民族优秀传统文化之外，吸收了一些思想糟粕，重男轻女思想在红寺堡区是比较普遍的。有的家庭有四五个孩子，其原因大多是前面生的都是女孩，家中就想要个男孩。在女孩的名字中，会含有"招弟""盼弟""望弟"等字眼,这是家长盼"儿"心切在姓名文化中的体现。部分家庭中,孩子虽然都接受着教育,看似平等,其实不然,男孩会有自己单独的房间,有自己独立的卫生间,还有属于自己的电脑,家中的女孩却想着如何寻求补助来帮助完成学业。

作为全国最大的生态移民区,红寺堡区移民文化的特性表现得较为明显,其中最突出的是汉族和回族彼此的文化适应。文化适应是移民社会必然发生的一种社会现象,当文化适应涉及两个及两个以上民族时,各民族是否适应彼此文化以及适应程度如何不仅会影响民族关系的走向,也关乎移民社会的和谐稳定发展①。红寺堡区以回族和汉族为主,村落既有回民村、汉民村,亦有回汉杂居村。红寺堡区村庄都是整体搬迁过来的,所以文化的交融性主要体现在村庄与村庄的交流上,然而它在这方面是有所欠缺的。村庄与村庄之间本来就是相对独立的,各村的干事除了乡镇有事时偶尔见几次面,其他时候相互隔离,大家都是陌生的。乡民们也都固守在自己的村落里,很少出村交际,这对于提高整体的文化融合度是不够的,文化适应性也应该是在交流碰撞之中才会增强的。安土重迁,这是中国农民们的一个传统思维,他们与新的生活地需要一定的磨合期,再加上保守的小农思想的影响,给迁入区的融合发展带来一定的挑战。时间,应该是文化适应性增强最根本的解药。

文化思维只有在实践中才能表现得淋漓尽致,红寺堡区乡民们的具体生活状态是当地农耕文化最真实的反映,从村落建设、居家布局、房屋装饰、卫生状况、娱乐活动、民族融合等等各方面可以看出红寺堡区乡民们传承着中华农耕文化的优良特质,加强文化适应性,促进移民文化的发展,跟随现代生活的步伐。红寺堡区现在是一个文化发展的大熔炉,以农耕文化为主体,糅合其他文化共同发展。各文化之间适应性不强,文化思维与实际发展不搭,是过渡期的表现。

文化是经济和政治的反映,三者是具有融合性的。在红寺堡区农耕文化的发展中,农业是基础与依托,政策具有辅助与引导功能,就业能够体现各项事业发展的趋向,教育是文化发展的一个载体,村落建设是文化思维的细节化体现。

---

① 冯雪红,聂君.基于多维模型的宁夏回族生态移民文化适应研究[J].吉首大学学报(社会科学版),2013(6):25-32.

红寺堡区农业应该向国际化方向发展，发展外向农耕经济。典型的温带大陆性气候和地处"一带一路"的地理优势为其发展提供了契机，发展特色农业，发展观光农业，打造国际品牌。这需要提高农业生产的专业化，管理的现代化，充分利用农户资源，提高生产效率。走出国门的农业发展是能够开阔农民们的视野的，胆子会更大一些，思维会更广一些，看问题会更远一些，这都会直接影响农耕文化的发展方向。

红寺堡区是政策的宠儿，各项事业都是依靠政策发展起来的。其政策扶持是全方位的、详细的，而且"以人为本"的趋势愈加明显，注重突出人的主观能动性，引导农民们用劳动来自我发展，发扬农民们的勤劳精神。同时，还应该注重政策的实施性，没有落实的政策只是一纸空文。

就业倾向是一个地区各项事业发展状况的具体体现。中国农民们都在试图脱离土地，寻找更优的生活资源，红寺堡区也不例外。各项优越的农业发展政策是拉住农民外流的重要力量，引进人才，发展新兴农业，改善农民生活条件，这有利于维系农民与土地的关系，农业经济的发展才会有动力支持，农耕文化才会有传承的希望。

"耕读"是农耕文化中不可或缺的要素，教育是文化发展的一个载体。红寺堡区只有教育事业发展了，新农村的建设才能够注入新鲜活力，学习氛围的提高有利于文化氛围的提高，文化氛围的提高有利于文明程度的提高。农耕文化的发展需要取其精华，弃其糟粕，教育则能够增加乡民的慧眼，帮助文化内涵更加符合主流价值观。

物质是意识的客体化表现，村落建设是农耕文化的具体细节化体现。红寺堡区村落建设外观上是向着现代化方向发展的，但是其文化意识未换新装，这既传承了农耕文化的特性，也表现出传统思维的滞后性。农耕文化与移民文化的交融，文化适应性的提高，需要文化之间不断碰撞，"独守深闺"的文化生命力是难以延续的。

农耕文化作为中国传统文化，我们需要传承和发展，去芜存精。红寺堡区传统的农业发展模式正在蜕变，农耕文化也正处于向现代化发展的过渡期。我们需要结合农业的力量，政策的辅助，就业的推动，教育的延伸来引导红寺堡农耕文化发展与社会主义核心价值观相适应，继承传统，推陈出新。

附录 季夏之月，鹰乃学习

七月的一天，我们24人背起行囊，相约去一个叫宁夏的地方，那儿没有灯红酒绿，没有青山秀水，尽收眼底的除了一片荒漠之外，就是大片生长的向日葵。在那里，我们放声歌唱过，亦曾失声痛哭过，似乎我们除了活过十几天之外，还在挣扎中学会了成长。鹰隼试翼，风尘吸张。年轻，就是我们的资本。短短16天，这片土地承载了我们太多痕迹。调研，我们结识了老乡；走访，我们相逢了孩子；并肩，我们陪伴了队友。我们为寻爱而来，却牵缘而走。记忆，将被珍藏；意义，时常思量。

宁夏,浅浅一叙 / 胡正午

我能够作为此次宁夏之行的队长，很荣幸。十六天的时间里，细细数下来，我大概有十二天是在外面奔波的。从红寺堡镇上到南源乡，内心怀有小小的遗憾就是没有把每一个村子都走遍，更不用说那个听起来最远却又最好奇的菊花台村。但是，去过的地方，我是记得的。

宁夏之行，最大的感受是什么，我内心是困惑的，我更不知道自己还能记起多少，但是我知道，我记得大家，记得宁夏。苦吗？于我而言没有那么苦；累吗？我早已有了心理准备。对于支教，我的记忆是浅浅的，却留有一个遗憾：一直说要去当素质课二班的班主任（学生主要是初、高中生），然而没有好好地带他们。由于每天都在外面跑，回来时他们已经放学，在支教的四个班中，我也只给素质课二班上过一堂课。

还是说说那些在外面跑的日子吧！我在那条长长的望不到尽头的路上走了满满的六个来回，没有顺风车，只能走，一直走。那条路上的风景，至今我还记得：走多远会碰到村庄，走多远会走到酒葡萄基地，走多远会遇到摘枸杞的叔叔阿姨们。

也许最初的走访里面没有调研，只是单纯地去一个地方，去寻找当地的孩子，与他们聊一聊。但是，一路走去，也常和外面的老乡交流，在和他们聊天的时候，自然会聊到当地的风土人情，也会聊到生活习俗，这可能也是调研的另一种形式吧。其实慢慢可以发现，调研与走访一起，应该是最恰当的方式，我们可以与走访的孩子有更多的交流基础，我们可以对这个相对苦难的地方有更多的了解，我们可以在队会表决时更有底气也更有把握去投下那一票。

半个月的时间，在红寺堡这个地方，见到了很多回民，也有很多汉族人，总的来说，交流是顺利的，生活是愉快的。他们对我们感到很新奇，却不陌生。新台村有那样一位热情的回民老奶奶，主动邀约我们坐下来谈一谈，那天是我们集中去走访调研的日子，那一刻，我感觉我大概是真正深入了这样一个农村，仿佛是小说里面才有的情节与镜头。没有拘谨，老奶奶傍着槐树坐在路边，我们也就邻着奶奶席地而坐，和奶奶唠嗑一番，并且时不时地谨记我们的任务把奶奶拉回我们的主题上。当然，这其中有很多话语需要经过我们仔细地聆听和基于事实的推理，才能领悟奶奶的意思。也多亏这些人的锻炼，同伴们都说我就这样学会了宁夏方言，问我是不是宁夏人。其实不是标准的宁夏方言，而是全凭感觉自己脱口而出的不知道哪里的方言。至于听得懂，自然是听多了之后，你就慢慢习惯这里的方言，慢慢明白他们话里的意思了。

去到宁夏，我想我最大的任务，应该是把24个人平安地带过去，和他们平安地待下去，并且平安地把他们带回来。对于已经去过一次爱心之旅的我，也说不清楚这是一种什么样的感受，每个人心中的爱心之旅都是不一样的，我无法把我的感受复制给大家，一切都只能大家自己去体悟。此行的另外一个小小的愿望，就是大家不会感到白来一趟爱心之旅，特别想让大家收获一点什么。也许这个答案，只有大家知道。

对于宁夏，想说的可能有太多太多，但是当真正开始写的时候，又不知道从何开始，也不知道该用什么样的一种口吻和词调去描述。每个人都会有自己对于宁夏的记忆，于我，也许只想问这个宁夏的夏天，大家，都还好吗？蝉鸣宁夏，再见，等待下一次见。

这个夏天，我们在宁夏 / 朱玄

这个夏天，来自不同的学校、不同的年级、不同的院系，因爱而走到一起的二十四个人来到了宁夏，来到这片大西北的土地上，开启了属于我们的爱心之旅。初到宁夏，我便被这里的风土人情深深地吸引住了。从天而来的黄河水，使得这里沟渠纵横，灌溉农业发达。宁夏人民的辛勤劳动以及当地政府的大力支持，把宁夏打造成了一块瓜果飘香、风光秀美之地。

此次爱心之旅，我们不仅有支教（针对小学生）、素质课（针对初、高中生），还有走访和调研。从出发到结束，我们每一项都开展得很顺利，这少不了善良的宁夏老乡的帮助。为期十六天的爱心之旅，我们驻扎在吴忠市红寺堡区新庄集乡杨柳村杨柳小学。第一天刚到，校长就十分热情地帮助我们解决了接下来几天的食宿问题，这无疑是对我们最大的支持。第二天，我们便按计划完成了招生工作。我们对村庄分布及路线不是很熟悉，期间多亏了杨柳村的两个小女孩——小万万和小凤凰作我们的小向导，陪我们行走在一排排整齐的房屋之间。当我们不能理解当地老乡方言的时候，她们便担起了翻译工作，拉近了我们和老乡们的距离。当天当地温度高达40℃，她们本可以在家写作业躲过太阳的炙烤，却坚持和我们同路。两个孩子的热情似骄阳一般，让我们无法拒绝，也让我们感受到了当地人的善良朴实。

一切准备工作就绪后，我们的爱心之旅有条不紊地进行着。支教，是一个人和一群孩子的蜕变。作为一名师范生，我很享受站在讲台上的感觉，喜欢和孩子们互动，喜欢他们脸上纯真的笑容，喜欢他们问问题时举得高高的小手。我给孩子们上的是手工课，教他们如何把手里一张张普通的纸魔术般地变成他们喜欢的玩具，变成实用的书签等等。还记得刚教会他们折玫瑰花的时候，告诉他们要学会感恩，比如可以亲手折一朵玫瑰花送给父母给他们道一声辛苦了。那天下午，还没到上课时间，班上一个调皮的小男孩早早到了教室，课桌上有几朵折好的花，他小手上的动作还在继续，看见我进去之后，他递给我一朵折好的花，说是送给我的，剩下的要送给小草老师、丫丫老师、海佳老师……我没有想过自己也会成为学生感恩的对象，当时心里暖暖的，觉得这就是当老师最大的幸福。之前我总觉得我们是给予者，我们能带给孩子们一些东西，教会他们一些知识。但实际上我们教给他们的远远不及他们给予我们的多，或者说，我们更像是一个体验者，和孩子们一起经历，一起体会，一起成长。

调研和走访，我们深入去了解红寺堡区村落建设、教育情况、农民就业和有关农业方面的补贴政策等情况。我们一共走访了十多个村庄，尽管路途遥远，但一路上我们有讲不完的笑话，寻不完的乐趣，烈日下的我们开始享受这独一无二的时光。出校门跟着我们溜达一段路的小狗，半路给我们搭顺风车的叔叔，坐在村口给我们指路的老爷爷，他们都是沿途的风景，也终将成为爱心之旅难以割舍的一部分。调研和走访途中，有着属于我们自己的故事。记得在杨柳村和丫丫一起出去了解当地枸杞的种植情况时，两个南方姑娘初见晒场上大片颗粒饱满的枸杞时的兴奋，忙着给枸杞拍照差点忘了此行的目的；记得通往新台村路上那片金灿灿的向日葵，我们躲到向日葵下乘凉，顺便用相机记录下我们在向日葵的映衬下更加灿烂的笑容；记得去新集村走访时，几个傻傻搞不懂门牌号排序方式的组员在村子里转圈，多次和我们要走访的那家"擦肩而过"，对自己又气又好笑。各种数不完的事和道不尽的情拼凑成了我们的调研和走访，而所遇到的这些人和所经历的这些事也都将成为我们生命中的一部分。我们也看到了老乡们的农耕生活，看到他们每天日出而作日落而息，为生活尽着自己最大的努力，看到了他们艰苦奋斗、勤劳朴实的一面。

美好的时光总是短暂的，十六天的旅程在7月25号画上了圆满的句号。离开的时候，一些孩子来送我们，他们脸上的笑容消失了。有些孩子眼里噙着泪水，有些孩子拉着我们的手追问我们还会不会回来，而我们，唯有沉默，不敢轻易给这群可爱的孩子什么承诺。他们会记得，这个夏天，一群人来到宁夏，出现在他们的生活中，陪他们度过了独一无二的一段时光。而我们会记得，这个夏天，我们在宁夏，碰到了一群可爱的孩子，遇到了一群善良的老乡，收藏了一份珍贵的记忆。

这个夏天，我们在宁夏。下一个夏天，我们会邂逅相遇另一片土地，继续丰富我们的人生，继续我们的旅途。

爱在宁夏 / 排则莱提·艾尼瓦尔

这个夏天，有你，有我，有他。这个夏天有我忘不了的宁夏。

这是我第一次参加爱心之旅，也是第一次进行走访调研。这一次，精彩着又难忘着。2017年7月9日，我们从华中师范大学出发，戴着草帽，拉着行李，怀揣着满满的期待之情，一个个都想以飞的速度到达宁夏。这份期待忽略了所有的所有，这份热情难能可贵。

一路上我们说说笑笑，虽然是硬座，但欢声笑语让漫漫长途不再无聊。夜晚来临，男生们为了女生和全队财产的安全，彻夜无眠，轮流值班，这一幕让我倍感温暖。一路上，我们都是引人瞩目的，当大家了解了我们的行程及活动后，都对我们给予了深深的肯定和祝福。

下了火车之后，我很吃惊，映入眼帘的仅仅是一个简陋的小站。接下来的车程是让人绝望的，宽敞的大道，看不到任何人，也看不到路的尽头。终于到了杨柳村杨柳小学！可能是听说我们要来，许多学生在校门口等了好久，他们有些小兴奋，又有些羞涩，都远远地望着我们。我们连忙收拾行李，教室成了我们的宿舍，14个人挤一个屋子，想着都"热闹"。做饭，洗衣服，洗碗，一个个亟待解决的问题充斥着大脑。红寺堡今年发生了旱灾，这使得原本就缺水的这个地区更加干旱，我们只能一个劲地强调要节约用水。我是农村人，这些我都能接受，我当时是担心过我的同伴们的，但令人欣慰的是，不到两天的时间，大家都已经做得很好了。打水，喝井水，用洗过菜的水洗碗，连洗澡都是小心翼翼的用水，但大家并没有做出多少抱怨，还有一丝享受的意思。

我们很快地开始了支教、素质课、走访、调研等活动，进入了真正的爱心之旅。聪明而又带有一点调皮的孩子，他们对学习的热爱打动了我，不知不觉大家都融入这个小家庭。偶然一次机会，我跟班里的一位男生交流，无意间他说出了心声。他说到家里人不关心他的时候，眼泪都流了出来。他喜欢和爷爷奶奶在一起，但希望父母多关心他一下，希望外出打工的父亲打电话的时候多问候几句并能看到他的努力和进步，我听到这里心里有些酸酸的。我们打听到这里的村民土地不多，好多家庭都是靠打工赚钱。还有一种现象，很多孩子不吃早餐甚至午餐，原因是父母不在家。孩子们一个个瘦瘦小小的，真希望他们也能和其他孩子一样被父母宠爱，躺在妈妈的怀里，吃上热腾腾的饭菜，但是为了生活，这一切可能有点奢侈。

调研和走访也是令人印象深刻的。村与村之间的距离实在是太远了，能碰上几辆三轮车，那真是我们的福气，"顺风车"让一天的劳累都消失了。宁夏是回民聚集地，这里的民族服饰，民族建筑很独特。村民们看到我们走在路上时，都会很热情地邀请我们去家里吃西瓜、喝水，他们的淳朴与善良真的让人暖心。和他们一起聊家常是一件很快乐的事情，我喜欢。

十五天的"旅程"让我认识了一群可爱的孩子和善良的志愿者，我喜欢和他们在一起。就像他们说的一样，我也不会忘记他们，我想有一天，我会去继续这份爱！

爱在宁夏，思念在武汉。

这一站,宁夏 / 何娅

这个年纪的我们,似乎永远憧憬着未来;这个年纪的我们,似乎对生活怀有无尽的激情;这个年纪的我们,似乎一直在追赶远方的晨光;这个年纪的我们,似乎只要敢闯,就不怕失去什么。路途漫漫,我们何曾停止过脚下的步伐,只知道要去的那个地方叫远方。飞蛾扑火,肝肠寸断,只要是心之所向,我们就会义无反顾,亦余心之所善兮,虽九死其犹未悔。

这一天,我们相约宁夏。古月、小学生、小四、玄米、排排、丫丫等一共24人,7月9日从华师出发,我们全副武装,一人一草帽,一人一拖箱,队列整齐,俨然像一支红色娘子军(因为男生才有5个,我姑且这样称呼)。上地铁,搭火车,一切都是井然有序的。火车上的我们是如此的吸人眼球,一路的欢声笑语,凝结了我们对此次融支教、调研与走访于一身的爱心之旅满满的期待。夜,悄悄来临,疲倦的人儿,似乎也昏昏欲睡了。翌日的晨光,把我们诱惑得如痴如醉,自然的力量永远是伟大的,我们不得不臣服。一路的颠簸,我们越过丘陵,跨过高山,来到了向日葵微笑的荒漠地带——宁夏红寺堡区,全国最大的生态移民区。宁夏这一站,我们到了!

宁夏的夏季,似乎除了燥热的蝉鸣,还有的就是面色苍白的蓝天,不时有一阵微风吹过,然而那是极少的。我们亲吻着灼热的空气,拂拭着额头上翻滚的灰尘,纵使一时喘不过气来,也没有用幽怨的眼神审视着周遭,既来之则安之,说不定惊喜就在一刹那。

宁夏第一餐,典型的清真味,还好给味蕾来了个急刹车,不然难以阻挡猛烈的冲击。宁夏第二餐,集体吃泡面,对视几秒后,泡面汤咕咕下肚,真是一滴不剩。宁夏第三餐,馒头老干妈,咀嚼几口榨菜,怎一个香字了得。之后的日子,馒头花卷白米粥,土豆包菜西红柿,偶尔吃顿大排鸡,我们犹入天堂。西瓜也成了我们的福利,囊嫩汁红,鲜美可口。香甜的白米饭,不舍得抛下一粒,现在细想,也许当时是饿了的缘故。

支教,我想念起了可爱的孩子们。黝黑的脸庞,纯澈的眼神,软软的小手,一说话,女孩翘起小辫,男孩满脸红晕,我无法阻挡孩子们的热情,更不想打磨他们的棱角。规规矩矩的是他们,调皮捣蛋的是他们,人小鬼大的也是他们。年幼的他们总是让我眼前一亮,也时常让我抓耳挠腮。我喜欢牵着他们的小手,送他们回家,一路上唠唠叨叨,当挥手再见时,我们还是笑容依旧。大手牵小手，我们一起走，他们教给我们的，远远多于我们带给他们的。荒沙肆意的土地上，有大片向日葵在生长，而他们，则是这一方最美的风景。祝愿孩子们长成一棵大树，不怨世，不随波，懂承担，能生长。

走访加调研，乐此不疲，我们一直在路上。走进每一户人家，倾听每一个故事，感动每一个感动，我们就这样走着，走着。红衣白衫，行走在苍野中的我们似乎是一道最为靓丽的风景线。俯下身去，拾掇起葡萄架下爷爷掉落的草帽；弯下腰去，采摘阿姨们辛苦经营的枸杞。田间地里，他们的笑容是最美的彩虹。劳动着的人儿，永远值得人们牵挂。生活纵然清苦，但日复一日的劳作，已经熔铸于他们的血肉。不卑不亢地生活着，这似乎也是自古以来中国农民们的最佳写照。

走过每一个村庄，踏过每一片荒漠，太多记忆，总让人难以割舍。我怀念那个切好满盘西瓜让我快吃的奶奶，我怀念那个双手捧满花种让我带回家栽种的叔叔，我怀念那个菜园子里到处找水洗香瓜给我吃的阿姨，我怀念那个白桦树下和我一起坐在地上聊乡情的大伯，我怀念那个站在地埂上望天感叹久旱无霖的爷爷，我怀念那个满口乡音劝诫我好好读书的老校长，我怀念那个坐在柳树下唱歌给我听的小弟弟，我怀念，我怀念当地老乡们的热情与朴实，怀念那一方水土的纯真。黄河河畔，我怀念那儿生生不息生长着的子民。

7月25日，我们挥手告别了这片我们不远千里赶来的土地，告别了接待我们十六天的乡民。当大巴缓缓驶出村里的那一刻，我们的旅行暂且告一段落，但是我们的记忆似乎已经挥之不去，我们的革命友谊似乎已经根深蒂固，我们当代大学生的使命似乎永远也不会完结。

理想的故事，永远不会剧终。宁夏这一站，我们已经到达；下一站，也将不远。

七月，宁夏。这是一群年轻人的故事，一群中国大学生的故事。

加强耕读文化调查，推进乡村振兴战略
（代后记）

王玉德

编完这本调研集，时逢新华社授权播发2018年中央一号文件《中共中央国务院关于实施乡村振兴战略的意见》，提出了乡村振兴、农业投资、产业融合、农业现代化的新思路，确定了实施乡村振兴战略的目标任务：到2020年，乡村振兴取得重要进展，制度框架和政策体系基本形成；到2035年，乡村振兴取得决定性进展，农业农村现代化基本实现；到2050年，乡村全面振兴，农业强、农村美、农民富全面实现。

这个文件令人兴奋，网上一片点赞！

21世纪以来，中央年年颁布的一号文件都是"三农"问题。党的十八大提出了扶贫攻坚的战略任务；党的十九大报告提出了乡村战略的顶层设计，提出文化强则国家强。农村问题受到前所未有的重视，怎能不点赞！

众所周行，我国自古就是一个农业国，在现代化建设中，最根本的任务就是要把我国从传统的农业国家变成新型的以工商与科技为主的国家，因此，社会转型的首要任务是农村、农业、农民问题。改革开放以来，我国的城市现代化速度是相当快的，而农村现代化滞后，两者之间不平衡。青年人大多离开了村庄，剩下的老弱病残，守着陈旧的文化、空壳的文化。即使到了春节，人都回到乡里，无非就是打麻将，吃吃喝喝，或者是上坟，续家谱，敬祖先，文化仍是农耕时代的老样式。在21世纪的农业中，如何利用好传统文化，这是重大而有实用价值的事情。

在我们看来，振兴乡村，一定要注意乡村文化建设。耕读文化是中华传统文化最重要的组成部分，是新农村文化的软实力。弘扬传统的耕读文化，主要是从村落入手。在数千年的农耕时代，村落是最基本的社会单元。古村落是农村历史的DNA，是民族的密码，是人文的画卷，是遗产的活化石，是农耕文明的博物馆。它是不可再生的文化资源和富有利用价值的旅游资源，更是优秀传统文化的重要载体和中华民族的精神家园。通过梳理古村落的发展脉络，可以聚焦记忆，并可以深入挖掘和阐述中华优秀传统文化的时代价值。中国文联主席冯骥才曾经说：古村落是中国最大文化遗产[1]。由于我国历史悠久、民族众多，自然条件和文化板块不同，形成了形态缤纷、风情各异的村落文化。古村落是物质文化和非物质文化遗产的综合体。村落的各类建筑、历史遗址，都属于物质文化遗产；村落的民俗、语言、民间文学、美术、音乐、舞蹈、戏剧、曲艺、杂技、武术、医药和各种传统技艺等，都属于非物质文化遗产。

为了推进乡村振兴战略，我们应当加强耕读文化调查。通过全面深入地调查，至少可以从以下三个方面为建设新农村助力。

一、在调研中梳理资源

我国是一个农业古国，中华文明的主体是农耕文明。在近代以来的社会转型中，城市化是最突出的标志。相应地，旧式农业解体，宗族社会解体，传统村落解体，文化资源流失得很快。在建设文化强国的今天，农村问题必须聚焦到耕读文化的资源梳理。

耕读文化是中华民族长期传承的普遍文化，是中华传统文化最重要的组成部分。"耕读"二字实是对中华传统农业文明的简约概括，包括的物质文化与精神文化，代表了全部的中华农耕文化。耕读文化主要是农业社会的文化，农业社会之后的社会发展阶段是工业社会，工业社会是否可以不需要农业呢？农业仍然具有重要地位。民以食为天，这是个恒世不变的真理。如果没有吃的食物了，人类就不可以生存下去。食物主要靠农业。因此，与农业相关的耕读还将长期存在下去，并发挥重要作用。换言之，耕读文化仍将是工业社会不可忽视的文化之一。工业社会是个多元的社会，农耕是多元之一元，甚至是基础性的一元。农业乱，天下乱。耕读文化丧失之后，农业就没

---

① 周润健. 冯骥才：古村落是中国最大文化遗产 [EB/OL]. [2008-06-14]. http://news.163.com/08/0614/07/4ECP4FRQ000120GU.html.

有了健全的肌体。

村落即村庄，是我国农村的基本单元。过去，我们过多地关注镇子，而不太重视村落。镇子大多是基层政府所在地，有些镇子建设得如同县城了。在今后的若干年中，我们的视线应转向村落。

其一，逐一调查每个村落的文化。村落文化包含物质文化与非物质文化，如房屋、农具、名人、故事、民俗、歌谣等。要坚持不懈地全面调查当下中国农村，了解实际状况，有点有面，有横向有纵向，如实编写农村耕读文化现状调研报告，建设乡村文化资源档案库，以之作为抢救性的、永远保存的资料。

其二，充分利用村落文化资源。对于调研所得的资料，不宜只保存在档案库里，不能只放在电脑中，而应想方设法让资料"活"起来。应当在农民中宣讲乡村文化资源，了解其重要性；应当让学者策划文化资源的再利用，为振兴乡村文化服务。尽管当下的许多村落只有破损的老房子与空宅子，只有守在村里的是老人、妇女、儿童，但是，村里的深厚文化仍然存在，如果揭示出有价值的村落文化，就能展现其魅力，发挥其作用。如屈原的家乡乐平里、"三林"的家乡黄冈回龙村、李时珍的家乡蕲州镇，都有文化资源值得开发，可以为区域社会发展提供"软实力"。因此，在调查村落的同时，要研究村落文化的利用。

耕读文化资源，最重要的是精神层面的内容。中央电视台播出的《记住乡愁》，对每个村庄的介绍都揭示了值得弘扬的精神。如第二季第43集《贵州占里——山林是主人是客》短片，讲述的是贵州黔东南从江县占里村的耕读文化。占里村以吴姓为主，最初只有两户人家，后来发展到一百余户。村民信奉一个理念"山林是主人是客"。村民说："人到世间，只是过客，只有大自然才是永恒的。"在人与自然之间，村民不是把人作为中心，而是自觉把自然摆在主要的位子。既然人是客人，就要尊敬主人"山林"，不得随意破坏自然，否则，主人就要下"逐客令"了。我观看短片之后，归纳出占里村有一套约定俗成的做法，值得推崇：①住房尽量不占耕地。由于占里村在山区，没有多少平地，所以村民把房子都盖在坡地上，而把平地用于耕种。②爱护树木。村民说："占里是条船，有树才有水，有水才有村。"这就把人与植被的关系说得很清楚。森林是人们赖以生存的基础，不能因为短暂的利益破坏了基础。占里村周围全是树林，覆盖率70%。村民不得随意砍树。每家都有自家的薪柴林，只能从薪柴林中取柴。每年都自觉在自家的薪柴林里种树，以保证以后有柴烧。村民合理利用每一棵砍下来的树：树皮盖屋顶，树干做梁柱，树叶用作肥田。村里有药师，适时到山上采药，物尽其用，村民长期用中草药治病。③爱惜水资源。在占里村山上流下来的小溪，每隔一段，就有拦水坝。村里有专门用于饮用的水井，一直有甘甜的井水。④发展生态农业。占里村种水稻，在水稻田里适时放养鱼、鸭子，形成良性生态。农田不用农药，稻米特别香，当地人说"一亩稻米十里香"。每家都在村外有谷仓（架空的小楼），从没有人偷别家的粮食。⑤自觉遵守族规。占里村长期有族规，人人熟悉族规。在计划生育的时期，每家只许生一男一女，人口得到有效控制。村民之间很和睦，一家有事众人帮。寨子里时常有聚会，气氛融洽。占里村是人与自然和谐共生的一个样板，正因为其优秀的文化内涵被发掘出来了，使得该村成了一个很好的旅游景点，农民收入大幅度提高。我们应当对《记住乡愁》中的村庄展开深入研究，推广其中的精神资源。

二、在调研中寻找样板

改革开放以来，长江流域振兴乡村，兴起了家庭农庄，农庄与旅游结合，经营得有声有色，有不少成功的样板，值得进一步调研与推广。试举若干例子：

湖南岳阳有个群贤农庄。庄园主胡民安创业之初，只有15万元，那时是赚一点，投入一点，开发一点，滚动式发展，如今对农庄的投资达500万元。农庄已获得全国休闲农业与乡村旅游星级企业称号。胡民安总结说，他们几个兄弟有什么事就先一起商量，相互信任，团结一致，热爱这项事业。在农庄里，不分老板和员工，不分上级和下级，来了客人就一起接待，相互协作。员工们任劳任怨，乐意贡献。庄园严格按宾馆式管理，所有员工都经过一定的培训。规范、热情、诚信和微笑的服务让每一位游客都能满意而归。举办活动和宣传。宣传不仅仅是精神理念的展示，做广告上的宣传，还包括举办活动提升庄园的知名度。以群贤农庄为例。2011年，群贤农庄为回报社会，推出了"农庄与市民心连心，诚邀庄员体验农情"的活动，免费为50位名誉庄员提供一定数量的菜地和果树。消息传出后，市民反响很好，报名踊跃。再看常青树休闲农庄。常青树休闲农庄自 2011 年起承办两届大连庄河草莓节，通过草莓节的举办，不仅提高了农庄的知名度，宣传了"常青树"的品牌，也推动了光明山地区乃至全市草莓产业发展，仅光明山地区草莓大棚就发展到 1.2 万个，占地 3 万亩，年产量 3 万吨，产值达 6 亿元。草莓节的举办，吸引了各地客商纷至沓来，草莓价格节节攀升，产品供不应求。

武汉市黄陂区古镇王家河境内有个胜天农庄。这个农庄就近利用当地的文化资源，比如附近的太平天国古堡，比如木兰文化，因为农庄西连木兰山，木兰文化资源和农庄相互交融，"爱峰""泪眼石""瑶池""紫气松""枫林洼"蕴藏着"忠、孝、勇、烈"的传说，闪现着巾帼英雄花木兰的身影。木兰第一宫，是人们朝拜木兰山必经的第一个佛殿。要是附近没有什么著名的历史遗址，也可以利用乡土文化资源，即区域文化、本地文化。

浙江的南浔镇借助原来的文化底蕴，开发旅游。2005 年，南浔镇专门请人做策划，策划人以"和谐"二字打造南浔。南浔作为一个村落，有 1800 年历史，建镇有 700 年历史，过去是浔商的大本营，有很深的文化基础。策划人提出：游中国必游江南，游江南必游南浔。2005 年，南浔镇被中央电视台评为中国十大魅力古镇。昆山市竭力打造周庄。为了避免与其他乡镇同质化，为了防止单一化，昆山市在周庄设文化创意园，引进了一些画家工作室，策划把周庄打造成华东最大的绘画生产、销售、展示中心，并提出了"诗画水乡"的概念。浙江金华市打造诸葛八卦村。以诸葛亮为题材，以《周易》八卦为形象识别，引来游人如织。村中还有药材产业，从多个角度发展经济文化。建德市打造新叶村。这个村子始建于 1219 年，是浙江省内保存最完整的古代血缘聚落建筑群之一。清华大学的教授为该村进行了设计。武义市打造俞源村。该村三面群山环抱，北面峡谷弯曲，一条溪流呈 S 形穿村而过，形成一个太极图形状。周围十一道山冈与太极阴阳鱼构成天体景象"黄道十二宫"，八卦形的 28 座堂楼对应星象"二十八星宿"。七星井与七星塘呈北斗分布状。俞氏祠堂位于星斗内。宋代以来，村里人一直喜欢读书，安定祥和，文化底蕴深厚。

三、在调研中构建农耕文化新平台

构建农村文化的新平台，最务实的方式是把乡村学校与文化站联合起来。一旦把文化单位与教育单位联合起来，把政府与社会的力量整合在一起，就能最佳发挥乡村文化人的作用。一方面，让学校多一些功能，学校不仅仅是教书育人的地方，还应是建设农村新文化的智库，学校教师应当成为建议农村文化的生力军。同时，把学校的图书室变成开放式的图书室；学校的操场定期免费放电影；学校成立研究农村文化的小组，师生调研村落文化，编写乡土资料，策划村落文化节。另一方面，文化站是政府的下属单位，负责村落文化建设等，上传下达，八方联络，专职人员比学校的教师更有责任做好村落的文化工作。

有了农村文化建设的新平台，不应当封闭运作，而应开放式管理，应当与地方上的其他单位多联系，与学术领域的专家多联系，把平台办成调查与研究的机构，办成咨询与引领中心。华中师范大学政治学院设有农村问题研究中心，是教育部认定的研究基地，这个基地侧重于村落政治层面的研究，与全国一百多个村落有密切联系。华中师大历史文化学院有耕读文化研究中心，是湖北省炎黄文化研究会支持的单位，侧重于从历史文化角度研究农村，时下正在做的事情：开设耕读文化名村网站，编写耕读文化丛书，从事村落文化建设咨询工作，培训村落文化干部，举办村落文化论坛。

新平台要形成有热爱农村文化的学术队伍，有一支接地气的研究团队；要鼓励学者敢说话，说真话。只有敢于发现问题，正视问题，我们的新农村建设才可能少走弯路。有一本24万字的《大国空村》值得一读[①]。作者程明盛是湖北孝感人，他对家乡孝感程湾进行了深入细致的社会调查。该书以农村城市化为视点，记叙了在城市化的浪潮中，古村落空心化，文化流失的状况；指出"急功近利"追求政绩的弊端，"涂脂抹粉"的"形象工程"导致古村落"大拆大建"的"建设开发性破坏"仍在延续；历史文化名村"重申报、轻保护"，"重旅游开发、轻文化保护"；商业化过度开发中"拆旧建新"，"保护性拆除"导致古村落不断遭受"旅游性开发破坏"；古村落长期处在"萎缩性管理"和"多头管理"的弊端中。

新平台要充分调动各方面人才的积极性，不仅有学者参与其事，还应兼顾各行业、各地区的人才。要有计划培养专门人才，形成后继有人的梯队。要寻找农村文化的杰出人才、乡土知识的"活字典"，制作"农村新乡贤"综合信息库，形成"读"的教材。耕要助读，读要助耕，要提升耕读文化的

---

① 程明盛.大国空村[M].广州：暨南大学出版社，2015.

当代价值：物质文化与精神文化并重，崇尚勤劳，彰显教化，相互融通，开拓创新，和谐推进。同时，对传统耕读文化中的保守内容要分析与批判。

新平台应当有一批农业职业经纪人。当代新农村迫切需要耕读文化骨干，需要精通策划的人才。据2017年5月14日的网上报道，成都市农委通过招标确定四川农业大学、成都农职学院、成都市农林科学院、成都大学等高校为农业职业经理人培训机构，2016年全年开展农业职业经理人新增培训和知识更新培训，累计培训5 000人；成都还组织农业职业经理人到中国农业大学和中国农科院进行为期5天的提升培训，到浙江、山东等先进产业基地培训；不仅如此，成都还开展初级、中级、高级农业职业经理人评价认定工作，分为初级、中级、高级三个层次，让从事这一行的经纪人看到了前途，安心从事这行工作。这项工作得到了农业部的充分肯定，受到中央主流媒体的高度关注，被誉为新型职业农民培育的"成都模式"，农业部将成都市确定为全国新型职业农民培育整市推进示范市。

学习《中共中央国务院关于实施乡村振兴战略的意见》，使我们底气倍增。想到有如此多的大学生乐意关注农村，不辞辛苦地到农村调查，写出有参考价值的报告，成了乡村振兴中的生力军，编者感到我们的青年人有希望，新农村有希望，我们的中国梦指日可待！